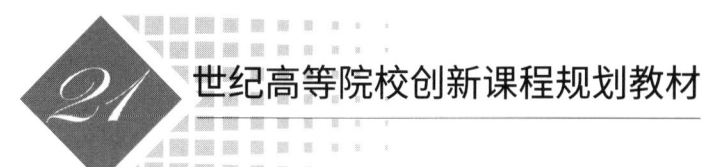

国家级一流本科专业建设·金融学教学用书

国家自然科学基金青年项目"创投双方匹配结构对企业经济绩效的影响机制及调控政策研究"(71903077)资助

公司金融学

付 辉 ◎ 编著

中国财经出版传媒集团

·北京·

图书在版编目（CIP）数据

公司金融学 / 付辉编著. -- 北京：经济科学出版社，2024.10. -- （21世纪高等院校创新课程规划教材）. -- ISBN 978-7-5218-6314-7

Ⅰ. F276.6

中国国家版本馆CIP数据核字第2024ZL2545号

责任编辑：张　燕
责任校对：孙　晨
责任印制：张佳裕

公司金融学
GONGSI JINRONG XUE

付　辉／编著

经济科学出版社出版、发行　新华书店经销
社址：北京市海淀区阜成路甲28号　邮编：100142
总编部电话：010-88191217　发行部电话：010-88191522
网址：www.esp.com.cn
电子邮箱：esp@esp.com.cn
天猫网店：经济科学出版社旗舰店
网址：http://jjkxcbs.tmall.com
北京季蜂印刷有限公司印装
787×1092　16开　15印张　340000字
2024年10月第1版　2024年10月第1次印刷
ISBN 978-7-5218-6314-7　定价：56.00元
（图书出现印装问题，本社负责调换。电话：010-88191545）
（版权所有　侵权必究　打击盗版　举报热线：010-88191661
QQ：2242791300　营销中心电话：010-88191537
电子邮箱：dbts@esp.com.cn）

前言

在金融学的浩瀚海洋中，公司金融作为一门学科，始终扮演着至关重要的角色。然而，随着科技创新的加速发展和学术前沿理论的持续演进，我们认识到，现有的本科关于公司金融方面的教材在某些关键领域已难以满足当前教育和实践的需求。它们往往主要聚焦在诞生于半个世纪前甚至更早的那些经典理论，而忽视了与金融学术前沿的紧密联系。

本教材《公司金融学》的编写初衷，正是尝试弥补这一缺憾，将公司金融的理论与实践紧密结合，尤其是尽量尝试将金融学与经济学的精髓融入课程体系。我们不再将视野局限于传统的财务报表分析和基础的净现值计算，而是强化金融思维，从资本与企业互动的视角出发，旨在挖掘金融资本与企业之间的普遍经济规律，以期呈现一个更为全面和深刻的理解框架。

在马克思的《资本论》中，资本家与企业家的统一体概念，为我们提供了重要启示。资本不仅是企业成长的血液，更是推动社会生产力发展的重要力量。从银行的债务资本到风险投资的股权资本，随着情境条件逐渐丰富，资本的形式（生产关系）不断演变，较为突出的是风险投资股权资本与创业企业的专业化分工。风险投资股权资本，不仅为创业企业提供了资本流动性，更通过股权投资参与到企业的成长全过程中，发挥着更丰富的专业职能，展现出与传统银行资本截然不同的运行规律。面对不断变化的情境挑战，资本与企业之间的互动关系不断演进，这种演进不仅体现了普遍经济规律，而且成为经济学理论体系中的重要基石。

鉴于此，本教材将重点放在资本视角下的企业融资问题上，不仅回顾了资金时间价值、债券与股票估值、净现值与投资法则等传统经典内容，还引入了创业企业融资、委托代理理论、普通企业融资模型等重要话题。此外，本教材中也融入了笔者与合作者的前沿科研成果，包括创业企业与风险投资机构的合约理论模型和匹配理论模型，以呈现一个立体的公司金融知识体系。期望本教材能够帮助我们更深刻地理解公司金融的本质，把握资本与企业互动的精髓，为推动新质生产力发展贡献力量。

当然，我们也意识到，为了保持教材逻辑框架的紧密性和教学的针对性，本教材在内容选择上做了一些割舍。例如，关于财务报表与管理、资本预算、融资工具、并购重组等议题，并未在本教材中得到充分展开。

鼓励读者将本教材作为探索公司金融世界的起点，随着学习的深入，主动拓展视野，探索那些在本教材中未能触及的领域。

对本教材未能涵盖的内容表示歉意，并期待在未来的版本中进行补充和完善。当然，我个人对教材中存在的问题负全部责任，并希望在读者们的帮助下修正疏误。如果有什么意见或建议，欢迎给我发邮件（hui_fu@hotmail.com）。感谢您选择本教材，我们期待与您共同成长，一起在公司金融领域中不断进步，探索新的境界。

付　辉

2024 年 9 月

目录

| 第1章 | 导论 | 1 |

- 1.1 金融学 ⋯⋯ 1
- 1.2 公司金融学 ⋯⋯ 2
- 1.3 公司金融学研究对象 ⋯⋯ 3
- 1.4 公司金融学研究目标 ⋯⋯ 7
- 1.5 内容与特色 ⋯⋯ 10
- 1.6 市场环境因素 ⋯⋯ 11
- 1.7 万科股权之争 ⋯⋯ 12
- 思考与练习 ⋯⋯ 21

第2章 资金时间价值 ⋯⋯ 22

- 2.1 概要 ⋯⋯ 22
- 2.2 时间线 ⋯⋯ 23
- 2.3 时间线的三条规则 ⋯⋯ 25
- 2.4 系列现金流的估算 ⋯⋯ 28
- 2.5 年金问题 ⋯⋯ 29
- 思考与练习 ⋯⋯ 33

第3章 利率 ⋯⋯ 34

- 3.1 概要 ⋯⋯ 34
- 3.2 有效年利率与年度百分比利率 ⋯⋯ 35
- 3.3 利率的决定因素 ⋯⋯ 39
- 3.4 资本成本 ⋯⋯ 42
- 思考与练习 ⋯⋯ 43

第4章 债券估值 ⋯⋯ 44

- 4.1 概要 ⋯⋯ 44

4.2	债券的现金流视角	44
4.3	债券价格的表现	48
4.4	债券的收益、套利与风险	53
	思考与练习	56

第 5 章　股票估值　57

5.1	概要	57
5.2	股价、回报率与投资期限	59
5.3	股利折现模型	60
5.4	更多估值方法	65
5.5	市场有效性与股票估值	67
	思考与练习	68

第 6 章　净现值与投资决策　69

6.1	概要	69
6.2	净现值（NPV）法则	71
6.3	回收期法则	72
6.4	内部收益率法则	74
6.5	经济增加值（EVA）法则	77
6.6	互斥项目投资法则	78
	思考与练习	80

第 7 章　证券市场线　81

7.1	概要	81
7.2	投资组合问题	82
7.3	资本资产定价模型	88
7.4	资本成本	91
	思考与练习	92

第 8 章　筹集资本：创业融资与风险投资　94

8.1	概要	94
8.2	风险投资概述	95
8.3	私募股权基金募集与组织形式	101
8.4	筛选创业项目进行投资	106
8.5	培育创业企业发挥增值职能	112

8.6 成功退出并实现投资回报 ……………………………………………… 113
  思考与练习 ……………………………………………………………………… 116

第9章 资本成本与杠杆 …………………………………………………………… 117
  9.1 概要 …………………………………………………………………………… 117
  9.2 资本成本基础 ………………………………………………………………… 118
  9.3 资本成本运用 ………………………………………………………………… 121
  9.4 风险与杠杆 …………………………………………………………………… 126
  思考与练习 ……………………………………………………………………… 129

第10章 资本结构 …………………………………………………………………… 131
  10.1 概要 ………………………………………………………………………… 131
  10.2 早期资本结构理论 ………………………………………………………… 132
  10.3 现代资本结构理论 ………………………………………………………… 134
  思考与练习 ……………………………………………………………………… 142

第11章 信息不对称与委托代理关系 …………………………………………… 144
  11.1 概要 ………………………………………………………………………… 144
  11.2 三个经典案例 ……………………………………………………………… 145
  11.3 信息不对称的划分 ………………………………………………………… 148
  11.4 信息不对称的基本分类 …………………………………………………… 149
  11.5 委托代理关系 ……………………………………………………………… 152
  思考与练习 ……………………………………………………………………… 155

第12章 普通企业融资模型 ……………………………………………………… 156
  12.1 概要 ………………………………………………………………………… 156
  12.2 不变投资模型的简单叙事 ………………………………………………… 157
  12.3 不变投资模型 ……………………………………………………………… 158
  思考与练习 ……………………………………………………………………… 162

第13章 风险投资合约模型 ……………………………………………………… 163
  13.1 概要 ………………………………………………………………………… 163
  13.2 模型设计 …………………………………………………………………… 165
  13.3 博弈均衡与最优合约 ……………………………………………………… 170

13.4　总结与讨论 ·· 181
　　思考与练习 ·· 184

第 14 章　风险投资匹配模型 ·· 185

14.1　概要 ··· 185
14.2　重要基础 ·· 186
14.3　风险投资匹配模型设定 ·· 189
14.4　风险投资匹配模型均衡分析 ·· 192
14.5　结论与讨论 ··· 197
　　思考与练习 ·· 198
　　本章附录 ··· 198

第 15 章　股利决策 ·· 202

15.1　概要 ··· 202
15.2　股利基本知识 ·· 203
15.3　股利政策类型 ·· 206
15.4　股利理论 ·· 208
　　思考与练习 ·· 212

参考文献 ·· 213

习题答案 ·· 215

第1章 导　　论

公司金融学是金融学专业的核心基础课程。在本章中，将探讨公司金融学的基本原理，揭示金融学的本质——不仅从公司金融的角度，也从证券投资学的视角来审视。本章将涵盖一系列关键主题，旨在提供一个全面的视角，理解金融市场的运作和企业资本决策的基本逻辑。特别地，将通过分析具体案例——万科股权之争，来展示公司金融学理论在实际商业环境中的应用。这些案例研究不仅丰富了教学内容，也帮助我们将抽象的金融概念与现实世界的企业资本运作联系起来，从而更深刻地理解公司金融学的实践意义。

1.1　金融学

金融学是一门关于未来和不确定性的学科。它深入研究如何利用金融工具和市场机制来对经济资源进行合理定价、交易和流通，以应对人类社会经济活动中专业化分工所产生的各类复杂问题。金融学的目标是利用金融工具和市场机制来优化经济资源配置，促进实体经济的高效运作。此外，金融学还致力于深化我们对不确定性的认识，并通过市场机制为个人和企业提供风险规避与资产配置的科学策略。陈志武等（2019）曾指出，在封建时代的社会结构中，未成年女性实际上承担了家庭金融避险工具的角色。由于当时金融市场的不完善，面对自然灾害或社会动荡等不可预测的危机，家庭往往不得不依靠嫁出甚至卖掉未成年女性来获取必要的物质支持，以此来保障家庭的生存并减轻潜在的风险冲击。

金融学专注于资金流动的机制和原理。资金是推动企业成长和项目发展的血液，它促使资金的提供者与需求者建立交易关系。在这种合作框架下，估值成为了一个至关重要的议题。试想，一个预期在未来能够带来100万元收益的项目，其当前价值如何确定？这不仅需要对各种可能的方案进行深入讨论，还需要在双方的期望收益与风险偏好之间找到平衡点，以达成一个双方都认为合理的共识。金融学中的估值问题，无论是债券还是股票，都遵循着相同的原则——基于预期现金流的现值计算。同样，企业与项目的估值也基于这一逻辑，通过对未来现金流的贴现①来评估其当前价值。

因此，可以从公司金融学和证券投资学两个角度来理解金融学。公司金融学侧重于从

---

① 本教材中"贴现"和"折现"作为同义词交替使用。

企业内部视角分析资金运作，涵盖了资金需求的评估、融资策略的规划以及股利政策的制定等关键方面，其核心在于帮助企业优化资本结构，以支持其长期增长和价值创造。证券投资学侧重于从二级市场外部投资者的视角对企业进行估值，它涉及对债券和股票等金融工具的定价，以及对市场动态的分析，旨在为外部投资者提供决策支持，帮助他们识别投资机会并管理投资组合的风险。

在公司金融学的领域内，企业的角色远不止于资金的筹集。它们还肩负着制定关键投资决策的重任，决定资金的分配方向，这直接关乎企业的盈利前景和长期发展。因此，投资决策在公司金融学中占据着核心地位。企业需要深入分析各个投资项目的潜在价值和相关风险，以确保资本配置的最优化。同时，除了资本结构问题，企业的盈利分配政策也是至关重要的一环，它决定了如何合理运用企业的净收益。这一政策不仅影响着利润的分配方式——是作为股东分红还是用于企业的再投资和扩张——还对企业的增长轨迹和市场价值产生着深远的影响。股利政策的选择体现了企业对内部增长与股东回报之间平衡的艺术，是公司金融学研究中不可或缺的一部分。

站在外部投资者的角度，证券投资学提供了一套评估企业价值的方法论。投资者利用对各类金融产品和衍生工具的深入分析，来对企业进行估值。这些工具的定价机制，如资本资产定价模型（CAPM）和套利定价理论（APT），都是基于对企业未来收益的预期，从而对企业价值进行量化。这些模型和理论不仅仅是数学公式的表达，它们更代表了一种系统性的思考方式，帮助投资者理解市场对企业价值的评估。通过这些工具，投资者能够对企业的风险和回报进行评估，进而做出更加明智的投资决策。因此，这些定价机制是构建投资者对企业价值判断的基石。

金融学不仅包括对企业资本管理和金融资产定价的基础理解，还深入探讨了金融工程和数理金融等更为技术性的领域。这些高级主题涉及复杂的数学模型和算法，为金融决策提供了精确的工具和方法。同时，对金融市场结构、金融机构运作以及宏观政策影响的了解，是构建金融学理论不可或缺的基石，它们对于深入理解金融市场的复杂性和动态性至关重要。此外，金融学的发展永远与科技的发展密切联系，科技的最新发展成果都会推动金融学的发展，反过来金融学的发展也会推动科技的发展。

总体来看，公司金融学和证券投资学构成了金融学的两大支柱。公司金融学专注于企业如何有效地管理资本，进行投资与融资决策，而证券投资学则着眼于外部投资者如何评估各类金融资产的价值。这两门课程不仅覆盖了金融学的核心概念，还提供了实践中的应用框架，对于掌握金融学的理论与实践至关重要。

1.2　公司金融学

公司金融学是一个涉及企业如何有效分配稀缺资源的学科领域。这些资源可以包括资金、土地等，企业需要合理安排这些资源来实现其经营目标。因此，公司金融领域主要涉及三个核心问题。

（1）投资决策：企业如何将有限的资源投入不同的项目或资产中，以最大化投资回报和企业价值。这涉及评估投资项目的风险和收益，以及确定最优的资源配置。

（2）融资与资本结构决策：企业应该如何为其投资项目融资，即选择债务和权益资本的比例。这个决策涉及资本成本、税务影响、财务灵活性等因素，目的是最大化股东价值并降低企业的资本成本。

（3）包括分红在内的资产管理：企业如何有效管理其现金流和资产，以确保资金充足并且能够满足日常经营需求和未来的扩展计划。资产管理包括对企业资产的评估、监控和优化。

在公司金融学理论中，这些问题被系统化地研究和分析，以帮助企业管理者和投资者做出理性的决策。不同于会计学或者经济学，公司金融学更侧重于企业内部决策的影响和优化，这使得它成为一个独特而且实践性强的学科领域。

在学习公司金融学时，理解这些基本问题是至关重要的。通过学习投资决策、资本结构、资产管理等内容，我们能够掌握企业如何在不同情况下做出最佳的金融决策，从而提高企业的长期竞争力和盈利能力。

公司金融学涉及企业如何有效地利用不同的融资渠道来获取资金，并且在获取资金后如何处理投资回报。这包括确定最佳的资金来源，如债务或权益资本，以及决定如何分配投资回报，是进行再投资还是分配给股东。这些决策包括上市公司的分红政策，都是公司金融学研究的核心内容。

公司金融学从企业内部管理和运营的角度出发，旨在通过优化资金使用和财务安排来最大化企业的长期价值。因此，它直接关注的是企业如何实现盈利，以及通过什么方式来达到这一目标。

1.3　公司金融学研究对象

公司金融学的研究对象主要是各种不同形式的企业组织。它涵盖了从个体所有制到合伙制，再到公司制等多种企业形式。每种形式都有其特定的法律属性、责任分配和资本获取方式。

个体所有制企业：这种企业由个人独资运营，不具备法人资格。企业主对企业的债务负无限责任，即个人资产可能用于偿还企业债务。

合伙制企业：由两个或多个合伙人基于共同的投资和经营协议组成。合伙人不仅共享企业的利润，同时也共同承担企业的债务和运营风险。

公司制企业：这是一种具有独立法人资格的企业形式，能够通过发行股份来吸引股东投资,而股东的责任限于其投资额,即所谓的有限责任。

每种企业形式都对企业的运营策略、管理结构和财务决策产生深远影响。理解这些不同的企业组织形式,对于掌握公司金融学的复杂性和制定有效的财务策略至关重要。

1.3.1 个体所有制企业

个体所有制企业在运营中面临一些挑战。首先,由于资金主要依赖于独资者的个人财力,这种企业形式在筹集大规模资金方面存在局限性。其次,个人独资企业的投资风险较高,因为投资者通常无法通过股权转让来实现资本回收,这限制了投资的流动性,并且投资回报往往较为固定。更为关键的是,个人独资企业的所有者须对企业债务负无限责任,这不仅增加了个人资产的风险,也可能在企业面临财务困境时,导致个人财产受到追索。因此,在决定企业形式时,潜在的企业主需要全面评估这些风险因素,并采取审慎的财务管理措施,以规避可能的法律和财务风险。

追溯至封建时代,个体经营和家族企业在我国已有悠久的历史。在这种传统模式下,债务责任是无限的,意味着企业主须承担全部债务,直至清偿完毕。这种企业组织形式体现了个体企业的无限责任特点,以及企业主对企业命运的全面掌控,是最原始、最基础的企业运作方式。

随着西方企业制度的演进,有限责任公司这一概念被引入并迅速在全球范围内得到推广。有限责任公司的设立初衷并非为了逃避责任,而是旨在激发商业活力和创新。在这种企业架构中,债务责任严格限定于公司的注册资本额内,确保了即便在企业破产的情况下,股东的个人资产也能免受债务追索的影响。有限责任的制度为创业者提供了一层重要的保护伞,它降低了创业风险,鼓励了更多的创新和尝试。这种机制使得创业者即使面临失败,也能够保护其个人财产不受损失,并有机会东山再起,继续追求其商业梦想。这种制度不仅保护了个人投资者的利益,也促进了经济的整体发展和社会的繁荣。因此,有限责任公司的概念对于现代企业制度的发展具有重要意义。

1.3.2 合伙制企业

在企业组织形式的多样性中,合伙制企业以其独特的合作模式占有一席之地。这种企业是由两个或两个以上的合伙人基于共同的商业目标和利益,共同出资并参与经营,按照预先约定的比例分配利润和分担经营风险的商业实体。合伙制企业的一个显著特点是合伙人对企业债务承担无限连带责任,这一点与个人独资企业相似,但合伙制企业往往能够汇聚更多的资源和资本,因此在规模和信用上可能具有优势。这种由多人共同分担的无限责任,增强了企业的市场信誉和融资能力。合伙制企业进一步细分为普通合伙和有限合伙两种类型。在普通合伙中,所有合伙人均承担无限责任,意味着他们对企业的债务负有个人财产的连带责任。而有限合伙则引入了有限合伙人的概念，这类合伙人的责任仅限于其投资额，为投资者提供了一定程度的风险控制。

有限合伙人的角色定位是作为投资者参与企业，他们的主要职责是提供资金，而并不涉及企业的日常经营决策。正因为这种角色划分，有限合伙人的责任被明确限定在其投资额之内，有效规避了超出投资范围的财务风险。

合伙企业作为一种企业组织形式，其优势与劣势同样鲜明。合伙人之间的紧密合作能够汇聚多方资源和智慧，但同时也可能因意见不合而引发内部分歧，这些分歧若未妥善处理，有时甚至可能演变成影响企业运营的意外事件。正如电影《中国合伙人》所描绘的，以新东方的发展历程为蓝本，深刻地展现了朋友间合伙创业的甜酸苦辣，以及在商业合作中维护个人关系的微妙平衡。与个体企业相比，合伙企业在规模扩张上可能面临更多挑战，因为合伙制的特性要求所有合伙人在重大决策上达成共识，这在一定程度上限制了企业的灵活性和扩张速度。同时，合伙企业通常不具备法人资格，这意味着企业作为一个整体在法律上的独立性受限，合伙人可能需要直接面对企业行为的法律责任。

1.3.3　公司制企业

公司作为一种常见的企业组织形式，以其独立的法人地位和有限责任的特性，为现代商业活动提供了坚实的法律基础。在公司结构中，所有权与经营权的分离是其核心特征，使得股东能够放心地将日常管理职责委托给专业的职业经理人或其他值得信赖的管理者，从而专注于资本投入和收益分配。公司主要分为两大类：有限责任公司和股份有限公司。有限责任公司以其灵活性和对股东有限责任的保护而广受欢迎，适合各种规模的企业。而股份有限公司则是一种特殊形式的有限责任公司，它通过发行股票来筹集资本，股东的责任限于其持有的股份价值，这种形式的企业通常规模较大，且可能在证券交易所上市交易。

新修订的公司法已于2023年12月29日在十四届全国人民代表大会常务委员会上通过。新《中华人民共和国公司法》（以下简称《公司法》）第二十三条规定：公司股东滥用公司法人独立地位和股东有限责任，逃避债务，严重损害公司债权人利益的，应当对公司债务承担连带责任。股东利用其控制的两个以上公司实施前款规定行为的，各公司应当对任一公司的债务承担连带责任。因此企业在正经做生意、踏实做事业的过程中，还需要避免三个混同：财务混同、业务混同、人员混同，否则容易将有限责任变成无限责任。只有一个股东的公司，股东不能证明公司财产独立于股东自己的财产的，应当对公司债务承担连带责任。

有限责任公司的股东人数应当符合法定人数要求，即由一个以上五十个以下股东出资设立，这有助于维持决策过程的高效与灵活性。在这种企业结构中，每位股东的责任严格限定其对公司的出资额，这种有限责任的安排为股东提供了风险控制的保障。有限责任公司的资本基础来源于股东的出资，这些出资可以采取多种形式，包括但不限于货币、实物资产或知识产权等，体现了资本构成的多样性和包容性。公司的经营和战略决策一般由股东会来决定，作为公司的最高权力机构，股东会确保了公司方向与股东利益的一致性。此外，有限责任公司的股权转让并非完全自由，而是受到一定的限制，以维护公司内部的稳定性和股东之间的信任关系。股东在转让其股份之前，通常需要获得其他股东的同意，或者按照公司章程规定的程序行使优先购买权。

股份有限公司是一种企业组织形式，其特点是能够吸引大量股东，包括在公开市场交易的上市公司，股东数量可能达到数万人甚至更多。在这种公司结构中，股东的责任仅限于其持有的股份额，而公司的资本则被划分为等额股份，便于股东权益的明确和资本的流通。股份有限公司的治理结构相对复杂，涉及多个层级的管理和监督机构，如股东大会、董事会和监事会，这些机构共同确保公司的决策过程透明、合理，并符合所有股东的利益。股东大会作为公司的最高权力机构，董事会负责公司的日常经营，而监事会则对公司的财务和董事会的行为进行监督。股份有限公司的股份转让极为灵活，特别是对于上市公司而言，其股份可以在证券交易所自由买卖，为股东提供了流动性和便利性，同时也为公司吸引了更广泛的投资者群体。

股份有限公司因其独特的结构和优势，在现代商业世界中扮演着重要角色。它为股东提供了一项基本保障——有限责任，意味着无论公司面临何种财务挑战，股东的个人资产均受到保护，仅限于其投资额。股份的高流动性进一步增强了投资者的信心，股份的自由买卖不仅为股东提供了资产变现的灵活性，也为市场带来了活力。股份有限公司通过公开发行股票，能够有效地吸引广泛的公众投资，这不仅为公司带来了资本的集聚，也拓宽了资金的来源渠道。另一个显著的优势在于所有权与经营权的分离，这为公司引入专业的技术和管理人才创造了条件，从而提升了公司的经营效率和整体管理水平。这种分离确保了公司决策的专业性与客观性，有助于公司实现长期的稳定发展。作为独立法人实体，股份有限公司能够独立于其股东持续运营，确保了经营活动的连续性，不会因为个别股东的个人变动而受到影响。这种稳定性对于公司的长期战略规划和市场信誉至关重要。

尽管股份有限公司提供了诸多优势，但这种企业形式也伴随着一些固有的挑战。首先，公司面临的一个主要问题是双重税负，即公司利润在分配给股东前须缴纳企业所得税，而股东个人在获得分红后还须缴纳个人所得税。其次，上市公司须遵守定期公布财务报告的规定，这种对透明度和公开性的要求虽然有助于建立投资者信心，但对于一些注重商业机密或运营灵活性的企业来说，可能会带来额外的行政负担和合规成本。此外，股份有限公司在注册时通常需要满足较高的最低注册资本要求，这一门槛可能会限制一些初创企业或中小企业的发展，因为它们可能难以在成立初期筹集到足够的资本。

股份有限公司因其涉及广泛公众投资者的权益，自然成为政府监管的重点对象。此外，由于公司所有权与经营权的分离，可能产生股东与管理层之间目标的不一致，这种所谓的委托代理问题需要通过严格的监管和公司治理机制来加以解决。

综合来看,股份有限公司作为一种企业组织形式,在资本市场中发挥着关键作用。它在提供资本、分散投资风险、吸引广泛投资等方面展现出显著的优势。然而,它也面临着税务成本和满足公开透明度要求的挑战,这要求公司在运营中进行细致的权衡。尽管存在这些挑战,股份有限公司在金融活动方面具有其复杂性,特别是在资金筹集方面,但是公司能够更有效地留存收益,为再投资提供更多机会,这一点在资本市场上的融资活动中表现得尤为明显,使得公司能够更加灵活地响应市场变化和投资需求。

1.4 公司金融学研究目标

1.4.1 三个典型目标

公司金融学聚焦于一系列核心研究目标,旨在指导企业实现其财务上的最优表现。这些目标包括利润最大化、每股盈余最大化以及股东财富最大化,每个目标都从不同角度反映了企业财务健康的重要性。

(1) 利润最大化:强调企业追求最大化利润,有其合理性,但也存在缺陷。利润是企业生存和发展的必要条件,代表了企业创造的财富和价值。然而,利润最大化可能会忽略时间性、投入产出关系和风险。过度追求短期利润可能导致企业短视行为,忽视长期发展机会。现金流在企业中扮演着关键角色,确保资金流动顺畅,债务得以偿还。

现金流的重要性可以通过案例来说明,如旅客在旅馆支付 1 000 块钱后,旅馆店主用这笔钱支付给屠夫,屠夫刚好利用这笔钱也支付给债主。这种现金流的例子可以帮助理解现金流对企业的重要性。

(2) 每股盈余最大化:对股份公司尤为重要,反映了投资资本与获利之间的关系。每股盈余代表股东在企业中的所有权价值,强调公司股东财富取决于每股盈余而非总利润。它同样存在缺点,如未考虑时间性、风险和短期行为的影响。

(3) 股东财富最大化:站在股东角度考虑,使股东财富最大化。对于上市公司而言,意味着公司市值和股票价格尽可能高。这一目标反映了企业的长期盈利能力,考虑了风险、时间价值、短期和长期因素。股东财富最大化与企业的可持续发展密切相关。

股东追求的不仅是公司的长期稳定运营,更是实现其财富的最大化。在这一愿景下,股东财富最大化成为企业经营的重要目标,通常体现为公司股票价格的持续上升。公司管理层采纳这一目标,是出于多方面的考量:资本市场的预期对公司决策产生影响,确保管理层的决策能够符合股东的最佳利益;同时,股东通过选择制度对管理层形成制约,而市场竞争则提供了对管理层行为的外部监督。

尽管股东财富最大化是一个合情合理的目标，但在实践中也面临着挑战。股价的波动受到众多不可控因素的影响，这可能削弱管理层的信心，甚至导致战略决策的短期化。过分关注短期股价波动可能会诱使管理层采取急功近利的措施，从而忽视了企业的长期健康和可持续发展。

此外，股东财富最大化在实施过程中可能会与其他利益相关者发生利益冲突，这些利益相关者包括员工、供应商、客户以及社会公众。这种潜在的利益冲突需要通过细致的公司治理和利益平衡来解决。同时，委托代理问题也可能造成管理层与股东之间的目标不一致，这要求公司建立有效的激励和监督机制，确保各方利益的一致性和公司的长期成功。

委托代理问题是现代企业中一个普遍存在的挑战，它源于所有权与经营权的分离。在这种情况下，由于信息不对称性和权责不对等造成的利益不一致，管理层可能会采取有利于自己利益的行动，而非最大化股东的财富。这种行为偏差可能会对股东的利益造成损害。为了应对这一挑战，企业必须构建一个强有力的公司治理框架，其中包括董事会的有效监督、与股东利益一致的激励机制，以及增强透明度的措施，确保管理层的决策和行为能够真正代表并增进股东的长期利益。

在公司金融的实践中，委托代理理论的应用至关重要。企业需要通过合理的融资结构，确保资本成本的效率，并采用激励机制和风险管理策略来平衡管理层与股东的目标。这样做可以减少因代理问题产生的额外成本，并增强企业的整体价值。例如，实施股权激励计划，通过股票期权或限制性股票，能够将管理层的个人收益与公司的长期表现挂钩，从而有效缓解委托代理问题，并推动企业朝着股东价值最大化的方向发展。

因此，在追求股东财富最大化的过程中，企业需要充分考虑委托代理问题，并采取相应措施，以确保企业长期稳定发展，实现各利益相关者的共赢。在接下来的讨论中，将进一步探讨委托代理问题在公司金融学中的应用和挑战，提供更多有关公司资本运作和委托代理理论的知识。

1.4.2　利益冲突相关议题

委托代理理论关注的是在委托人和代理人之间因信息不对称与权责不对等而产生的利益冲突。在公司金融学中，典型的例子是股东和管理层（职业经理人）之间的关系。股东作为委托人，期望公司长期稳定经营以实现股东财富最大化，而职业经理人作为代理人，通常追求个人效用的最大化。这种效用的最大化可能包括稳定的薪酬、奖金或其他福利，职业经理人可能不会充分关注公司的长期发展，从而导致利益冲突。公司金融学的研究通常关注如何减少这种冲突，使得委托人与代理人之间能够更好地合作，实现经济效益。

除了股东与管理层之间的委托代理问题，企业在融资活动中还必须面对与债权人的委托代理关系。在这一关系中，债权人可能对企业破产时债务偿还能力表示担忧，这种担忧有可能引发双方的利益冲突。债权人关注的是其贷款的安全性和回报，而企业则可能在追求更高收益的同时承担更多风险。公司金融理论在深入分析企业融资决策时，会特别关注这种债权人与企业之间的委托代理关系。在理论上探讨将涵盖如何通过合同条款、债务结构和风险管理策略来缓解潜在的利益冲突，确保双方利益的一致性，从而促进企业的稳健融资和持续增长。

因此，在公司金融学中，这两种核心的委托代理关系尤为突出：一是股东与管理层的关系，二是企业与债权人的关系。深刻理解这些关系对于把握公司金融学的精髓至关重要，尤其是在职业经理人的目标可能与股东的最佳利益不尽一致时。面对这些潜在的目标冲突，公司通常会采取一系列策略来加以协调和平衡。这些策略旨在确保管理层的决策不仅反映其个人的职业抱负，而且符合股东的长期权益，同时也保护债权人的利益，维护企业的财务稳定和市场信誉。为了协调股东与管理层之间的冲突，通常采取以下策略。

（1）解雇威胁：作为强化管理效能的最后手段，股东拥有通过董事会程序解聘表现不佳的职业经理人的权力。这种直接的措施虽然属于极端情形，但体现了股东对管理层行动的最终控制权。

（2）接管威胁：当管理层的绩效未达到预期时，股东可以利用其投票权对管理层施加压力，通过股东大会提出改革动议，限制管理层的权力或推动必要的管理层重组，以保护公司的长期利益。

（3）激励计划：为了调和管理层与股东之间的利益，企业会实施一系列激励计划。例如，通过提供股票期权，赋予管理层以固定价格购买未来股票的权利，从而激励他们提升公司的长期价值。绩效股份则将管理层的薪酬与公司业绩挂钩，根据达成的业绩目标奖励股份，进一步促进管理层对企业长期成功的承诺。

这些策略共同构成了一套复杂的机制，旨在减少管理层与股东之间的潜在利益冲突，确保双方目标的一致性，并推动公司朝着长期稳定发展和良好治理的方向发展。

关于探讨企业与投资者之间的委托代理问题，是梯若尔（Tirole，2001）《公司金融理论》中的经典议题，在本教材第12章普通企业融资模型中将展开详细讨论。

在公司金融领域中，理论与实践之间持续存在着重要的利益冲突。企业的财务目标与社会责任之间的关系是一个显著的例子。社会责任不只是关注企业财务利益，更是追求宏大的社会价值。这与传统的股东财富最大化目标在某些方面存在一致性，但也有矛盾之处。近年来，ESG投资成为一个热门话题，指的是在投资实践中整合环境（environmental）、社会（social）和公司治理（governance）三个维度的理念。ESG投资旨在找到那些既能创造股东价值又能持续创造社会价值的企业标的，以促进长期可持续发展。这些议题不仅在学术研究中得到广泛探讨，也在投资者和企业治理实践中引起越来越多的关注。通过研究ESG对企业发展的影响，可以深入探讨其对投资绩效、企业长期发展及股东利益的潜在驱动作用。

因此，理解和掌握这些议题对于深入了解公司金融的实质内容至关重要。因此，对这些议题的深刻理解和掌握，是洞察公司金融核心要义、把握投资决策脉络的关键。它们不仅关系到企业的当前表现，更决定了企业在未来复杂多变的商业环境中的立足之地。

1.5 内容与特色

在公司金融学课程中，主要涵盖了融资决策、投资决策和资本结构的理论与实践，这些内容构成了公司金融学研究的核心。

在公司金融学领域，筹资涉及资金的来源，即企业从何处获得资金。这一核心问题最终体现为资本结构，即融资资金来源的比例安排，是公司金融课程中重要的章节内容之一。企业可以通过不同途径融资，如债务和权益等，这构成了筹资决策的核心。

另一个关键领域是投资决策，即企业如何有效管理和运用其资本进行生产活动。在投资决策中，企业需要评估并选择投资项目，以实现财富最大化的目标。此外，企业也可以考虑 ESG 投资理念，以更好地考虑长期投资价值。

第三个重要领域是股利决策，即企业如何处理每年的净利润。企业需要决定是分红给股东，还是留作再投资以扩大再生产。这涉及分红比例的安排，需要平衡分红过多可能影响再投资能力的问题，以及分红过少可能引起股东不满的问题。

因此，在公司金融学中，筹资、投资和股利决策是核心内容之一，企业需要综合考虑这些方面来制定最佳的财务政策，以实现长期发展和股东利益的平衡。

股利决策是企业内部产生资金分配的一个重要组成部分，对企业可用资金的数量和质量产生影响，是筹资决策的一部分。因此，在公司金融中，筹资、投资和股利决策是相互关联的。

在本教材中，将介绍公司金融领域最前沿的研究内容，有些内容超越了国际上流行的经典教材所涵盖的范围。通过掌握这些知识，可以更深入地理解公司金融领域的文献和研究，从而提升对公司金融理论和实践的掌握程度与运用能力。

本教材在充分吸收上述理论和思想的基础上，着重强调引入梯若尔（Tirole，2001，2006）在本领域的代表性研究成果。他的专著《公司金融理论》是一部重要著作，将公司金融领域的文献整合到一个统一的分析框架中，探讨了企业如何向传统金融机构融资的相关系列问题。在融资过程中，抵押品成为一个普遍门槛，企业须拥有可供抵押的稳定资产才能获得融资。这些内容是本教材的重点部分。

此外，科技创新型创业企业向风险投资机构融资也是公司金融学领域中的一个重要议题，涉及与传统企业不同的融资模式。风险投资机构与创业企业之间的融资问题成为新兴议题。本教材将介绍风险投资机构与创业企业之间的融资模型和匹配模型（Fu et al.，2019a，2019b；付辉，2023），这些内容在研究范式上是对梯若尔融资模型和盖尔-沙普利（Gale–Shapley）匹配模型的扩展与广义化。

这些前沿的知识是本教材的鲜明特色，为我们提供了更深入和前沿的认识，帮助我们提升对公司金融理论与实践的理解程度和运用能力。

1.6　市场环境因素

在公司金融学研究的市场环境因素中，不同环境因素的交织构成了基本的企业决策背景，这包括宏观经济环境、金融市场环境以及法律环境等多个维度。

宏观经济环境作为这一体系的核心，涵盖了产业政策、财政政策和货币政策等关键领域。产业政策的演变直接塑造了企业的增长路径和行业内的竞争态势。例如，随着全球对生态文明与安全的日益重视，清洁能源和可持续发展领域迎来了前所未有的发展机遇。财政政策和货币政策则通过税收、公共支出、利率调整等手段，对经济进行宏观调控，进而深刻影响企业的资本成本、资金流动性和投资回报率。这些政策工具的运用，不仅关系到企业短期的财务健康，更决定了企业长期的投资方向和增长潜力。此外，经济环境的动态性同样不容忽视，其中包括经济周期的波动、不确定性的风险因素，以及通货膨胀等宏观经济指标，它们均能显著影响企业的成本结构、投资回报和资本价值。这也包括经济政策不确定性这个重要概念，大量文献研究了它对企业投融资和其他行为的影响。

金融市场环境作为公司金融决策的另一个关键维度，涵盖了金融机构、企业、政府以及个人投资者等多样化的市场参与者。货币市场、证券市场、黄金市场和外汇市场等不同类型的金融市场，各自遵循独特的运作规则，参与者的行为模式也各有特点，这些因素共同塑造了企业融资和投资的外部条件。企业能够利用这些市场进行资金的筹集或将闲置资金用于投资。例如，在货币市场中进行短期融资，在证券市场中发行股票或债券，或在外汇市场中管理汇率风险。这些活动不仅在激烈的市场竞争中展开，而且要求企业在做出金融决策时必须具备敏锐的市场洞察力和科学的决策依据。通过积极参与金融市场，企业不仅可以优化资本结构，降低融资成本，还可以通过投资活动提高资金使用效率。这种基于市场机制的金融活动，不仅增强了企业金融决策的科学性，也锻炼了企业在复杂金融环境中的竞争力和应变能力。

法律环境对公司金融活动起着至关重要的作用，特别是在财务会计标准和税收法规的遵守上，为企业的金融行为设定了基本的法律框架和规范。这些法规不仅确保了企业活动的透明度和合规性，也为金融决策提供了必须遵循的规则。

综合考虑宏观经济和金融市场的复杂性，企业必须在这一背景下制定出既灵活又具有战略前瞻性的财务策略。这意味着企业需要对市场条件和政策环境的不断变化保持敏感，同时在财务规划和资本配置中展现出创造性和适应性。从而，企业能够更好地适应复杂多变的市场环境，实现长期的稳定增长。

1.7 万科股权之争*

在我们探讨公司金融的丰富话题之际，不妨深入剖析一个标志性的案例——万科（000002.SZ）股权之争。这个故事不仅在企业内部治理中具有深远的启示，更是一段波澜壮阔的商业史诗，生动映射了企业在成长道路上所经历的辉煌时刻与挑战困境。通过这个案例，可以从公司内部视角观察到，不同利益相关方如何在变化莫测的市场环境中展开策略博弈，以及这些博弈如何在一段时间内影响公司的表现。这不仅是对公司治理结构和股东权益保护的一次深刻考验，也是对企业领导力和战略决策能力的一次全面检验。

万科股权之争事件为我们提供了一个理解企业内部动态、市场力量和利益协调的绝佳案例，让我们得以洞察公司如何在复杂的商业环境中前行，并在不断的变革中寻求平衡与发展。这个案例分为七部分：第一幕为外部投资者来袭与"万宝之争"的上演；第二幕为邀深圳地铁驰援、前景未卜；第三幕为宝能与华润意外联手、意欲何为；第四幕为外部各方发声、变数再起；第五幕为恒大入局、硝烟更胜；第六幕为资本市场动态与监管层发声；第七幕为深圳地铁入场、权力更迭。

1.7.1 第一幕：外部投资者来袭与"万宝之争"的上演

1. 外部投资者来袭与"万宝之争"的上演（1）
- 宝能收购万科股份的行动：
    - 在 2015 年 7 月初的股灾期间，宝能通过前海人寿首次购入万科 5% 的股份，持股量约为 5.53 亿股。
    - 2015 年 7 月底，宝能再次增持 5%，买入价格区间为每股 13.28～15.47 元，总计耗资 79.45 亿元人民币。
    - 2015 年 8 月底，宝能通过钜盛华和前海人寿继续买入，增持 5.04% 的股份。
- 宝能成为万科第一大股东：
    - 2015 年 11 月 27 日，宝能通过南方资本等资管通道，在涨停板上大量购入万科股票，使得钜盛华和前海人寿合计持有万科 20% 的股份，超越了原第一大股东华润 15.23% 的持股比例。
- 宝能继续增持：
    - 2015 年 12 月 10 日至 11 日，钜盛华继续增持万科 A 股，使得宝能的持股比例

---

* 本着尊重事实和复原事件的基本态度，结合人民网、新华网、澎湃新闻等相关新闻报道，笔者编写了本案例。

进一步上升至 22.45%。

事件影响：

- 宝能的这一系列动作引发了市场和万科管理层的高度关注，标志着万科股权之争的开始，这场争夺战不仅对万科的公司治理结构产生了深远的影响，也引发了对资本市场中股权分散风险和公司控制权争夺的广泛讨论。

2. 外部投资者来袭与"万宝之争"的上演（2）

- 万科管理层的态度：
  - 万科创始人王石对宝能的增持行为表示强烈的不满和反对。他对宝能"不欢迎""非常不欢迎"，理由是宝能"现在不够当万科第一大股东的资格"。[①]
- 万科的紧急措施：
  - 2015年12月18日，面对宝能可能取得公司控制权的威胁，万科宣布紧急停牌。公司声称正在筹划股份发行，目的在于进行重大资产重组及收购资产，这一举措被看作万科管理层试图阻止宝能控制公司的手段。
- 市场与舆论的反应：
  - 王石的言论和万科的停牌决定引发了市场和舆论的广泛关注。这一事件不仅凸显了公司治理中股东权利与管理层责任的紧张关系，也引起了对资本市场规则和公平性的讨论。

事件影响：

- 万科股权之争不仅在资本市场上引起了震动，也对公司治理、股东权益保护，以及管理层的职责和权力提出了深刻的问题。这一事件成为中国资本市场史上一个标志性的案例，对后续的公司治理实践和政策制定产生了长远的影响。

1.7.2 第二幕：邀深圳地铁驰援、前景未卜

1. 深圳地铁的驰援行动
- 深圳地铁的战略介入：
  - 2016年3月13日，万科宣布与深圳地铁集团签署了战略合作备忘录。根据公告，万科计划通过新发行股份的方式，收购深圳地铁集团持有的目标公司股权，预计交易金额在400亿~600亿元人民币。若交易完成，深圳地铁集团将成为万科的重要长期股东。
- 股东大会与继续停牌：
  - 2016年3月17日，万科举行了2016年第一次临时股东大会，审议了关于万科

---

① 资料来源：王石首度表态：万科不欢迎"宝能系"[N/OL]. 人民网, http://house.people.com.cn/n1/2015/1218/c194441-27943953.html.

A 股股票继续停牌的议案。万科管理层，包括王石和郁亮，出席了会议。投票结果显示，万科 A 股将继续停牌至 6 月 18 日，而宝能对引进深圳地铁的重组计划及继续停牌的议题投了赞成票。

- 董事会的表决与争议：
  - 2016 年 6 月 18 日，万科董事会就与深圳地铁的重组预案进行了投票，宣称以 7 票赞成、3 票反对的优势表决通过了预案。然而，华润派驻万科的 3 名董事集体投了反对票，并声称该投票无效，因为没有获得 2/3 的票数通过。华润随后向万科发送了律师函，进一步表明了其立场。

事件影响：

- 深圳地铁的介入和随后的董事会投票，以及华润方面的反对，为万科股权之争增添了新的复杂性。这一系列事件不仅反映了公司内部治理的分歧，也凸显了在重大企业重组过程中各方利益的博弈。

2. 华润的立场

- 华润的财务投资者角色：
  - 在万科股权之争爆发前，华润集团长期作为万科的第一大股东，其角色主要体现为一个安静的财务投资者。华润通过其持股比例对万科的发展施加影响，但在日常经营中并不直接干预。
- 对管理层的支持：
  - 华润一直支持以王石为首的万科管理层，这种支持基于对王石及其团队管理能力的认可，以及对其引领万科取得行业领先地位的信心。
- 稳定的公司治理结构：
  - 华润作为大股东的稳定性为万科提供了一个有利的公司治理结构，使得万科能够专注于长期战略规划和业务发展，而不必过分担心股权结构的变动。
- 合作的益处：
  - 华润与万科的合作关系给双方都带来了益处。万科得以在一个稳定的股东支持下成长，而华润则通过其投资获得了可观的回报。

股权之争的导火索：

- 然而，随着宝能的介入和对万科股份的大量购买，这种长期稳定的股东关系和公司治理结构面临了前所未有的挑战。宝能的行动触发了万科股权之争，也使得华润作为第一大股东的地位受到了威胁。

事件影响：

- 万科股权之争不仅考验了华润与万科之间的合作关系，也对公司治理、股东权利和市场规则提出了新的思考。这一事件成为中国资本市场上一个标志性的案例，对公司治理和股东权益保护有着深远的影响。

3. 投票结果的分歧
- 董事会成员构成：
  - 2015年年报显示，万科董事会共有11名成员，包括王石、乔世波、郁亮等，其中万科和华润各占3席，其余5席中有4名为独立董事。
- 独立董事张利平的弃权：
  - 独立董事张利平因任职于与万科有交易关系的美国黑石集团，存在潜在的关联与利益冲突，决定在议案投票中回避，投出弃权票。
- 华润与万科的投票争议：
  - 华润方面认为，根据《公司法》，赞成票（7票）未超过所有董事的2/3（按11名董事计算需8票），因而认为议案未获通过。
  - 万科方面则认为，除去张利平的弃权票，剩余10位董事中有7位赞成，3位华润董事反对，满足了超过2/3的票数要求，因此预案以合法有效的方式通过。
- 法律依据与决议效力：
  - 万科声称，本次会议的表决程序符合《公司法》及公司章程的相关规定，所作出的决议合法、有效。

事件影响：
- 这一投票结果之争凸显了公司内部在重大决策过程中的分歧，尤其是在计算法定通过票数时对董事人数的不同解释。这不仅反映了公司治理中的复杂性，也引起了对《公司法》和公司章程在实际运用中的讨论。

1.7.3 第三幕：宝能与华润意外联手、意欲何为

1. 宝能、华润联手——"万宝之争"演变为"万华之争"？（1）
- 宝能和华润集团的联合反对：
  - 2016年6月23日深夜，宝能通过钜盛华和前海人寿发布联合公告，明确表示反对万科发行股份购买资产的预案，并宣布将在后续的股东大会上据此行使股东权利。
  - 紧接着，华润集团也发表声明，同样反对万科的重组预案，并表达了对万科公司治理的关注。华润同时表示，虽然反对重组预案，但支持万科与深圳地铁在业务层面的合作。
- 万科的回应：
  - 2016年6月24日，万科相关负责人对宝能和华润集团的声明作出回应，表示公司已经注意到股东的声明，并将广泛听取相关各方的意见和建议，做好协商沟通。

- 股东大会的公告：
  - 2016 年 6 月 26 日，万科发布公告，宣布收到股东钜盛华股份有限公司及前海人寿保险股份有限公司发出的通知，提请万科董事会召开 2016 年第二次临时股东大会。

事件影响：

- 宝能和华润集团的联合反对标志着万科股权之争进入了新的阶段，由原先的"万宝之争"可能演变为"万华之争"。这一转变不仅加剧了万科股权结构的不确定性，也对公司的治理结构和未来发展方向带来了新的挑战。
- 此次事件凸显了在公司重大决策过程中，股东之间的利益协调和沟通的重要性，同时也反映了在复杂的公司治理环境中，如何平衡不同股东的利益，维护公司整体利益的难题。

2. 宝能、华润联手——"万宝之争"演变为"万华之争"？（2）

- 宝能的"清盘"提案：
  - 宝能提出罢免提案，目标直指万科的高层管理团队，包括董事长王石和总裁郁亮等 10 人，这一行动被外界视为"清盘"提案。
- 华润集团的立场：
  - 2016 年 6 月 26 日晚，华润集团再次发表声明，重申其反对万科与深圳地铁的重组预案的立场，并表示对万科的公司治理问题"高度关注"。
- 王石的感慨：
  - 王石在其朋友圈发表感慨，用"天要下雨，娘要改嫁。还能说什么？"来形容自己的心情，并指出当曾经依靠、信任的央企华润公开与阻击的恶意收购者联手，彻底否认万科管理层时，所有的遮羞布都撕去了。①
- 宝能对万科事业合伙人制度的质疑：
  - 宝能指出，万科 2014 年推出的事业合伙人制度的具体内容、董事和监事在该制度中能够获得的报酬及获得该等报酬的依据，董事会从未向投资者披露过，违反了上市公司信息披露的有关要求。

事件影响：

- 宝能和华润集团的联合反对行动，以及对万科管理层的罢免提案，标志着万科股权之争进一步升级。这一行动不仅对万科的管理层构成直接挑战，也对公司的治理结构和未来发展带来了深远的影响。
- 这一事件凸显了在公司治理中，股东与管理层之间的利益冲突和权力斗争，以及在上市公司治理中维护透明度和合规性的重要性。

---

① 资料来源：宝能提请罢免所有万科董事 王石喊话华润：遮羞布全撕了［N/OL］. 人民网, http://ccnews.people.com.cn/n1/2016/0627/c141677-28480268.html.

1.7.4 第四幕：外部各方发声、变数再起

- 保监会的回应：
  - 2016年6月27日，在夏季达沃斯论坛上，中国保险监督管理委员会副主席对险资举牌房地产公司的行为做出回应，险资举牌通常是为了资产配置的需要，保监会对举牌的要求包括做好信息披露，说明资金来源，并应获得社会的一致认可和理解。这是正常的资本市场活动，在西方国家很常见。[1]
- 国资委的态度：
  - 国务院国有资产监督管理委员会相关领导表示，国资委支持所有有利于深圳及企业发展的举措。[2]
- 市场评级机构的看法：
  - 穆迪公司认为，万科股东提出的关于罢免公司董事和监事的提议可能具有负面信用影响，如果实施，可能会对公司的信用评级或展望造成压力。[3]
- 业界人士的观点：
  - 中国石化集团原董事长撰文指出，华润、宝能与万科之争的最新发展态势已经超出了股东与管理层之间的矛盾，从宝能提出罢免万科全体董事及高管层的要求开始，这场争斗的长远影响已经上升到社会利益和资本市场健康发展的层面。[4]

事件影响：
- 监管机构的发声为万科股权之争带来了新的变数，显示了这场斗争已经引起了高层监管者的关注，并且可能对资本市场的规则和实践产生影响。
- 国资委和保监会的态度表明，国家层面对这场股权之争的影响和结果给予了高度关注，并可能在一定程度上影响事件的走向。
- 穆迪的评级展望和业界人士的观点反映了业界和市场对万科管理层稳定性的担忧，以及对公司治理和市场健康发展的重视。

1.7.5 第五幕：恒大入局、硝烟更胜

- 恒大集团的首次曝光：
  - 2016年8月4日，恒大集团（03333.HK）的名字首次出现在万科A（000002.SZ）

---

[1] 资料来源：周延礼谈险资举牌万科：是正常资本市场活动［N/OL］. 新华网，https://top.chinadaily.com.cn/2016-06/27/content_25873037.htm.

[2] 资料来源：国资委主任回应万科股权之争：利于深圳及企业发展的都支持［N/OL］. 澎湃新闻，https://www.thepaper.cn/newsDetail_forward_1489774?commTag=true.

[3] 资料来源：股权之争引发信用评级危机，万科股权博弈现和解迹象［N/OL］. 21世纪经济报道，https://m.21jingji.com/article/20160702/19ca31508c84ee5b0bbc12403dfc7b79.html.

[4] 资料来源：傅成玉：警惕万科之争不可挽回之后果［N/OL］. 证券时报网，2016-06-28.

的股东名册上。
- 恒大的举牌行动：
  - 8月8日，恒大集团公告称，已累计买入万科5%的股份，完成了首次举牌。在短短11个交易日内，恒大累计耗资99.7亿元人民币，大规模购入万科股份。
- 恒大成为第三大股东：
  - 截至2016年8月15日，恒大持有万科A高达2.36亿股，占万科总股本的比例约为6.82%，成为万科的第三大股东。
- 市场对各方沉默的猜测：
  - 当前各方的沉默可能意味着他们正在就某个方案进行洽谈。可以推测，由于谈判正处于关键期，各方不愿意向媒体透露信息，以免影响谈判的进展。
- 关于"举牌"的法律规定：
  - 根据《证券法》的规定，当投资者持有一个上市公司已发行股份达到5%时，必须在3日内向国务院证券监督管理机构和证券交易所作出书面报告，并通知上市公司进行公告，同时履行相关法律规定的义务。这一过程通常被称为"举牌"。

事件影响：
- 恒大集团的入局为万科股权之争增添了新的变数，使得原本就错综复杂的股权结构更加多元化，进一步加剧了万科股权的争夺。
- 恒大的大规模购入行为显示了资本市场对万科股权的高度重视，同时也可能对万科的治理结构和未来发展产生重要影响。
- 各方的沉默和可能的幕后谈判表明，万科股权之争可能正在朝着解决的方向发展，但具体的解决方案和最终结果仍然充满不确定性。

1.7.6 第六幕：市场动态与监管层发声

- 宝能入主南玻A致高管辞职：
  - 2015年底，宝能通过四度举牌南玻A（000012.SZ），持股比例达25.05%，成为第一大股东。
  - 2016年11月15日晚，南玻A（000012.SZ）公告称7名高管辞职。随后，11月16日晚，南玻的董秘和两名独立董事也提出辞职。
- 前海人寿增持格力电器股份：
  - 自11月下旬起，宝能旗下的前海人寿保险股份有限公司开始大规模购入家电业明星公司格力电器的股票。至11月30日，格力电器公告显示，前海人寿持股比例已达4.13%，成为公司第三大股东。

- 董明珠谈道:"如果成为中国制造和民族品牌的破坏者,那就是罪人。"①
- 证监会主席的讲话:
  - 12月初,中国证监会主席发表讲话,提出资产管理人应有正确的行为准则,他指出:"我希望资产管理人不当奢淫无度的土豪、不做兴风作浪的妖精、不做坑民害民的害人精。用来路不当的钱从事杠杆收购,行为上从陌生人变成野蛮人,最后变成行业强盗,是不可以的。"②
- 对资本市场行为的批评:
  - 证监会主席的讲话被广泛解读为对资本市场中某些资产管理人行为的批评,特别是那些使用高杠杆进行收购的行为。他的言论被认为与近一年来资本市场的各方表现紧密相关,尤其是宝能、恒大和安邦,它们在资本市场上的活跃表现引起了监管层的关注。

事件影响:
- 证监会主席的讲话反映了监管层对资本市场中某些行为的担忧,特别是对使用高杠杆进行收购的资产管理人的行为表示了明确的反对态度。
- 这些言论对资本市场的参与者起到了警示作用,强调了合规、透明和负责任的投资行为的重要性。
- 同时,这些讲话也表明监管层可能会采取措施来规范市场,保护投资者利益,维护资本市场的稳定和健康发展。

1.7.7 第七幕:深圳地铁入场、权力更迭

1. 深圳地铁入场、权力更迭(1)
- 华润退出万科:
  - 2017年1月12日,万科第二大股东华润集团宣布将其持有的15.31%的股份全部转让给深圳地铁集团,交易价格为每股22元,总交易额达到371.71亿元。
  - 1月20日,国务院国资委批准华润将其持有的万科股份转让给深圳地铁。这标志着地方国企深圳地铁将代替央企华润,成为万科的第二大股东,持股比例达到15.31%。
- 恒大退出万科:
  - 1月13日早间,恒大发布公告,明确表示无意进一步收购万科股票。

---

① 资料来源:董明珠谈资本敲门格力电器:如果他们破坏中国制造会成为罪人[N/OL]. 澎湃新闻, https://www.thepaper.cn/newsDetail_forward_1573240.

② 资料来源:证监会主席大谈"强盗""妖精""害人精"[N/OL]. 央视网, https://news.cctv.com/2016/12/04/ARTI2TBga8ySGOhtJm483Mvr161204.shtml.

- ○ 6月9日，恒大宣布将其持有的约14.07%的万科A股份转让给深圳地铁集团，交易价格为每股18.8元，总交易额达到292亿元。
- 宝能对深圳地铁的欢迎：
  - ○ 1月13日晚间，宝能发表公告表示，对深圳地铁投资万科表示欢迎。作为财务投资者，宝能表示看好万科，并支持万科的健康发展。

事件影响：

- 深圳地铁的入局被视为万科股权之争的转折点，有助于稳定万科的股权结构和公司治理。
- 华润的退出、恒大的声明以及宝能的积极态度，共同推动了万科股权之争向着解决的方向发展。
- 国资委的批准为深圳地铁成为万科第二大股东提供了法律和政策上的支持，体现了国家层面对万科未来发展的关注和期望。
- 这一事件的解决不仅对万科自身的稳定和发展具有重要意义，也对资本市场的稳定和国有企业改革具有示范作用。

2. 深圳地铁入场、权力更迭（2）

- 王石的告别：
  - ○ 2017年6月21日，万科董事会换届方案公告引起了业内的广泛关注。王石宣布不再作为万科董事被提名，正式交班给郁亮。当日清晨，王石感言："今天，万科公告了新一届董事会成员候选名单。我在酝酿董事会换届时，已决定不再作为万科董事被提名。从当初我们放弃股权的那一刻起，万科就走上了混合所有制道路，成为一个集体的作品，成为我们共同的骄傲。"①
- 股权之争的结束：
  - ○ 随着王石的退出和郁亮的接棒，持续近两年的万科股权之争落下帷幕。

事件影响：

- 王石的退出标志着一个时代的结束，他作为万科的创始人和长期以来的掌舵人，对公司的发展和企业文化产生了深远的影响。
- 郁亮的接任代表了万科管理层的新起点，预示着公司将继续沿着既定的发展战略前进，并可能迎来新的发展机遇。
- 万科股权之争的结束为公司带来了更加稳定的治理结构，有利于公司集中精力应对市场挑战，实现可持续发展。
- 这一事件也为中国资本市场提供了重要的案例，展示了在复杂的股权斗争中如何通过法律、规则和市场机制寻求解决方案。

---

① 资料来源：万科公告新一届董事会成员候选名单：王石退位、郁亮接棒［N/OL］. 央广网，https：//china.cnr.cn/xwwgf/20170621/t20170621_523812359.shtml.

1.7.8 万科股权之争总结

万科股权之争是一场错综复杂的事件，它不仅触及了情感与规则的交织，还深入到了市场运作与法律框架的碰撞。这场斗争不仅是企业层面的博弈，更触及了政治层面和监管体系设计的深层次问题。在 2016 年，我们目睹了保监会与证监会在对宝能收购行为的态度上出现了分歧。尽管后来随着两个监管机构的合并，这种分歧看似得到了解决，但在当时无疑是真实存在的。

经过近两年的纷争，万科股权之争终于告一段落。这一事件为企业融资提供了一个多维度的分析视角，其复杂性与教育意义值得我们深入探究。无论是从企业并购、控制权争夺，还是公司治理的角度来看，它都是一个极富启发性的案例。

这次讨论涵盖了广泛的议题，希望它能够激发更多的思考和洞见，为理解企业融资与公司治理提供新的视角。

思考与练习

围绕本章议题，试思考和练习下列问题。

1.1　任何类型的公司都需要解决哪三个重要问题？

1.2　公司的金融活动与其他两种企业组织形式区别在哪里？

1.3　股东财富最大化目标与其他两个目标相比，其优越性体现在哪里？

1.4　企业为什么要承担社会责任？企业的社会责任与股东财富最大化目标的一致性和矛盾体现在哪些方面？

1.5　为什么估值对于企业和投资者都是至关重要的，并讨论估值过程中需要考虑的关键因素。

1.6　宏观经济政策和金融市场环境如何影响企业金融决策，以及企业应如何适应这些变化？

1.7　讨论万科股权之争案例对公司治理结构和股东权益保护的影响，并从中提炼出的关键教训。

第 2 章　资金时间价值

2.1　概　　要

在本章中，将深入探讨金融学的核心概念——资金时间价值。这一概念不仅在投资学和公司金融学中至关重要，它的影响更是贯穿金融学的所有领域，构成了金融思维的基础。本章内容对于公司金融学课程具有基石般的重要性，如同数学中基础运算一样，理解资金时间价值是掌握公司金融学其他概念的前提。

本章将从京东和阿里巴巴的卓越成长故事开始。根据京东和阿里巴巴的招股书文件：京东自1998年6月18日成立以来，于2014年5月22日在纳斯达克交易所上市，上市首日市值高达240亿元；阿里巴巴自1999年9月9日成立以来，于2014年9月19日在纽约证券交易所上市，市值飙升至2 314亿元；孙正义对阿里巴巴的投资，经过14年的沉淀，最终实现了2 500倍的惊人回报，从最初的2 000万元增长到500亿元。这些故事不仅揭示了时间价值的巨大作用，也彰显了复利效应的神奇力量。

这些案例生动地阐释了时间价值在企业成长、投资回报和国家建设中的关键作用。在这个进程中，时间必须被视为一个核心要素。随着时间的流逝，事物不但持续进化，而且常常展现出复利增长的特性，这表明了时间在价值累积中的重要性。它们凸显了价值随着时间推移而增长和逐步成熟的过程，反映了成长的本质特征。在金融领域，对企业的发展轨迹和成长历程的关注，实质上是对时间价值的深刻理解和实际应用的体现。

在企业成长的初期，尽管可能面临资本有限和规模较小的挑战，但随着时间的推移，复利效应的累积作用将逐步显现。这使得企业能够实现从小型初创到成功企业的华丽转变，并为投资者带来丰厚的回报。这一增长轨迹深刻体现了复利思维的力量，与股票价格的复利增长模式相似。以一个具体例子来看，如果某只股票在连续5个交易日内每天上涨5%，其累计涨幅并非简单的25%，而是通过复利计算得出的更为显著的增长率。这个例子生动地揭示了时间在价值增长中的关键作用，进一步强化了我们对时间价值重要性的认识。

因此，在金融领域，资金的时间价值扮演着至关重要的角色。它不仅凸显了增长和复利效应的重要性，而且对于实现财务目标和优化投资策略具有决定性的作用。无论是在微观层面的企业运营，还是在宏观层面的国家建设，时间价值都扮演着不可或缺的角色。深入理解并有效运用资金的时间价值，对于制定有效的财务规划和投资决策至关重要，它能够帮助我们在不确定的未来中把握机遇，实现长远的发展。

本章内容主要聚焦于四个核心议题。一是探讨时间线的概念；二是时间线的三条基本规则；三是现金流序列的估值；四是现金流及系列现金流的计算。在这四个关键点中，特别强调前两个议题——时间线和时间移动规则，因为它们是理解资金时间价值基础规律的关键。

学习目标包括：

（1）掌握时间线的绘制方法，即在清晰描述现象后，能够准确地绘制时间线来展示其时间维度。

（2）熟悉并能够阐述时间移动的三条规则，这意味着在掌握时间线绘制技能后，能够基于时间线所描述的现象，给出时间移动规律的描述或解释。

（3）学会计算各种现金流的终值，这涉及对现金流的基础应用，即计算它们在未来某一时间点的累积总额。

（4）我们将学习计算现金流的现值，即对于给定的现金流，需要确定其在特定时间点的价值，无论是初始时点、终点时刻还是其他任意时点。

这些目标构成了本章的基础框架。本章也设定了拓展性的学习目标，将涉及更复杂的应用。例如，当给定5个因素中的4个时，求解第5个因素；或者在已知现金流的现值或终值的情况下，计算其贴现率。所有这些应用都建立在本章内容中时间线和现金流基础规律之上。这些构成了本章的主要学习目标。

2.2 时间线

时间线是一种直观的线性图形工具，用于描述预期现金流发生的各个时期。它将资金的时间价值现象以图形的形式展现出来，使得我们能够更清晰地理解和分析这些现象。绘制时间线是解决问题过程中的关键一步，因为它为我们提供了一个清晰的框架来组织和分析信息。

成功地构建时间线，实际上已经为解决问题奠定了坚实的基础。在面对问题时，首先可以通过绘制时间线来将问题可视化，这不仅帮助我们理解问题的时间维度，而且也使我们能够更系统地思考问题。一旦时间线被清晰地描绘出来，就已经完成了解决问题的一半工作。

接下来的另一半工作，则是围绕时间线列出相关的数学公式，并进行必要的计算。这包括但不限于确定现金流的现值、终值、贴现率等关键财务指标。通过这种方式，时间线不仅帮助我们理解问题，还指导我们如何通过数学工具来解决它们。简而言之，时间线是连接问题理解和方案解决的桥梁，是金融分析中不可或缺的工具。

［案例2-1］

设想一位朋友承诺在未来两年内，于每年年末偿还1万元。在这种情况下，时间线是描述这笔借款现金流的有力工具。时间线的起点代表借款开始的瞬间，此时现金流为零，因为这是交易的初始状态。

随着时间线的延伸,划分出两个关键时期:第一年年末和紧接着的第二年年末。在第一年年末,你将收到第一笔1万元的偿还,这一点在时间线上以正现金流的形式标注。同样,在第二年年末,你将收到第二笔1万元,这一点同样在时间线上以正现金流标注。

时间线上的刻度清晰地标出了时间点0和2,分别代表借款开始和两年结束的时刻。在这两个年末时间点上,明确标注了现金流的具体数额,即1万元,如图2-1所示。

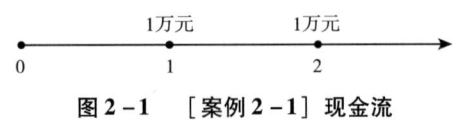

图 2-1 [案例 2-1] 现金流

此外,值得强调的是,第一年年末在时间线上同时标志着第二年的开始。这表明,从时间线的视角来看,每年年末你都会收到1万元的现金流,这样的描述有助于我们更准确地理解现金流的时间特性。

通过这种细致的时间线描述,不仅能够清晰地可视化借款的现金流,还能够深入分析其时间价值,为进一步的财务分析和决策提供坚实的基础。

在这种情况下,时间线为我们提供了一个清晰的视角来观察和分析这笔借款的现金流。以下是如何使用时间线来描述这种现金流的详细步骤。

(1) 时间线起点:时间线的起点代表借款开始的时刻,即时间点0。在这个时间点上,现金流为0,因为这是借款的开始,还没有发生任何偿还。

(2) 第一年年末:在时间线上,从起点向右移动一年,到达第一年年末。在这个时间点上,你的朋友将偿还1万元,因此在时间线上这个点会被标记为+1万元。

(3) 第二年年末:继续沿着时间线向右移动一年,到达第二年年末。同样,在这个时间点上,你的朋友再次偿还1万元,时间线上这个点也会被标记为+1万元。

(4) 时间线刻度:时间线上会有刻度,两端分别标注时间点0和2(代表两年的时间跨度)。这些刻度帮助我们可视化每个时间点上发生的现金流。

(5) 现金流的描述:在时间线上,可以进一步标注每个时间点上的现金流情况。例如,在时间点1(第一年年末)和时间点2(第二年年末),都会标注"1万元",表示在这些时间点上分别收到1万元。

(6) 时间点的特殊性:特别需要注意的是,第一年年末同时也是第二年年初。这意味着,虽然偿还发生在年末,但从时间线的角度看,它也标志着下一个计息周期的开始。

通过这种方式,时间线不仅帮助我们可视化了借款的现金流,还提供了一个框架来分析这些现金流的时间价值,例如,通过计算这些现金流的现值或终值来评估借款的实际价值。这种描述方法使得复杂的金融交易变得更加清晰和易于理解。

[案例 2-2]

设想你在未来两年内,需要每年支付学费1万元,并且这笔费用将被等额分成四个学期期初支付。可以通过时间线来直观地展示这一支付计划。时间线将被划分为四个主要的时间段,每个时间段对应一个学期的开始,如图2-2所示。

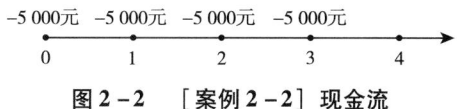

图2-2 [案例2-2]现金流

(1)第一学期期初(初始时刻):时间线的起点,代表支付计划的开始,也是第一个学期的开始,您需要支付5 000元的学费,这将在时间线上被标记为-5 000元。

(2)第二学期期初:紧接着,当时间线移动到第二学期的开始,您再次支付5 000元,时间线上这个点同样被标记为-5 000元。

(3)第三学期期初:继续沿着时间线,到达第三学期的开始,您支付的学费依然是5 000元,时间线上这个点也被标记为-5 000元。

(4)第四学期期初:最后,在时间线的最后一点,即第四学期的开始,您支付最后一笔5 000元的学费,时间线上这个点也被标记为-5 000元。

时间线上的刻度将清晰地标出每个学期的开始,帮助我们可视化每个支付点。通过这种方式,时间线不仅帮助我们理解学费的支付时间,还提供了一个框架来分析这些支付的时间价值,例如,通过计算这些支付的现值来评估整个学费支付计划的财务影响。

这是一个使用时间线描述学费支付情况的清晰例子,它展示了如何将年度费用分解为更小的学期支付,以及如何在时间线上表示这些支付。

2.3 时间线的三条规则

在探讨资金时间价值问题时,经常需要比较或合并不同时间点上发生的现金流量。为了确保这些比较和合并的准确性,遵循以下三条基本规则。

(1)规则1:同一时点的价值比较。

只有在同一时间点上的价值才能直接进行比较或合并。这是因为不同时间点上的资金会受到时间价值的影响,不能简单地直接对比。

(2)规则2:现金流的终值计算。

当我们需要将现金流从某一时间点后移到更晚的时间点时,必须对现金流进行复利计算,以确定其在更晚时间点的终值。这意味着我们需要考虑资金在后移期间的利息增长。

(3)规则3:现金流的现值计算。

相反,如果我们想要将现金流从某一时间点前移到更早的时间点,就需要对现金流进行折现计算,以确定其在更早时间点的现值。这涉及将未来的现金流折算成今天的价值,考虑资金的时间价值。

这些规则是金融分析中的重要工具，确保了不同时间点的资金流动可以被合理地比较与合并，为投资决策提供了坚实的基础。

规则1内容：

第一条规则阐明了一个基本的金融学原理：今天的一元并不等于一年后的一元。只有在同一时间点上的价值才能直接进行比较或合并。这表明，不同时点的现金流不能直接进行比较，因为它们具有不同的时间价值。

举个例子，如果你面临一个选择：今天获得1 000元的礼物，或者一年后获得1 210元的礼物，你会如何选择？这个问题没有统一的答案，因为不同的人可能会根据自己的偏好和对资金时间价值的理解做出不同的选择。这种差异反映了人们对时间长度和资金价值关系的不同感知与偏好。

回答这个问题，需要进行深入的比较，并考虑时间因素。一种方法是将未来的现金流折现到今天，即计算其现值。通过这种方式，可以量化未来现金流在今天的价值，并与当前的现金流进行比较。

具体来说，如果我们知道一年后的1 210元的现值，我们就可以将其与今天的1 000元进行比较。如果现值高于1 000元，那么从金融学的角度来看，选择一年后获得1 210元可能更有利。反之，如果现值低于1 000元，那么选择立即获得1 000元可能更为明智。

这种方法不仅帮助我们理解资金的时间价值，而且提供了一种量化和比较不同时间点现金流的工具。通过考虑时间因素并使用折现技术，我们可以做出更明智的财务决策。

规则2内容：

当考虑将现金流往未来移动时，复利计算变得至关重要。

设想这样一个选择：立即获得1 000元，或者在两年后获得1 210元。如果你相信自己能够通过投资今天收到的1 000元，每年能够获得10%的收益，你可能会好奇这笔钱在两年后将增长到多少。

在这种情况下，复利公式能够帮助你预测投资的未来价值。如果年收益率为10%，一年后，你的投资将增长到 $1\,000 \times 1.10 = 1\,100$（元）。两年后，这笔钱将增长到 $1\,100 \times 1.10 = 1\,210$（元），这是通过将初始投资乘以 1.10 的平方来计算得出的。

时间线的演变可以这样表示：

今天：你拥有1 000元。

一年后：这笔钱增长到 $1\,000 \times 1.10 = 1\,100$（元）。

两年后：进一步增长到 $1\,100 \times 1.10 = 1\,210$（元）。

通过这种方法，你可以比较立即收到1 000元和两年后收到1 210元这两种情况。如果两年后1 210元的现值（即今天的价值）高于或等于1 000元，那么从财务角度来看，选择等待两年可能是更有利的。

应用规则2，能够帮助我们更精确地评估不同时间点现金流的相对价值，它为我们提供了一个强有力的工具，帮助我们做出更明智的财务决策。这种计算不仅考虑了资金随时间增长的潜力，还帮助我们理解了时间在资金增值过程中的作用。

现金流的终值（Future Value，FV）是指一笔钱在未来某一时间点的价值，考虑到了资金随时间产生的复利效应。

终值的计算公式可以表示为：

$$FV_n = C \times (1+r)^n \qquad (2-1)$$

其中，FV_n 是第 n 期现金流的终值；C 是初始现金流，即当前或起始时间点的资金金额；r 是每期的利率或回报率；n 是资金投资或增长的期数。

这个公式说明，要计算现金流在未来某一时间点的终值，需要将初始现金流乘以 $(1+r)$ 的 n 次方。这代表了资金在 n 个周期内，每个周期结束时都按照 r 的利率进行复利增长。

例如，如果今天投资 1 000 元，年利率为 10%，两年后的终值将是：

$FV_2 = 1\,000 \times (1+0.10)^2 = 1\,000 \times 1.21 = 1\,210$（元）

这意味着，按照 10% 的年利率，1 000 元在两年后的终值将是 1 210 元。

通过理解并应用现金流的终值计算，可以评估不同投资选择的潜在回报，并作出更加明智的财务决策。

规则 3 内容：

当考虑将现金流从未来反向往当下移动时，复利的逆运算（即折现）变得至关重要。折现是复利计算的逆过程，即现金流除以 $(1+r)$ 的 n 次方。这个过程称为折现，是复利计算的反向操作。

设想你面临一个选择，立即获得 1 000 元，或者在两年后获得 1 210 元。如果你相信自己可以通过投资今天收到的 1 000 元，并且每年能够获得 10% 的收益率，使用现值的概念可以帮助你评估这两个选择的财务吸引力。

现在，为了比较这两个选择，需要使用现值的理念计算两年后 1 210 元的现值。现值（PV）可以通过以下公式计算：

$$PV = \frac{FV}{(1+r)^n} \qquad (2-2)$$

其中，FV 是未来值，本例中为 1 210 元；r 是年利率（贴现率），本例中为 10% 或 0.10；n 是时间期限，本例中为 2 年。

通过这种方法，可以比较立即收到 1 000 元和两年后收到 1 210 元的现值。在这个例子中，两年后 1 210 元的现值恰好等于 1 000 元，这意味着从财务角度来看，两个选择在今天的价值是等价的。

举个简单案例，假设考虑投资一张债券，该债券将在十年后支付 15 000 元，市场利率为固定的 6%。需要计算未来现金流在现在的价值。

我们可以使用现值公式来计算。根据公式，债券的现值（PV）等于 15 000 除以（1 +

6%)[10]。最终计算结果为 8 375.9 元。由于货币的时间价值,这个债券现在只值 8 000 多元,但是在十年后,它的价值将达到 15 000 元。可以说,它的价值将快速增长。这个例子展示了货币或资金的时间价值所带来的结果。

因此,恰当地选择并应用合适的贴现率,将使我们能够更精确地评估投资的当前价值。在本案例中,市场利率是固定的,即每年 6%,提供了一个广泛认可的市场基准贴现率。通常,我们会直接采用这一利率作为评估工具。根据时间价值原则,需要将同一时点的现金流进行整合比较。至此,我们的分析主要集中在现金流的相互比较上,以确保评估的准确性和一致性。

2.4 系列现金流的估算

遵循上述三条规则,可以构建一个通用公式,专门用于评估一系列现金流的现值。在面对一系列现金流的现值评估时,采取的方法是分别计算每笔现金流的现值,然后将这些现值累加以得出总和。通过这种方法,能够全面评估整个现金流序列的累积价值(即系列现金流的现值估算),为投资决策提供坚实的财务基础。

2.4.1 系列现金流的现值

在金融分析中,经常需要评估一系列现金流的现值。对于这一系列现金流,可以使用以下公式来计算其现值:

$$PV(C) = \sum_{n=0}^{N} \frac{C_n}{(1+r)^n} \tag{2-3}$$

其中,C_n 代表第 n 期的现金流;r 代表每期的贴现率;N 代表现金流的总期数。

这个公式允许我们将每一期的现金流除以相应的贴现率的幂次,然后将所有期的现值相加,得到整个现金流序列的现值。

具体来说,如果有如下的现金流序列:

C_0 是初始期(通常是 0 期)的现金流;

C_1 是第 1 期的现金流;

C_2 是第 2 期的现金流;

……

C_n 是第 n 期的现金流。

那么,这个序列的现值 $PV(C)$ 可以通过将每个 C_n 除以 $(1+r)^n$ 来计算,并将所有这些值相加得到。

2.4.2 系列现金流的净现值

在进行投资决策时，计算未来系列现金流的净现值（net present value，简称 NPV）是一项重要的财务分析工具。净现值（NPV）通过衡量流入现金（即收益）的现值与流出现金（即成本）的现值之间的差额，帮助我们评估投资的盈利潜力。

NPV 的计算方法如下：

$$NPV = \sum_{n=0}^{N} \frac{C_{in} - C_{out}}{(1+r)^n} \qquad (2-4)$$

其中，C_{in} 代表在第 n 期的流入现金（收益）；C_{out} 代表在第 n 期的流出现金（成本）；r 代表贴现率；N 代表考虑的总期数。

通过这个公式，可以将每一期的净现金流（流入现金减去流出现金）除以相应的贴现率的幂次，然后将所有时期的现值相加，得到系列现金流的净现值。

净现值分析的关键在于：

如果 NPV 为正，表明投资的预期收益超过了成本，从财务角度来看是值得进行的；

如果 NPV 为负，意味着成本超过了收益，投资可能不具备财务上的吸引力；

如果 NPV 为零，表明收益与成本相等，投资的财务效益刚好平衡。

2.5 年金问题

年金作为金融领域中一种重要的现金流形式，具有其独特的属性和应用场景。年金是指一系列等额且定期发生的收支，这种等额定期的现金流在金融交易和支付场景中非常普遍。

年金的常见例子包括：分期付款购买商品或服务、分期偿还贷款、发放养老金、分期支付工程款项、银行按揭贷款等。

年金可以进一步细分为以下类型：（1）普通年金或标准年金（ordinary annuity），这是最常见的年金形式，支付通常在每个周期的期末进行；（2）预付年金（annuity due），与标准年金不同，预付年金的支付在每个周期的期初进行；（3）递延年金（deferred annuity），这种年金在最初阶段不会进行支付，而是在某个特定时间点之后才开始定期支付；（4）永续年金（perpetuity），这是一种理论上无限期支付的年金，常见于某些类型的债券或投资产品。

2.5.1 普通年金

1. 普通年金的定义

普通年金也称为标准年金，指的是一系列在每期期末支付或收取的等额款项。这种年金形式在金融领域中非常常见，适用于多种支付场景，如分期付款、养老金发放等。

收付形式：在标准年金的安排下，每期的支付是固定且等额的，意味着每一期结束时，收款人都会收到相同数量的资金。例如，如果一个投资者参与了一个为期四年的标准年金计划，每年末他们将收到 100 单位货币的支付，连续四年。

示例的收付形式可以表示为：

第 1 期期末：100 单位货币；

第 2 期期末：100 单位货币；

第 3 期期末：100 单位货币；

第 4 期期末：100 单位货币。

这种支付模式的特点是具有规律性和可预测性，使得参与方能够准确预测未来的现金流入和流出，从而进行有效的财务规划和管理。

2. 标准年金终值

定义：标准年金终值指的是在一系列定期支付的最后一次支付时，所有支付的本金和利息的总和。这个总和是通过对每一次支付分别计算其复利终值，然后将这些终值相加得到的。

计算方法：求年金终值的问题可以转化为已知在 N 年内，每年年末投入资金 A，年利率为 i，求 N 年后的终值 F 的问题。每一笔年金支付在 N 年后的终值可以通过复利计算得出，然后将所有年份的终值累加，得到整个年金的终值 F。

标准年金终值的数学推导如下所示。

年金终值计算：标准年金终值是指一系列等额年金支付在最后一次支付时的累积本利和。每一笔年金支付在 N 年后的终值可以通过以下方式计算：

第一年年末获得年金的终值为：$A(1+i)^{N-1}$；

第二年年末获得年金的终值为：$A(1+i)^{N-2}$；

第三年年末获得年金的终值为：$A(1+i)^{N-3}$；

以此类推，直到第 N 年年末获得年金的终值为：A。

加总公式，将所有年份的年金终值相加，得到整个年金的终值 F：

$$F = A(1+i)^{N-1} + A(1+i)^{N-2} + \cdots + A$$

将上述等式两端同乘以 $1+i$，可以得到：

$$F(1+i) = A(1+i)^N + A(1+i)^{N-1} + \cdots + A(1+i)$$

通过上述两个等式，可以推导出年金终值的公式：

$$F = A\frac{(1+i)^N - 1}{i} \tag{2-5}$$

其中，$\dfrac{(1+i)^N-1}{i}$ 称为普通年金终值系数，可用符号（F/A，i，N）表示。

3. 标准年金终值与偿债基金

定义：标准年金终值是指一系列等额的年金支付在最后一次支付时的累积本利和。而偿债基金（sinking fund）是为确保年金终值达到既定金额，每年末应支付的年金数额。这可以用于在最后期限偿还债务或为特定目标积累资金。

偿债基金的计算可以通过以下公式进行：

$$A = F\dfrac{i}{(1+i)^N - 1} \tag{2-6}$$

其中，A 是每年年末应支付的年金数额；F 是年金终值，即在 N 期后希望达到的金额；i 是每期的利率，即贴现率；N 是支付的期数；$\dfrac{i}{(1+i)^N-1}$ 为普通年金终值系数的倒数，也称为偿债基金系数，可用符号（A/F，i，N）表示。

偿债基金系数：偿债基金系数可以通过年金终值系数求倒数来确定。这提供了一种方法来计算为达到特定终值所需的年度支付额。

应用：偿债基金的概念在金融规划中非常重要，特别是在债务管理和资金筹集方面。通过设立偿债基金，个人或机构可以确保在预定的未来时间点拥有足够的资金来满足财务义务。

标准年金终值计算示例：某公司计划在 5 年后还清其 100 000 元的债务，打算从现在开始，每年年末向银行存入等额的资金。银行存款的年利率为 10%。假设银行存款是按照复利计息，那么，该公司每年需要存入多少金额，以便在 5 年后的累积本利和达到 100 000 元，从而还清债务？

求解：公司每年存入的金额不需要是 20 000 元，而是可以通过偿债基金公式计算出，其中，F = 100 000（元）是 5 年后需要还清的债务总额，i = 10% 是年利率，N = 5（年）是存款期限。

通过计算得出，公司每年年末需存入大约 A = 16 380（元）。这样，在 5 年后，包括复利在内的总金额将达到 100 000 元，足以还清债务。

4. 标准年金现值

定义：标准年金现值是指为了在每期期末获得相等金额的款项，现在需要投入的金额。这是一种评估一系列未来等额现金流在当前价值的方法。

转化过程：标准年金现值 P 可以看作是从第 1 年至第 N 年，每年年末有一笔等额的资金收入（或支出），按照年利率 i 计算，求其现在的价值。

现金流量：在标准年金现值的系列现金流中，可以看到一系列等额的现金流在时间轴上排列，每个现金流在每期期末发生，需要最终全部折现至现在。

推导方法：计算标准年金现值的方法可以借鉴标准年金终值的推导过程。通过考虑每笔现金流的现值，并将它们累加，可以得到整个年金的现值。

标准年金现值的计算思路与标准年金终值的计算思路相似。标准年金现值 P 可以通过以下公式计算：

$$P = \frac{A}{i}\left(1 - \frac{1}{(1+i)^N}\right) \qquad (2-7)$$

其中，A 是每期的等额支付金额；i 是每期的利率；N 是支付期数；$\frac{1}{i}\left(1 - \frac{1}{(1+i)^N}\right)$ 为普通年金现值系数，可用符号（P/A, i, N）表示。

通过使用年金现值系数，可以简化计算过程，快速得出一系列未来等额现金流的当前价值。这对于财务规划、投资评估和资产定价等领域非常重要。

5. 标准年金现值与资本回收额

资本回收额是指在给定期限内，以等额的方式收回初始投入的资本或清偿所欠债务的一种金融安排。这种方法允许借款人或投资者在一定时期内，通过定期支付等额款项来逐步偿还初期的债务或投资。

资本回收额 A 可以通过以下公式计算：

$$A = \frac{P \times i}{1 - (1+i)^{-N}} \qquad (2-8)$$

其中，P 是初始投入的资本或所欠债务的总额；i 是每期的利率；N 是偿还期限的期数；$\frac{i}{1-(1+i)^{-N}}$ 为普通年金现值系数的倒数，也称为投资回收系数，可用符号（A/P, i, N）表示。

资本回收额的计算也可以从现值的角度进行折算，即将一个未来的现金流折算成等额的年金支付。

资本回收额的概念在住房按揭贷款的月供计算中得到了广泛应用。通过计算按揭贷款的月供，借款人可以确定每月需要支付的金额，以便在贷款期限内等额偿还贷款本金和利息。

2.5.2 其他形式的年金

1. 预付年金

预付年金（也称为先付年金）是一种特殊类型的年金，其中每期的等额收支款项在期初进行，而不是像标准年金那样在期末支付。

与标准年金相比，预付年金的支付时间不同，这种差异会对年金的现值和终值产生影响。在预付年金的现金流中，可以看到每期的现金流入或流出发生在每期的开始。预付年金在金融领域有特定的应用场景，例如，某些租赁合同可能要求在每期开始时支付租金，或者某些贷款可能要求在期初偿还部分本金。

预付年金终值计算公式为：

$$F = A(1+i)\frac{(1+i)^N - 1}{i} = A\left[\frac{(1+i)^{N+1} - 1}{i} - 1\right] \quad (2-9)$$

预付年金现值计算公式为：

$$P = \frac{A(1+i)}{i}\left(1 - \frac{1}{(1+i)^N}\right) \quad (2-10)$$

2. 递延年金

递延年金是一种特殊类型的年金，其特点是第一次支付不是在第一期发生，而是在第二期或更晚的时间开始进行支付。与标准年金（每期期末支付）或预付年金（每期期初支付）不同，递延年金的支付计划可能因支付开始时间的延迟而具有不同的现值和终值计算方式。递延年金在多种金融安排中都有应用，例如，某些退休金计划可能规定在退休后的第二年才开始支付，或者某些贷款的偿还可能在贷款发放后的第二年才开始。

3. 永续年金

永续年金是一种特殊类型的年金，理论上支付无限期，即没有固定的结束时间。

永续年金的现值 P 可以通过以下公式计算：

$$P = \frac{A}{i} \quad (2-11)$$

其中，A 是每期的支付金额；i 是每期的利率。

当计算永续年金的终值时，由于支付是无限期的，终值实际上并不适用，因为永续年金没有结束的时候。

永续年金在金融分析中常用于评估某些类型的债券或投资产品，这些产品可能提供无限期的定期支付。

思考与练习

围绕本章议题，试思考和练习下列问题。

2.1 某永续年金在贴现率为 5% 时的现值为 1 200 元，那么当贴现率为 8% 时，其现值为多少？

2.2 资本回收额和年金现值的区别是什么？

2.3 计算等额本息和等额本金还款方式的每月还款金额：（1）给定 100 万元的住房按揭贷款、20 年的还款期限和 5% 的年利率，求等额本息和等额本金两种还款方式下的每月还款金额。（2）市场利率变动下的还款方式比较：分析等额本息和等额本金两种还款方式在市场利率变动（上升或下降）时的优劣势及对还款人和银行的影响。

第3章 利　　率

3.1 概　　要

本章课程概览：深化利率与资金时间价值的理解。

在本章中，将继续深入探讨利率及其在资金时间价值问题中的关键作用。利率不仅是金融决策的核心因素，也是评估投资和贷款成本的重要参数。我们将特别关注如何将利率转换为适合不同金融场景的贴现率，尤其是在处理银行按揭贷款时，这种转换显得尤为关键。

例如，对于一个年利率为5%的情况，通常需要将其转换为月利率，这可以通过简单的年利率除以12来实现。这一步骤虽小，却对理解资金在不同时间段内的价值变化至关重要。

本章的核心议题是利率在不同时间维度下的转换技巧。可能会遇到直接给出的年利率，但在实际的金融分析中，经常需要将其转换为季度、月度或半年的利率，以便更精确地分析现金流在不同时间线上的表现。掌握这种转换能力，将使我们能够更有效地评估和比较不同金融产品和投资策略。

本章将重点讨论在计算和估值过程中，特别是在调整非同步现金流时间点时，如何选择适当的贴现率。这不仅是一个技术问题，更是一个策略问题，它要求我们不仅要理解数字，还要理解数字背后的金融逻辑。

在进入具体的计算和估值之前，让我们先对有效年利率（EAR）和年度百分比利率（APR）的概念有一个清晰的认识。这将提供一个坚实的基础，帮助我们更好地把握利率的实质及其对金融决策的影响。

本章将详细探讨有效年利率（EAR）与年度百分比利率（APR）之间的区别。虽然两者均为衡量年度利率的指标，但它们的定义和计算方式存在显著差异。EAR基于复利计算，考虑了利息的再投资效应；而APR则基于单利计算，不考虑利息的再投资。

在实际问题解决过程中，如果遇到需要从单利转换为复利的情况，比如将APR转换为EAR，可以通过特定的计算方法实现这一转换。例如，在处理银行按揭贷款时，如果年利率给定为5%，并且还款是按月进行的，我们就需要将这个APR转换为月度的复利利率，这可以通过将年利率除以12来实现。

通过这种方式，不仅能够计算出每月的复利利率，还能推算出整个年度的复利效果。

EAR 的计算公式为 $\left(1+\dfrac{r}{12}\right)^{12}-1$，其中 r 代表年度百分比利率 APR。这个公式允许我们将 APR 转换为年化的复利利率，对于需要按月计算复利的情况尤其有用。由于复利的效果通常高于单利，EAR 往往高于 APR，这两者在数值上是不相等的。

在金融分析中，可能需要根据不同的期限将 EAR 转换为相应期限的复利利率。这个期限 N 可以是大于或小于 1 的任何数值。例如，如果需要计算每月的复利，N 将小于 1；如果需要计算每三年的复利，则 N 为 3。在这些情况下，需将 EAR 调整为特定期限的复利利率。

本章也将探讨宏观经济下真实利率与名义利率之间的联系，这一话题横跨宏观经济学和货币政策等多个领域。我们将扩展视野，不仅讨论经济学基础，还将触及利率如何影响净现值（NPV），以及贴现率的波动如何对现金流的估值产生深远影响。通过本章的学习，希望能够提升我们对利率及其在金融分析中应用的理解和技能，为未来的金融决策打下坚实的基础。

3.2　有效年利率与年度百分比利率

本章将深入探讨有效年利率（EAR）和年度百分比利率（APR）之间的转换，以及单利和复利之间的转换。这些转换对于理解不同利率计算方式和描述方法至关重要。

有效年利率（EAR）：表示一年后可以赚取的总利息金额，考虑了复利效应。EAR 是根据复利方式计算的，反映了实际的年化收益率。

年度百分比利率（APR）：表示名义的年利率，没有考虑复利效应。APR 通常用于贷款和信用卡业务中。

转换示例：

如果有效年利率为 5%，将其转换为半年贴现率时，计算公式为 $(1+5\%)^{\frac{1}{2}}-1$，结果为 2.47%。这低于 2.5%，因为复利效应使得实际收益率在每个计息周期内逐渐增加。

应用场景：

在实际应用中，如银行按揭贷款或投资分析，需要将年利率转换为不同时间维度的利率，以便更准确地分析现金流在不同时间线上的分布情况。

通过这些转换和计算，我们可以更准确地理解和应用利率在资金时间价值分析中的作用。接下来，可以通过更多实例来加深对这些概念的理解。

3.2.1　银行年化利率的深层解析：单利与复利的转换艺术

在提供金融产品时，银行普遍倾向于以单利形式展示其年化利率。尽管这一做法可能并未通过明确声明来加以标注，但通常情况下，所提及的年利率即默认指的是单利计算方式。这里的关键点是，当需要将这种年度单利利率转换为其他周期，如月度或季度利率时，不能采用简单的乘除法操作。

正确的转换过程需要我们识别利率的类型——是单利还是复利，并应用适当的金融公式来计算。这种转换对于确保金融计算的准确性至关重要。

在进行利率转换时，可以使用折现率 R 来表达，它可以通过以下公式计算得出：

$$R_n = (1 + R)^n - 1 \tag{3-1}$$

其中，R 代表有效年利率，而 n 代表一年中计息周期数的倒数。

为了具体说明，假设想要计算半年的复利利率（每年 2 期的计息周期数），即 $n = 0.5$。将 n 值代入公式，得到：

$$R_{0.5} = (1 + R)^{0.5} - 1$$

通过重新排列这个方程，可以解出半年期的复利利率。这个计算过程不仅展示了复利转换的逻辑，而且通过平方根运算，能够精确地得到每半年的复利利率。

这种计算方法的重要性在于，它允许在不同的计息周期内准确评估资金的时间价值，无论是半年、季度还是月度。这对于投资者、借款人以及金融分析师来说，都是一项宝贵的技能。

3.2.2 有效年利率转换的精髓：复利的普适性

在金融领域，有效年利率的转换不仅仅是数字游戏，它体现了复利原理在不同时间周期下的应用。这种转换方式确保了与标准有效年利率加上 1 的等效性，从而保持了计算的一致性和准确性。

复利转换的实质在于，无论时间周期如何变化，利率的调整始终遵循复利的逻辑。这意味着，无论是半年、一年、两年还是更长的时间周期，都可以通过复利公式来进行精确的利率转换。

有效年利率（EAR）的多维度应用，进一步扩宽了我们的视野。EAR 的转换不仅适用于常规的年度或半年度周期，也可以灵活地应用于更短或更长的时间维度。例如，对于半年（$n = 1/2$）或每月（$n = 1/12$）的周期，同样可以应用复利公式进行转换，甚至可以针对季度（$n = 1/4$）进行计算。设想考虑两年或三年作为一个计息周期，那么相应的计息周期数的倒数 n 将变为 2 或 3。

这些公式不仅展示了复利转换的灵活性，更重要的是，它们揭示了无论时间维度如何变化，复利转换都遵循相同的数学原则。这种一致性为我们提供了一种强大而可靠的工具，以适应各种复杂的金融计算需求。

银行账户利息计算案例：

（1）月度利率计算。假设你的银行账户设定的有效年利率为 6%，并且利息是按月支付的,在这种情况下,你的月利率是多少?

(2) 10 年积累目标。如果目前你的银行账户里还没有存款,但你希望在 10 年后能够积累到 100 000 元。为了达到这个目标,你需要在每个月的月初存入多少钱?

银行账户利息计算解题思路:

(1) 月度利率计算。

根据公式(3-1),有效年利率 6% 可以转换为月度的利率,得到的结果是每月的利率为 0.4868%。

(2) 10 年存款目标的月度存款额。

要确定为了在 10 年后拥有 100 000 元存款,需要每月存入的金额,可以通过给定的 0.4868% 的月利率,使用年金终值公式来计算,以确保在 10 年(即 120 个月)后的终值达到 100 000 元。使用年金终值公式,即可计算得到年金,即月度存款额。

3.2.3 年度百分比利率(APR)与有效年利率(EAR)的关系

年度百分比利率(APR)本身不能直接用作折现率。它是一种表示贷款或投资产品每年平均利率的指标。APR 通常与复利期间有关,即在具有 k 期复利期间的情况下,APR 可以被视为在每个复利期间所赚取的实际利率的报价方式。每一复利期间的利率可以通过将 APR 除以每年的复利计息周期数 k 来计算。公式如下:

$$\text{每一复利期间的利率} = \frac{APR}{k \text{ 期/年}} \tag{3-2}$$

公式(3-2)提供了一种方法来确定在每个复利期间的实际利率,这有助于更准确地评估资金的时间价值。

有效年利率(EAR)是考虑了复利期间利率后,对年化利率的更准确表述。与 APR 相比,EAR 能够更真实地反映资金的年化增长。EAR 与复利期间利率的关系,可以通过下式表达:

$$1 + EAR = (1 + \text{每一复利期间的利率})^k \tag{3-3}$$

结合式(3-2)和式(3-3)可以变形为:

$$1 + EAR = \left(1 + \frac{APR}{k \text{ 期/年}}\right)^k \tag{3-4}$$

因此,EAR 会随着复利期间频率的增加而提高。这是因为复利的效应在更频繁的计息周期中得到了更充分的体现。

在年度百分比利率(APR)为 6% 的情况下,不同复利期间对应的有效年利率(EAR)如下:

(1) 年复利：当以年为复利周期时，EAR 与 APR 相等，即 $\left(1+\dfrac{APR}{1\text{期}/\text{年}}\right)^1 -1 = 6\%$。

(2) 半年复利：若复利周期为半年，EAR 计算为 $\left(1+\dfrac{APR}{2\text{期}/\text{年}}\right)^2 -1 = 6.09\%$。

(3) 月复利：若复利周期为每月，EAR 计算为 $\left(1+\dfrac{APR}{12\text{期}/\text{年}}\right)^{12} -1 = 6.1678\%$。

(4) 日复利：若复利周期为每日，EAR 计算为 $\left(1+\dfrac{APR}{365\text{期}/\text{年}}\right)^{365} -1 = 6.1831\%$。

(5) 连续复利：此时，$EAR = e^{APR}-1$，即 6% 的 APR 近似等于 6.1837% 的 EAR。

随着复利周期的缩短，即复利频率的增加，EAR 也随之提高。连续复利提供了一个理论上的利率上限，它假设资金增长是无间断的。

3.2.4 应用：折现率与贷款

(1) 分期贷款的偿还机制。分期贷款（amortizing loans）是一种常见的贷款偿还方式，具有以下特点。

偿还周期：贷款的偿还按照设定的时间间隔进行，通常为每月偿还一次。

偿还构成：每期的偿还金额由贷款的利息部分和本金部分构成。这意味着每期偿还额中既包含对贷款余额的利息支付，也包含减少贷款余额的本金部分。

等额偿还：贷款的每期偿还金额是固定的，即所有期间的偿还金额相等。

完全清偿：随着时间的推移和每期的偿还，贷款余额逐渐减少，直至最后一笔偿还完成后，贷款得到完全清偿。

(2) 分期贷款未偿余额的计算方法。在处理分期贷款时，未偿贷款余额是一个重要的财务指标，其计算方法如下。

未偿贷款余额的定义：未偿贷款余额指的是从当前时间点到贷款期限结束，所有剩余贷款支付的折现总和。

现值计算法：未偿贷款余额可以通过计算所有剩余贷款支付的现值来获取。这意味着，需要对未来的每笔偿还金额进行折现，将它们转换为当前价值。

折现率的应用：在计算现值时，需要使用适当的折现率来反映资金的时间价值和贷款成本。

计算步骤：首先，确定剩余期间每期的偿还金额；其次，应用折现率对每笔未来支付进行折现；最后，将所有折现后的支付金额相加，得到未偿贷款余额的总额。

(3) 未偿贷款余额计算实例。

问题背景：10 年前，公司为了购置办公楼，借入了 300 万元。该笔借款的年化利率为 7.8%，并且是按月支付的，整个贷款期限为 30 年。

问题一：请计算当前公司欠款的具体金额。这涉及到确定未偿贷款余额，即从现在到贷款期满剩余期间所有贷款支付的现值。

问题二：在过去的一年内，公司支付的贷款利息总额是多少？这个问题要求计算过去12个月中，公司为贷款支付的利息部分的总和。

贷款余额及利息支付计算实例求解过程如下。

第一步，求每月贷款偿付额。

时间线以月为单位，共360个月。月利率为7.8%的 APR 除以12，即0.65%。

通过年金现值逆运算公式：

$$A = \frac{P \times i}{1 - (1+i)^{-N}}$$

计算得到每月偿付额 A 为 21 596 元。

第二步，计算10年后的未偿还贷款余额。

使用年金现值公式：

$$P = \frac{A}{i}\left(1 - \frac{1}{(1+i)^N}\right)$$

计算剩余20年或240个月的支付额的现值。计算结果 P 为 2 620 759 元。

第三步，计算过去一年内支付的利息额。

过去一年内公司共支付金额为 $12 \times A = 259\ 152$ 元。确定用于偿还本金的数额，去年未偿还贷款余额为 2 673 248 元。去年未偿还贷款余额减少 52 489 元，这部分用于偿还本金。剩余的 206 663 元用于偿还利息。

3.3 利率的决定因素

利率的确定是一个多因素的过程，其核心涉及通货膨胀、实际利率（真实利率）以及名义利率之间的相互关系。名义利率，即银行和其他金融机构公布的市场利率，是在金融计算中通常采用的利率。实际利率，又称为真实利率，直接体现了货币的购买力，并考虑了通货膨胀的影响。因此，名义利率、实际利率与通货膨胀三者之间存在着密切且复杂的相互关系。

3.3.1 利率的决定因素及其与通货膨胀的关系

（1）名义利率（nominal interest rate）。

名义利率是银行和其他金融机构报出的利率。该利率用于现金流的折现或复利计算。

（2）实际利率（real interest rate）。

实际利率是调整通货膨胀因素后的购买力增长率。它反映了货币的实际购买力变化，与名义利率不同，实际利率考虑了物价水平的变动。

（3）通货膨胀对利率的影响。

名义利率通常高于实际利率，因为它需要补偿通货膨胀对购买力的侵蚀。

（4）利率与购买力的关系。

公式 $1+r$ 表示购买力的增长，其中 r 是实际利率。

公式 $1+i$ 表示货币的增长，其中 i 是名义利率。

价格的增长可以用 $1+\pi$ 表示，其中 π 是通货膨胀率。

（5）实际利率与名义利率的关系。

实际利率可以通过名义利率减去通货膨胀率来估算，即 $r = \frac{i-\pi}{i+\pi} \approx i-\pi$。

名义利率与通货膨胀之间的关系非常复杂，它们之间存在相互影响的关系。在经济学中，这种关系通常通过菲利普斯曲线（Phillips curve）和货币数量论（quantity theory of money）等理论来解释。

3.3.2 名义利率与通货膨胀的相互影响

（1）名义利率影响通货膨胀。

当中央银行通过调整名义利率（如联邦基金利率）来实施货币政策时，这会影响市场上的信贷成本和投资决策，进而影响总需求和价格水平。例如，降低名义利率可能会刺激借贷和消费，增加总需求，如果供给无法及时响应，就可能导致价格上涨，即通货膨胀。

（2）通货膨胀影响名义利率。

根据费雪效应（Fisher effect），预期通货膨胀率的上升会导致名义利率上升，以保持实际利率（名义利率减去通货膨胀率）的稳定。

如果市场预期未来通货膨胀率会上升，投资者会要求更高的名义利率来补偿货币购买力的损失。

〖实际案例分析〗

自 2020 年新冠疫情暴发以来，美国实施了积极的货币政策，包括扩大货币供应和降低利率，以刺激经济。然而，这种政策导致了市场货币供应过剩，从 2021 年开始，美国的通货膨胀率急剧上升，达到了约 10% 的水平。这种广泛的价格上涨反映了通货膨胀的严重性。

在此期间，尽管名义利率降至零，但由于通货膨胀率持续上升，人们开始担忧其长期影响。通货膨胀，作为宏观经济政策的三大目标之一（其余两个是经济增长和就业），如果长期保持在高水平，将导致物价不断上涨，可能会引发系统性的崩溃。历史上的多个案例，以及近年的津巴布韦，都证明了通货膨胀对经济和社会的破坏性影响。

> 在通货膨胀严重的情况下，财富会贬值，持有的货币会失去购买力。此时，如果不调整名义利率，货币会继续贬值，人们可能会减少存款，加速消费，这可能会导致经济系统的崩溃。2022年3月至2023年7月，美国在加息周期内连续进行了共11次加息，利率从0~0.25%的超低水平迅速上调至5.25%~5.5%。美国的高通货膨胀率状况才开始缓解。

3.3.3 名义利率与通货膨胀的协同效应

名义利率和通货膨胀之间存在着紧密的联系，它们往往呈现出相似的走势。这种相互关联的关系在很大程度上塑造了经济中的基础利率。无论是从宏观经济还是微观金融的角度探究资金的时间价值，最终都需确定一个贴现率。尽管这个贴现率可能因市场的差异而有所变化，但其根本动因通常源自通货膨胀和名义利率的相互作用，这两者共同决定了社会资金的基础成本。

3.3.4 投资决策中的利率因素

投资与利率之间的关系是另一个值得关注的领域，它在投资决策中扮演着关键角色。一般而言，利率的上升会降低投资的吸引力。正如在"证券投资学"课程中所讨论的，整体社会利率水平的波动会直接影响资产的估值。现实中股市的牛市往往与利率水平趋低的变动息息相关。

3.3.5 利率变动对贴现率的影响

利率的波动对贴现率有着决定性的影响。股票的估值不仅受预期股利的影响，还受贴现率的共同作用。当贴现率上升时，股票的估值往往会下降。因此，通常观察到牛市与利率水平的下降并行。这一点对于投资者来说至关重要，因为相同的逻辑也适用于其他投资决策。如果利率上升，投资产生的现金流的现值会减少，因为更高的贴现率增加了投资的成本，从而降低了投资的吸引力。

3.3.6 投资与利率政策的影响

利率政策对投资项目的净现值有直接影响。当利率提高时，投资的净现值通常会减少，因为未来现金流的现值会降低。

投资案例：考虑一项无风险投资机会，需要初始投资1 000万元，预计在未来4年内每年能产生 300 万元的现金流入。

无风险利率为 5% 时的净现值计算：

$$NPV = -1\,000 + \frac{300}{1.05} + \frac{300}{1.05^2} + \frac{300}{1.05^3} + \frac{300}{1.05^4} = 63.8(万元)$$

计算结果为 63.8 万元，表明在 5% 的无风险利率下，该投资是盈利的。

利率上升至 9% 时的净现值变化：

$$NPV = -1\,000 + \frac{300}{1.09} + \frac{300}{1.09^2} + \frac{300}{1.09^3} + \frac{300}{1.09^4} = -28.1(万元)$$

计算结果为 −28.1 万元，意味着当无风险利率上升至 9% 时，该投资的净现值变为负数，投资不再盈利。

结论：该案例展示了利率变动对投资项目财务可行性的影响。利率上升会减少投资的吸引力，可能导致投资者重新评估或放弃某些项目。

3.4 资本成本

资本成本是一个至关重要的概念，在投资决策和企业资本结构的制定中发挥着核心作用。它不仅是企业评估不同融资工具时的关键考量因素，也是财务分析中对贴现率的深入阐释，而贴现率本身是现金流折现法的基石。

资本成本指的是在金融市场上，与被评估项目具有类似风险和期限特征的投资所提供的最高期望回报率。这是一个重要的财务概念，用于评估投资项目的相对吸引力。

资本成本代表了投资者在放弃其他投资机会时可能损失的收益。在进行投资决策时，企业或个人会考虑这一成本，以确保所选择的投资项目能够至少达到市场提供的回报率水平。

在投融资决策中，资本成本通常用于贴现现金流（discounted cash flows，DCF）分析，以确定投资的净现值。如果项目的预期回报率高于资本的机会成本，那么该项目可能被视为财务上可行。

资本的机会成本受多种因素影响，包括市场利率、项目的风险等级、投资期限、经济状况以及投资者的风险偏好等。

资本成本本质上反映了机会成本的一般化概念，通常以一个国家的无风险资产收益率为基础。这一概念的深刻理解揭示了资本成本的另一层面——它代表了投资者所期望的回报率。

从均衡的角度来看，收益与成本是相互关联的。在理想的市场条件下，投资者所期望的收益正是他们所承担的成本。这种理解有助于企业在资本筹集和投资决策中做出更加明智的选择，确保资本的有效配置。

思考与练习

围绕本章议题,试思考和练习下列问题。

3.1 简述年度百分比利率(APR)和有效年利率(EAR)之间的关系,并指出 EAR 最大的可能值。

3.2 讨论利率变化如何影响金融市场,包括股票市场和债券市场,并解释利率政策如何影响整体经济。

3.3 假设你 3 个月前以每股 62.18 元的价格购买了一只股票。该股票没有支付股利。当前的股票价格是每股 65.37 元。那么你这项投资的 APR 是多少?EAR 是多少?

3.4 如果一个分期贷款的剩余期限为 15 年,贷款余额为 150 000 元,月利率为 1%,贷款的每期偿还金额是固定的。请计算 5 年后的贷款未偿余额。

第 4 章　债券估值

4.1　概　　要

在前面章节中，深入探讨了资金时间价值的基本原理。尤其是，在第 3 章中特别强调了贴现率在资金时间价值分析中的核心作用，并详细分析了在解决资金时间价值问题时，如何关注和应用贴现率。

本章进一步应用资金时间价值概念，专注于如何利用资金时间价值的原理来解决债券估值问题，将集中讨论债券的现金流、价格和收益等关键要素，特别是从现金流的角度进行估值。债券价格的估算与到期收益率紧密相关，通常一个已知，另一个则需要通过计算得出。将涉及债券价格与到期收益率之间复杂的非线性关系、到期收益率的变动如何影响债券价格，以及期限和票面利率的变动如何影响债券价格等问题。可以将上述讨论放在久期的框架中进行，久期在债券估值中扮演着重要角色。

与无风险债券相比，公司债券通常带有风险。在风险存在的情况下，债券的定价可能会呈现出新的特点，需要考虑违约率等风险因素。本章也将讨论这些内容，帮助我们深入理解公司债券的估值方法和风险考量。

4.2　债券的现金流视角

我们来看债券的基本构成要素。债券是一种凭证，标明了诸如到期日、距离到期日的剩余期限、利息支付等条款，这些构成了债券的基本术语。此外，债券还有面值，即到期时可以兑现的金额，这也是用来计算利息支付的名义金额，以及确定每次息票利息支付的利率，通常利率以年利率（APR）表示，但需要根据实际支付次数进行转换。那么实际每次支付利息的利率是根据年支付次数 k 来计算得到，即：

$$每次支付利息的利率 = \frac{APR}{k} \quad (4-1)$$

例如，如果一份债券的年利率为 5%，且每年支付两次利息，那么每次支付利息的利率为 2.5%。这就相当于每半年复利一次。

由式（4-1）可以计算每次利息支付时的利率，该公式不受复利频率的限制。无论是年复利、半年复利，还是更为罕见的每两年复利一次（相当于每年复利0.5次），这个公式都能准确适用。这个公式的灵活性意味着，无论利息支付的复利频率如何变化，只要知道债券的息票利率和面值，就能确定每次支付利息的利率。虽然每两年复利一次的频率情况较为少见，大多数债券至少每年复利一次，但该公式依然能够提供准确的计算结果。

将债券转换后的每期利率乘以其面值，可以精确计算出每期的利息支付金额。这一计算方法适用于大多数债券类型，确保了投资者对预期收益的准确理解。

4.2.1 零息债券

市场上会存在着一类特殊的债券——零息债券，它们不进行定期的利息支付。这类债券在发行时通常会以低于面值的价格出售，投资者的回报主要来自债券到期时的面值与购买价格之间的差额。由于缺乏定期的利息现金流，零息债券的定价和投资策略与普通债券有所不同。

零息债券通常属于短期债券类别，它们的期限较短，不涉及复杂的利息支付安排。例如，假设一张面值为100元的零息债券，其初始发行价格为96元。投资者在购买时支付96元，并在债券到期时获得100元的面值。这种债券的吸引力在于其简单的投资结构和明确的回报路径。

在金融学中讨论一价定律时，零息债券常被用作示例，展示了债券价格与其内在价值之间的关系。这种债券的定价和交易机制有助于投资者理解市场中不同金融工具的价值和风险。

对于零息债券，其相关计算实际上相当简单。大家应该都非常熟悉这个公式，即债券的估值 P 等于其到期面值（终值）FV 除以1加上到期收益率或贴现率 r 之和的 N 次方，其中 N 代表时间期限，即：

$$P = \frac{FV}{(1+r)^N} \tag{4-2}$$

这实际上是一个复利计算的过程，通过复利计算得到估值。

为了阐释不同期限债券的到期收益率，设想这样的案例。假设有一系列面值均为100元的债券，分别在1年、2年、3年和4年后到期。目前市场上这些债券的价格分别为96.62元、92.45元、87.63元和83.06元。利用之前讨论的公式，可以分别计算出这些债券的到期收益率，从而揭示不同期限下的收益情况。

需要注意的是，计算的到期收益率是复利的年化形式。不论是短期还是长期债券，得出的都是复利的年化收益率。这种计算方式允许我们将不同期限的收益率进行横向比较。根据式（4-2）计算，一年期债券的到期收益率为3.5%，两年期为4%，三年期为4.5%，四年期为4.75%。这些结果不仅反映了债券在各自期限内的回报，而且是在年化复利的基础上得出的。这表明，随着投资期限的延长，预期每年获得的复利收益率也在增加。

观察到的收益曲线是逐渐上升的，这表明投资回报率随着时间的增长而提高。利率期限结构的形态可能因时而异，也会表现为水平或下降等不同趋势，这受多种因素影响。利率期限结构对资产估值具有重大影响，因为它决定了用于贴现未来现金流的贴现率。这一结构对资产价格和实体投资决策都有深远的影响。研究利率期限结构的变化趋势，探讨其对经济和金融市场的影响，是资金时间价值分析和研究的关键议题。维持一个稳定且适中的利率期限结构对于经济健康发展至关重要。

4.2.2 附息债券

1. 附息债券的基本介绍

附息债券，也称为息票债券，是固定收益证券的一种形式，其特点是在债券发行时设定一个固定的息票利率。这种债券会在固定的时间间隔（通常是半年或 1 年）向投资者支付利息，直至到期日。

国债是国家为筹集财政资金而发行的一种政府债券，具有最高的信用度，被公认为是最安全的投资工具，因而受到居民欢迎。

中国国债是中央政府为满足财政需求而向公众或机构投资者发行的债务工具，承诺在一定期限后偿还本金并支付利息。由中华人民共和国中央人民政府发行的债券，用以筹集资金支持国家的财政支出和投资计划。国债可以大致分为短期、中期和长期三类。短期国债，通常指到期期限在 1 年以内的国债，如国库券。中期国债，通常指到期期限在 1 年以上、10 年以下的国债。长期国债，通常指到期期限在 10 年以上的国债，也包括中国超长期特别国债。

"超长期"指的是期限。在债券市场上，一般认为发行期限在 10 年以上的利率债为"超长期债券"。与普通国债相比，超长期债券能够缓解中短期偿债压力，以时间换空间。

"特别"指的是资金用途。超长期特别国债是为特定目标发行的具有明确用途的国债，资金需要专款专用。根据 2024 年《政府工作报告》，这次所提到的超长期特别国债是为了系统解决强国建设、民族复兴进程中一些重大项目建设的资金问题，专项用于国家重大战略实施和重点领域安全能力建设。

2024 年《政府工作报告》提出，从 2024 年开始拟连续几年发行超长期特别国债，专项用于国家重大战略实施和重点领域安全能力建设，从"日程表"看，自 5 月中旬持续至 11 月中旬，20 年、30 年和 50 年超长期特别国债将分别发行 7 期、12 期、3 期，首发日期分别为 5 月 24 日、5 月 17 日、6 月 14 日。

首发的 20 年期超长期特别国债，是固定利率附息债，发行总额为 400 亿元，票面利率通过承销团竞争性招标后确定为 2.49%。6 月 7 日上午，财政部第一次续发行 2024 年

30 年期超长期特别国债，总额为 450 亿元。续发行国债票面利率与之前发行的同期国债相同，为 2.57%。财政部 6 月 14 日首发 50 年期超长期特别国债，发行总额 350 亿元，票面利率为 2.53%，从 2024 年 6 月 15 日开始计息，每半年支付一次利息，2074 年 6 月 15 日偿还本金并支付最后一次利息。

2. 附息债券的到期收益率

到期收益率是评估息票债券投资价值的关键指标。它的定义为使得债券所有剩余现金流的现值等于其当前市场价格的单一折现率。

到期收益率的计算公式可以表示为：

$$P = \frac{CPN}{1+y} + \frac{CPN}{(1+y)^2} + \cdots + \frac{CPN}{(1+y)^N} + \frac{FV}{(1+y)^N} \quad (4-3)$$

其中，债券价格 P 为当前市场上债券的交易价格；息票支付 CPN 为债券每期支付的固定利息金额；到期收益率 y 为使得债券现金流现值等于债券价格的折现率；面值 FV 为债券到期时偿还的本金金额；N 为债券的总期数。

[例 4-1] 考虑 5 年期，息票利率为 5%，每隔半年付息一次的 100 元债券。如果该债券的当前交易价格是 95.35 元，债券的到期收益率是多少？

解：

要计算这个债券的到期收益率，则需要知道以下信息：

债券价格（P）= 95.35

息票支付（CPN）= 面值 × 息票利率 ÷ 付息次数 = 100 × 5% ÷ 2 = 2.5

面值（FV）= 100

期数（N）= 5 年 × 2（每年两次付息）= 10

现在需要解决以下方程来求得到期收益率（y）：

$$95.35 = \frac{2.5}{1+y} + \frac{2.5}{(1+y)^2} + \cdots + \frac{2.5}{(1+y)^{10}} + \frac{100}{(1+y)^{10}}$$

这个方程无法通过简单的代数方法求解，需要使用数值方法，如牛顿法或二分法等。可以使用金融计算器或电子表格软件（如 Excel 或 Google Sheets）来解决这个问题。在 Excel 中，可以使用 IRR、YIELD 或 RATE 等函数来计算到期收益率。

计算结果，$y \approx 0.0273$，这是半年的收益率，将其乘以每年的利息支付次数，即转换为 APR。该债券的到期收益率约为 0.0546 或 5.46% 的 APR。

[例 4-2] 现有息票利率为 5%，每隔半年付息一次的 100 元债券。假设你被告知，债券的到期收益率已增长到 6.3%（以 APR 表示，每隔半年复利一次）。债券的当前交易价格是多少？

为了求解这个问题，仍然使用式（4-3）。首先，需要将年化到期收益率转换为半年收益率，即 6.3%/2 = 3.15%。其次，可以将这个半年收益率作为贴现率，代入式（4-3）计算债券的价格。

通过对比［例4-1］和［例4-2］这两个问题，可以更好地理解债券价格与收益率之间的关系。在实际问题中，通常会已知其中一个参数，然后求解另一个参数。

4.3 债券价格的表现

4.3.1 债券价格的三种表现形式

债券的市场价格可能以不同的方式呈现，与面值存在差异，这反映了市场对债券的评估。债券价格的三种基本表现形式如下。

（1）折价（discount）：当债券的市场价格低于其面值时，称其为折价交易。这通常发生在市场利率上升，使得旧债券的票面利率相对较低时。

（2）平价（par）：如果债券的市场价格正好等于其面值，这种情况称为平价交易。这表明债券的票面利率与当前市场利率一致。

（3）溢价（premium）：当债券的市场价格超出其面值时，称为溢价交易。这通常发生在市场利率下降，使得旧债券的票面利率相对较高时。

市场动态与投资者收益。债券价格的变化不仅由市场供求关系决定，还受到对未来利率变动和信用风险预期的影响。投资者从债券中获得的收益包括两个部分：利息收益和资本利得。对于折价购买的债券，投资者在债券到期时以面值获得偿还，从而实现资本利得。对于溢价购买的债券，投资者需要依赖利息收益来补偿其支付的溢价。

4.3.2 折价与溢价

（1）债券发行预测。了解债券的票面利率、期限、利息支付方式和市场到期收益率，有助于预测债券的发行价格。这对于投资者制定投资决策至关重要。

（2）债券价格与市场利率的关系。债券的溢价、折价或平价发行可以通过比较票面利率和市场到期收益率来判断。

溢价发行：当票面利率高于市场到期收益率时，债券以溢价发行，因为其提供的利息收益高于市场平均水平。

折价发行：当票面利率低于市场到期收益率时，债券以折价发行，因为其提供的利息收益低于市场平均水平。

平价发行：当票面利率等于市场到期收益率时，债券以平价发行，表明其提供的利息收益与市场平均水平一致。

例如，一个票面利率为5%的债券，如果市场到期收益率为3%，则可能以溢价发行。相反，如果票面利率为3%而市场到期收益率为5%，则可能以折价发行。

（3）债券估值。通过债券估值公式，可以计算债券的理论市场价格。这有助于投资者判断债券的发行价格，并做出明智的投资决策。

（4）投资策略。投资者可以利用债券价格与市场利率的关系，评估债券的市场定价，并根据对市场利率变动的预期来调整其投资策略。

（5）债券价格的动态变化。债券价格并非固定不变，而是随着时间推移而动态变化的。无论债券最初是以溢价、折价还是平价发行，随着到期日的临近，其市场价格都会趋向于其面值。发生这一现象的原因在于，债券到期时，持有者将获得等同于面值的本金偿还，从而使得市场价格逐渐与面值靠拢。

（6）债券价格与到期日的关系。举例来说，如果存在三种债券，它们的面值均为100元，但当前市场价格分别为176元、100元和69元，这些价格差异主要是由于它们的票面利率与市场到期收益率之间的差异造成的。然而，随着时间推移，这三种债券的价格都将逐渐回归到其面值100元。

（7）债券价格与利息支付的关系。债券价格的变动原理，尤其是在利息支付前后，是一个重要的讨论点。利息支付会改变债券的现金流，进而影响其市场价格。在利息支付日，债券价格的变动量等同于即将支付的利息金额。

具体来说，在利息支付之前，债券价格包含了即将支付的利息，而在利息支付之后，这部分利息已经实现，因此不再计入债券价格。这意味着，可以通过计算利息支付前债券的价格，并从中减去即将支付的利息，来估算利息支付后的债券价格。

（8）债券价格的计算方法。在计算债券价格时，需要沿着时间线确定债券的预期现金流，并据此确定适当的贴现率，然后进行现值计算。这一过程与之前讨论的债券估值方法相似，但在本问题中，需要特别关注利息支付对债券价格的影响。

4.3.3　现金流思维

对于第3章讨论过的问题，例如一个30年期的债务已经还了10年，剩下20年的时候，需要计算还有多少本金未还，以及在过去的一年里面还了多少本金，还了多少利息等，这些都与债券估值有着密切的联系。通过这些问题，我们可以更深入地理解债券的估值，以及利息支付对债券价格的影响。

这强调了资金时间价值原理的重要性，并且阐述了如何运用这一原理来解决实际问题，包括债券估值和按揭还款等问题。这一原理是金融思维的核心，可以帮助我们更深入地理解和解决各种金融问题。

在讨论按揭还款问题时，不能简单地比较两种还款方式的总还款额或总利息，因为这忽视了资金时间价值的原理。我们需要记住，不同时间点的资金不能直接比较，因为资金的价值会随着时间的推移而变化。

因此，需要运用金融思维，将不同时间点的资金折算到同一时间点，然后再进行比较。这也是本教材在探讨资金时间价值原理时所强调的。这一原理不仅适用于债券估值和按揭还款问题，也适用于后续将讨论的股票估值问题。

总的来说，理解并掌握资金时间价值原理，对于理解和解决各种金融问题都是非常重要的。

4.3.4 债券价格波动

接下来将讨论利率变化与债券价格之间的关系，这是非常重要的一个概念。利率（这里指的是贴现率）与债券价格之间存在反向关系。也就是说，贴现率上升时，债券价格会下降；贴现率下降时，债券价格会上升。

当债券的到期收益率（或贴现率）与票面利率相等时，债券会以平价发行。否则，债券可能以溢价或折价发行。因此，债券按照什么样的方式发行，取决于其到期收益率和票面利率的关系。

票面利率通常是事先确定的，而到期收益率，特别是国债的到期收益率，实际上反映的是全社会无风险资产的回报情况，反映了许多宏观因素，如央行规定的基准利率，以及整个社会的资金平均成本等。因此，债券发行时，票面利率与全社会资金整体成本之间的关系，就决定了债券可能是溢价、折价或平价发行。

还有一个重要的概念是到期期限与债券价格波动之间的关系。长期债券与短期债券的价格波动程度或陡峭程度有所不同，这就涉及债券的久期和凸性，它们是衡量债券价格对利率变动敏感性的重要指标。

长期债券对于到期收益率（或贴现率）的变化更为敏感，即价格波动更为剧烈。这是因为长期债券的久期相对于短期债券要长，因此，到期收益率或贴现率的变化对长期债券价格的影响也就更大。这就解释了为什么长期债券的价格变动曲线更为陡峭。

因此，对于其他条件相同的债券，当贴现率发生变动时，长期债券的价格波动会更大，这也反映出长期债券的久期更长。

此外，债券的票面利率也会影响其对贴现率变动的敏感性。当票面利率较低时，贴现率的变化对债券价格的影响更大。这是因为，当票面利率较低，即每期利息支付较少时，债券价格对贴现率的变化更为敏感。

总的来说，理解利率变化与债券价格之间的关系，以及到期期限、票面利率等因素对债券价格波动的影响，对于债券投资者和分析师来说至关重要。这些概念不仅有助于预测债券价格的变化，还有助于构建和管理投资组合，以应对市场利率的波动。

4.3.5 久期与凸性

久期（duration）是衡量债券价格对利率变化敏感性的一个关键指标。它提供了债券现金流的加权平均到期时间,帮助投资者理解债券的利率风险。

久期的计算公式为:

$$Duration = \sum_t \frac{PV(C_t)}{P} \times t \tag{4-4}$$

其中,C_t 代表在时间 t 的现金流;$PV(C_t)$ 是 C_t 的现值,以债券的收益率进行贴现计算;P 是所有现金流的总现值,即 $\sum PV(C_t)$。

久期反映了债券的现金流现值对总现值的百分比贡献。这意味着久期是每笔现金流的发生时间,按照其现值占总现值的比例进行加权计算得出的。

简而言之,久期是债券现金流的加权平均到期时间,权重是每期现金流的现值占债券总现值的比例。这个指标对于评估债券对利率变动的敏感度至关重要,久期越长,债券价格对利率变化的敏感性越高。

1. 永续债券的久期

每期利息收入的现值:$I = M * i$。

债券现值:$P = \sum_{t=1}^{n} \frac{I}{(1+y)^t} = \frac{I}{y}$。

久期:$D = \sum_{t=1}^{n} t \times w_t = \sum_{t=1}^{n} t \times \frac{I}{(1+y)^t} \times \frac{1}{P} = \sum_{t=1}^{n} \frac{ty}{(1+y)^t}$。

变形得到:$(1+y)D = \sum_{t=1}^{n} \frac{ty}{(1+y)^{t-1}}$。

由上面两个式子得到:$D = \frac{1+y}{y} \frac{(1+y)^n - 1}{(1+y)^n} - \frac{ny}{(1+y)^n}$。

当 $n \to \infty$ 时,$D = \frac{1+y}{y}$。

2. 久期

这需要用到微积分的泰勒展开式:

$$f(x) = \frac{f(x_0)}{0!} + \frac{f'(x_0)}{1!}(x-x_0) + \frac{f''(x_0)}{2!}(x-x_0)^2 + \cdots + \frac{f^{(n)}(x_0)}{n!}(x-x_0)^n + R_n(x)$$

久期:$D = (1 \times PV_1 + 2 \times PV_2 + \cdots + n \times PV_n)/PV$。其中,$PV_i$ 表示第 i 期现金流的现值,PV 表示债券价格,D 表示以未来时间发生的现金流,按照目前的收益率折现成现值,再用每笔现值乘以其距离债券到期日的年限求和,然后以这个总和除以债券目前的价格得到的数值。

久期描述了价格—收益率曲线的斜率,凸性描述了曲线的弯曲程度。凸性是债券价格对收益率的二阶导数,是对债券久期利率敏感性的测量。在价格—收益率出现大幅度变动时,它们的波动幅度呈非线性关系。由久期作出的预测将有所偏离。凸性就是对这个偏离的修正。

具体而言，麦考利（Macaulay）久期就是从当前时刻至到期日之间所有现金流流入的加权平均时间间隔。

债券价格：

$$P = \sum_{t=1}^{n} \frac{C_t}{(1+y)^t} \rightarrow \sum_{t=1}^{n} C_t \times e^{-yt}$$

$$\left(\frac{1}{(1+y)^t} = \frac{1}{(1+y)^{\frac{1}{y} \times y \times t}} \rightarrow e^{-yt}, \text{当 } t \rightarrow \infty \text{ 且 } y \rightarrow 0 \right)$$

其中，C_t 表示各付息日 t 的现金流入，y 表示连续复利计算的到期收益率。将 P 对 y 求导并除以 P 就得到了负的麦考利久期：

$$\frac{dP}{dy} \times \frac{1}{P} = \sum_{t=1}^{n} -C_t \times e^{-yt} \times \frac{t}{P} = -D$$

$P(y)$ 在 y_0 处的一阶泰勒展开为：

$$P(y_0 + \Delta y) = P(y_0) + \frac{dP}{dy} \Delta y$$

则有：

$$\frac{\Delta P}{P} = \frac{P(y_0 + \Delta y) - P(y_0)}{P} = \frac{dP}{dy} \times \frac{1}{P} \times \Delta y$$

由 $D = -\frac{dP}{dy} \times \frac{1}{P}$ 可得：

$$\frac{dP}{dy} = -D \times \Delta y$$

若对于给定的收益率变动幅度，久期或修正久期越大，则债券价格的波动率越大。

3. 修正久期

$$\frac{dP}{d(1+y)} = -\sum_{t=1}^{n} \frac{t \times C_t}{(1+y)^{t+1}} = -\frac{1}{(1+y)} \times \sum_{t=1}^{n} \frac{t \times C_t}{(1+y)^t}$$

两边同时除以 P：

$$\frac{dP}{dy} \frac{1}{P} = -\frac{1}{(1+y)} \times \frac{\sum_{t=1}^{n} t \times \frac{C_t}{(1+y)^t}}{P} = -\frac{1}{(1+y)} \times D = -D_{mod}$$

D_{mod} 就是修正久期。

4. 凸性

当 Δy 较大时，为了更精确，需要对 $P(y)$ 在 y_0 处的二阶泰勒展开：

$$P(y_0 + \Delta y) = P(y_0) + \frac{dP}{dy} \Delta y + \frac{1}{2} \cdot \frac{d^2 P}{dy^2} (\Delta y)^2$$

则有：

$$\frac{\Delta P}{P} = \frac{P(y_0 + \Delta y) - P(y_0)}{P} = \frac{dP}{dy} \times \frac{1}{P} \times \Delta y + \frac{1}{2} \times \frac{d^2 P}{dy^2} \times \frac{1}{P} \times (\Delta y)^2$$

定义凸性为债券价格对收益率二阶导数除以价格，即 $C = \frac{d^2 P}{dy^2} \times \frac{1}{P}$。

即有：

$$\frac{\Delta P}{P} = -D \times \Delta y + \frac{1}{2} \times C \times (\Delta y)^2$$

4.4 债券的收益、套利与风险

4.4.1 债券的收益与套利

接下来，将探讨债券的收益和套利。主要使用一价定律和无违约风险的零息债券的收益率，以确定任何无违约风险的国债的价格或收益率。基于不同时间期限的零息债券，可以描绘出不同时间期限对应的到期收益率或贴现率，然后结合不同的时间期限，可以画出收益曲线。

有这样一个问题：如何利用三个零息债券来复制一个三年期年利率为10%，面值为1 000元的债券？需要的三个零息债券包括：一年期面值为100元的零息债券，两年期面值为100元的零息债券，以及三年期面值为1 100元的零息债券。

从现金流的角度来看，这三个零息债券的组合和原债券是等价的。因此，对于附息券，可以将其分解为多个不同的零息债券。

假设已知不同期限的零息债券的到期收益率和价格，那么就可以对原债券进行估值。例如，一年期面值为100元的零息债券的价格为96.62元，两年期面值为100元的零息债券的价格为92.45元，三年期面值为100元的零息债券的价格为87.63元。因此，原债券的估值为 96.62 + 92.45 + 11 × 87.63 = 1 153（元）。

这就是一价定律的应用。因为三年期债券的估值与分解后的零息债券的估值等价，所以可以根据一价定律计算出结果。

也可以直接使用公式进行估值，即将每年的现金流按照对应的到期收益率进行贴现，然后求和。对于原债券，第一年的现金流为100元，第二年为100元，第三年为1 100元，对应的到期收益率分别为3.5%、4%和4.5%。将这些数据代入现金流贴现公式，同样可以得到估值为1 153元。

最后，计算得出这个附息债券的（年化）到期收益率。由于已经知道债券的估值为

1 153 元，可以通过求解方程得到到期收益率为 4.4%。这个结果就是通过一价定律原理得出的。

接下来，探讨一下国债的收益曲线，也就是利率期限结构。这个曲线描述了不同期限的国债的到期收益率，即横坐标对应的是到期期限，纵坐标是不同期限下的（复利）到期收益率。然而，这个曲线具有一定的波动性，因为未来有许多不确定性，比如经济形势可能在未来某一时点发生变化。所以，这个收益曲线可能只是基于当前市场认知的一个预测，但这个市场认知与未来实际情况可能有所差异。

4.4.2 公司债券的风险

公司债券是由公司发行的债券，存在违约风险。投资者对于具有信用风险的债券所支付的价格要低于无风险的债券。这意味着，虽然公司债券的回报率可能较高，但其风险也相应增大。

假设有一种无违约风险的债券，一年期面值为 1 000 元，其到期收益率为 4%，则价格为 $\frac{1\ 000}{1.04} = 961.54$（元）。然而，如果这种债券存在违约风险，例如只有 90% 的概率能够偿还，那么其价格将降低到 $\frac{900}{1.04} = 865.38$（元），而到期收益率将提高到 $\left(\frac{1\ 000}{865.38} - 1\right) \times 100\% = 15.56\%$。这是因为由于存在违约风险，投资者需要更高的回报来补偿这种风险。

然而，虽然到期收益率更高，但实际的期望回报率可能仍然只有 $\left(\frac{900}{865.38} - 1\right) \times 100\% = 4\%$，因为这是在考虑了违约风险后的期望回报。因此，到期收益率总是高于期望回报率，因为到期收益率并没有考虑风险因素，而期望回报率则考虑了风险。

以另一个例子来说，假设有一种一年期面值为 1 000 元的债券，这种债券的支付是不确定的，有 50% 的可能性全额偿付，有 50% 的可能性只能偿付 900 元。因此，投资者期望能收到的是 950 元。由于这种不确定性，债券的价格将降低到 $\frac{950}{1.051} = 903.90$（元），而到期收益率将提高到 $\left(\frac{1\ 000}{903.90} - 1\right) \times 100\% = 10.63\%$。这再次证明了，考虑风险后，到期收益率和期望回报率之间可能存在很大的差距。

公司债券的到期收益率并不一定反映其期望回报率，因为到期收益率并未考虑到风险。因此，一个较高的到期收益率并不一定意味着期望回报率也高，因为风险可能很大。这就是到期收益率和期望回报率之间的关系。

4.4.3 债券评级

债券评级是评估债券信用风险的重要工具，它直接影响投资者对债券的认知和投资决策。评级机构如标准普尔、穆迪等，通过对企业和国家债务的评级，为投资者提供了一个衡量债券信用风险的参考标准。高评级通常意味着较低的违约风险，从而吸引更多投资者。

然而，评级并非绝对准确。例如，在2007年美国次贷危机中，一些高评级的按揭贷款及其衍生证券最终被证明风险极大，这暴露了评级机构的局限性。这些例子反映了企业运营和资本市场的复杂性。评级只是众多影响因素之一，投资者在作出投资决策时，需要综合考虑多种因素，包括但不限于企业的财务状况、行业趋势、宏观经济环境等。

全球知名的信用评级机构在资本市场中扮演着重要角色，他们的评级报告是投资者的重要参考。然而，评级机构也须不断改进其评级方法和流程，以提高评级的准确性和可靠性。

债券评级是债券投资中的一个关键因素，但它并非万能。投资者在利用评级信息时，应保持谨慎，并结合其他信息进行综合判断。同时，评级机构也应不断自我完善，以更好地服务于资本市场和投资者。

在中国，信用评级行业扮演着积极的角色。以下是部分主要的中国信用评级机构及其概述。

（1）长城资信评估有限公司（以下简称"长城资信"）。作为中国信用评级领域的先驱，长城资信自1993年成立以来，一直致力于为企业、金融机构及地方政府融资平台等提供全面的信用评级服务，包括债券评级和企业信用评估等。

（2）上海新世纪资信评估投资服务有限公司（以下简称"新世纪评级"）。成立于1992年的新世纪评级，是中国较早成立的综合性信用评级机构之一。其服务范围广泛，涵盖企业信用评级、债券评级以及信用风险咨询等多个领域。

（3）大公国际资信评估有限公司（以下简称"大公国际"）。成立于1994年，是中国人民银行和原国家经贸委共同批准成立的全国性信用评级机构，拥有政府监管部门批准的全部评级资质，能够对中国资本市场所有债务工具和参与主体进行信用评级。大公国际是中国国新控股有限责任公司的控股子公司，总部位于北京。

（4）联合资信评估股份有限公司（以下简称"联合资信"）。前身为成立于2000年7月的联合资信评估有限公司，2020年9月17日更为现名，是目前中国最专业、最具规模的信用评级机构之一，总部设在北京。其专注于企业信用评级、债券评级及信用风险咨询服务，为投资者提供了宝贵的信用风险参考信息。

（5）中诚信国际信用评级有限责任公司（以下简称"中诚信国际"）。前身中国诚信证券评估有限公司，始创于1992年10月，是经中国人民银行批准成立的中国第一家从事信用评级、金融证券咨询和信息服务的全国性非银行金融服务机构。中诚信国际是国内规模最大、领先的信用评级、风险评估服务提供商之一，从事银行间市场、交易所市场及海外市场资信评级业务及投资者服务业务。中诚信国际总部位于北京，在上海、武汉、深圳、香港等地设立分公司或区域基地。

尽管这些中国信用评级机构在资本市场中发挥着重要作用，为投资者提供了关键的风险评估工具，但与国际评级机构相比，它们在评级方法的透明度、评级结果的国际认可度等方面仍有提升空间。展望未来，随着中国金融市场的不断成熟和监管体系的日益完善，中国信用评级行业有望迎来更加广阔的发展前景，进一步缩小与国际同行之间的差距，为国内外投资者提供更加精准、可靠的信用评级服务。

思考与练习

围绕本章议题，试思考和练习下列问题。

4.1 某公司在2021年1月1日平价发行新债券，每张面值100元，票面利率为10%，5年期，每年12月31日付息。（计算过程中至少保留小数点后4位，计算结果取整）

（1）2021年1月1日到期收益率是多少？

（2）假定2025年1月1日的市场利率下降到8%，那么此时债券的价值是多少？

（3）假定2025年1月1日的市价为90元，此时购买该债券的到期收益率是多少？

（4）假定2023年1月1日的市场利率为12%，债券市价为95元，你是否会购买该债券？

4.2 上市公司A按面值发行债券，该债券息票率为6%，期限为2年。每年支付利息2次，求该债券的久期。

4.3 某债券的票面金额为1 000元，票面利率为8%，期限为3年，发行时的市场收益率为6%，那么该债券的发行价格是多少？

4.4 债券的利率风险主要包括哪些？

4.5 请简述债券估价的基本原理。

4.6 描述利率变化如何影响债券价格，并解释久期和凸性如何帮助投资者评估债券的利率风险。

第5章 股票估值

5.1 概 要

5.1.1 资金时间价值的线索

在本章中，将深入探讨股票估值，这一讨论实际上也是对前几章内容的总结与深化。本章继续从资金时间价值的角度审视问题，而后续章节将从多角度进一步深化这一主题。

资金时间价值是金融学中的一个核心概念。第2章提出了三条基本准则来介绍这一概念：第一，不同时间点的资金不能简单相加，因为这样的操作会忽略金融学的基本规律，从而失去分析的意义。第二，将不同时间点的资金后移到更晚的时间点时，必须对现金流进行复利计算，以确定其在更晚时间点的终值。第三，将不同时间点的资金前移到更早的时间点时，就需要对现金流进行折现计算，以确定其在更早时间点的现值。以上讨论了在不同时间点进行资金移动时的处理方法，这些方法对于正确评估资金价值至关重要。

在金融领域，资金的时间价值不容忽视。每笔资金或资本都追求一定的回报或收益。因此，当资金在不同时间点之间转移时，其价值必然会发生变化，体现为增值过程。这正是资金时间价值的精髓所在。

此外，贴现率在这一过程中扮演着关键角色。在实际应用中，往往不能直接获得贴现率，而需要根据现有信息进行适当的转换和计算。例如，银行按揭贷款会提供一个年利率（APR），但还款通常是按月进行的。这时，就需要将年利率转换为月利率，这涉及贴现率的计算。通过这样的转换，可以更准确地评估资金的现值和终值。

综上所述，深入理解资金时间价值及其相关计算方法，对于在金融实践中做出明智的投资和融资决策至关重要。通过这些原理，能够更全面地分析和解决实际问题。

在第4章中，深入探讨了债券的估值问题，这不仅提供了理解债券估值的机会，更重要的是，它加深了对资金时间价值概念的理解。通过债券这一金融工具，我们从资金时间价值的角度重新审视了估值问题。

现在,将焦点转向本章的主题——股票估值。尽管这一议题在证券投资学中也有涉猎,但我们的讨论仍然紧扣资金时间价值这一核心主题。可以发现,无论是股票还是债券,其估值过程本质上都是对资金时间价值原理的应用。这提供了一种统一的分析框架,帮助我们在不同的金融资产之间建立联系,并评估它们的内在价值。

在金融学的学习过程中,我们逐步深化了对资金时间价值的理解,这一概念在债券估值和股票估值中都发挥着关键作用。例如,在第 3 章银行按揭贷款的练习题中,关注了市场利率调整后哪种还款方式对还款人更有利的问题,这实质上就是现金流估值的问题。如果已经知道了每期的现金流,只需要按照新的市场利率对它们进行估值,就可以得出结果。这样的估值问题,也是本章将要深入讨论的。

5.1.2 本章的内容与目标

接下来,我们将深入股票估值这一主题。首先,将探讨如何通过一价定律对普通股票进行估值,包括确定合适的折现率。这一过程将帮助我们理解股票的内在价值,并确定其在市场上的合理价格。其次,将分析股票的当前价格和历史价格,计算股票的回报率。这一步骤相对直接,但提供了衡量股票表现的基本工具。

利用股利折现模型(dividend discount model,DDM)来计算股票价值。考虑股利支付的起始时间和增长速度,评估它们对股票价值的影响。讨论决定未来股息和增长率的因素,以及这些因素如何影响股票价格。理解这些因素对投资者的决策至关重要。本章将考虑企业盈利的再投资和股利支付。通过分析留存比率和股利支付率,可以计算企业的回报率和股票价格的潜在变化。本章还将探讨公司削减股利对股价的潜在影响。削减股利可能意味着公司将资金重新投资于业务扩展,这可能带来更高的股价。在讨论特殊股利增长模型时,将假设公司在某个时点后进入长期固定增长率阶段,这将使我们能够使用股利固定增长模型进行估值。

除了股利增长模型,本章还将考虑其他可比公司估值方法。这种方法通常基于行业平均水平,为我们提供了另一种评估股票价值的视角。

最后,本章将回顾有效市场假说的核心概念,并探讨其对股票市场的影响。这将帮助我们理解市场信息如何影响股票价格。本章还将讨论为什么投资者应该对他们发现的套利机会持怀疑态度,除非他们拥有竞争优势。在一个有效的市场中,套利机会应该是稀缺的。此外,本章将探讨股票估值对管理层行为的影响,以及市场有效性对管理层决策的启示。我们不能忽视市场的有效性,它对企业战略和财务决策有着深远的影响。

通过这些内容,我们将全面理解股票估值的复杂性及其在金融市场中的重要性。

5.2 股价、回报率与投资期限

5.2.1 单期模型

先来看一下股价、回报率和投资期限的基础知识。假设有一个一年期的投资者,他的潜在现金流可以通过以下方式理解:在初始时刻,投资者花费了价格P_0购买了某一只股票。然后在一年后(或者说下一期),他获得分红D,并且股票的市场价格变为P_1。

可以看到,投资者在初始时刻购买股票的现金流出是P_0,而在一年后的现金流入是分红D加上那时的股票价格P_1。

然而,我们也知道购买股票是有风险的,未来的价格充满了不确定性。因此,投资者在初始时刻的投资(P_0)和最终的收益($D+P_1$)之间的关系,应该是等价的。也就是说,如果从资金的时间价值的角度来进行贴现,那么通过适当的贴现率进行贴现后,这两者应该是等价的。

这个贴现率可能是高于市场的无风险资产的收益率,比如国债的收益率。这是因为股票投资有一定的风险。因此,通常将这个贴现率称为股权资本成本或必要报酬率。

所以,可以通过这个理论,建立起未来的现金流通过股权资本成本进行贴现后,应该等于初始投资的关系。同时,这个股权资本成本也是这笔投资的收益率。很多时候,可以看到收益率和贴现率其实是同一个概念。这是一个非常重要的理论基础,要在逻辑上能够理解它。

投资者会预期未来的分红和价格,同时对股权资本成本也有一个预判。当这些因素都有了大致的预判后,投资者就对一只股票的当前估值有了一个常规的认识。如果这个估值的结果与真实的价格P_0有差距,那就会影响到投资者的投资行为。例如,如果当前的股票价格P_0小于投资者计算出的估值,那么投资者会认为股票被低估,他们会选择购买。相反,如果P_0大于投资者计算的估值,那么投资者会认为股票被高估,他们会选择卖出。这样的投资行为最终会使得市场的真实价格接近于投资者计算的估值。

这就是关于股价回报率和投资期限之间的关系。可以将这个关系用以下公式表示:

$$P_0 = \frac{D}{1+R_e} + \frac{P_1}{1+R_e} \quad (5-1)$$

可以将该公式变形为:

$$R_e = \frac{D}{P_0} + \frac{P_1-P_0}{P_0} \quad (5-2)$$

公式中总回报率R_e由两部分构成:一部分是分红带来的回报,称为股利回报率;另一部分是股票价格调整带来的回报,称为资本利得率。这两部分加起来就是投资者的总回报率。

5.2.2 多期模型

如果计划持有股票两期,可以通过现金流的折现方式来评估股票的价值。假设在 0 时刻按照价格 P_0 购买股票,然后在第一期和第二期分别获得分红 D_1 和 D_2,并在第二期的时候以价格 P_2 卖掉股票。那么,可以通过以下公式来计算股票的价值:

$$P_0 = \frac{D_1}{1+R_e} + \frac{D_2+P_2}{(1+R_e)^2} \tag{5-3}$$

其中,R_e 是股权资本成本,是贴现率,同时也是购买这只股票的预期收益率。

如果将这个过程扩展到 N 期,可以得到以下公式:

$$P_0 = \frac{D_1}{1+R_e} + \frac{D_2}{(1+R_e)^2} + \cdots + \frac{D_N+P_N}{(1+R_e)^N} \tag{5-4}$$

式(5-4)显示,无论计划持有股票多少期,都可以通过现金流的折现方式来评估股票的价值。这个模型称为股利折现模型(DDM)。

如果计划无限期持有股票,这就意味着永远不会卖掉它,只会获取其分红。在这种情况下,可以将 N 取为无穷大,得到一个新的模型,我们称之为永续分红模型。这个模型的基本思想是,任何一只股票的价格都等于其未来分红的现值的总和。公式如下:

$$P_0 = \frac{D_1}{1+R_e} + \frac{D_2}{(1+R_e)^2} + \frac{D_3}{(1+R_e)^3} + \cdots = \sum_{i=1}^{\infty} \frac{D_i}{(1+R_e)^i} \tag{5-5}$$

式(5-5)显示,无论计划持有股票多少期,都可以通过现金流的折现方式来评估股票的价值。然而,这个公式在实践中很难直接应用,因为我们无法精确地预测未来的分红。但是,这个公式在思想上给了我们一个重要的启示,那就是股票的价值等于其未来现金流的现值的总和。

这个思想,即资金的时间价值,是金融思维的核心。它告诉我们,不能简单地比较不同时间点的现金流,而是要把它们都折现到同一时间点,然后再进行比较。

5.3 股利折现模型

5.3.1 固定股利增长模型

股利折现模型是一种评估股票内在价值的方法,它基于公司未来股利的预期,并将其折现至现值。在实际的股票估值中，我们通常会对分红进行一些简化的假设，比如分红保持不变，或者按照固定的速度增长。这样，就能够使用更简单的模型来估计股票的价值。虽然这些模型在实践中可能有一些局限性，但是它们提供了一种有用的思考框架和分析工具。

在实际的股票估值中，通常会对分红进行一些简化的假设，比如分红按照固定的速度增长。在这种情况下，可以得到一个更简单的模型，称为固定股利增长模型。其基本假设为：公司未来的股利将永远以一个固定的增长率 g 增长，以简化对未来现金流的预测。即第 0 期的股利为 D_0，第 1 期的股利为 $D_1 = D_0(1+g)$，以此类推，第 n 期的股利为 $D_n = D_0(1+g)^n$。

可以通过将未来所有股利的现值相加来计算，求得第 0 期股票估值 P_0，公式如下：

$$P_0 = \frac{D_0(1+g)}{R_e - g} = \frac{D_1}{R_e - g} \tag{5-6}$$

其中，D_1 是下一期的预期分红，R_e 是股权资本成本，g 是分红的增长率。

这个模型告诉我们，如果一个公司的分红按照固定的速度增长，那么可以通过这个简单的公式来估计股票的价值。然而，我们应该明白，这个模型只是一个简化的版本，它的核心思想仍然是股票的价值等于其未来现金流的现值的总和。

股票估值模型告诉我们，股票的价值由三部分构成：股利水平、股权资本成本以及股利的增长速度。具体来说，如果股利的增长速度越快，股权资本成本越小，那么股票的估值就越大。

这里，股权资本成本实际上代表了投资的机会成本，也就是说，如果将资金投入其他投资项目中，我们可以获得的回报。在整个资本市场中，投资的机会成本的最重要的决定因素是央行规定的基准利率，这是所有资产成本的核心基础。

因此，当整个市场的资本成本偏低，也就是说，当利率和通胀率较低的时候，资本成本也会相应降低，这将有利于股票的估值。这也就解释了为什么在低利率环境下，股票市场通常会表现得较好。

5.3.2 股利的增长问题

1. 分红与再投资的权衡

投资者在作出投资决策时，还需要考虑到其他因素，比如公司的盈利能力、行业的发展趋势、宏观经济环境等，这些可能会影响企业未来的分红表现。这就需要投资者具备一定的金融素养，能够理解和分析各种影响股票价值的因素。

在实际操作中，投资者可以通过计算和比较不同股票的估值，来决定哪些股票值得投资。这就需要投资者熟练掌握和应用股票估值模型，包括计算公式和相关的理论知识。

股利的增长涉及股利支付率的概念。股利支付率是指一家企业每年的盈利中，有多少比例被用于支付股利。这个比例越高，分红就越多，对股东来说越有吸引力。但是，如果这个比例过高，可能会影响企业的再投资能力，从而影响其未来的发展。

因此，企业需要在分红和再投资之间找到一个平衡。这就涉及企业的分红政策，也就是企业每年应该拿出多少比例的盈利来支付股利。

可以将每股分红 D 写成每股收益 EPS 乘以股利支付率，即：

$$D = EPS \times 股利支付率 \tag{5-7}$$

这样，可以更直观地理解股利支付率的影响。如果股利支付率增加，那么分红就会增加，从而可能会提高股票的估值。

企业的股利增长主要依赖于两种方式：一种是增加企业的总收益，即"做大蛋糕"，这样即使股利支付率保持不变，也会因为总收益的增加而导致分红的增加；另一种方式是提高股利支付率，即在总收益保持不变的情况下，提高分红的比例，也会导致分红的增加。

企业的每年收益只有两个去处，要么作为分红发放给股东，要么留在企业内部作为再投资。这个再投资的部分，也就是留存收益，可以用来增加企业的总资本，从而增加企业的总收益。

收益的增长主要依赖于新增投资以及这些新增投资的回报率。新增投资主要来源于上一年的收益中扣除分红后剩下的部分，也就是留存收益。因此，收益的增长实际上就等于留存比例、上一期的收益、新投资的回报率这三者的乘积。即：

$$收益的增长 = 上一期的收益 \times 留存比例 \times 新投资回报率 \tag{5-8}$$

股利的固定增长速度 g 满足：

$$g = \frac{D_1 - D_0}{D_0} = \frac{本期收益 \times 留存比例 - 上一期收益 \times 留存比例}{上一期收益 \times 留存比例}$$

$$= \frac{收益增长}{上一期收益} = 留存比例 \times 新投资回报率$$

所以，如果企业保持固定的分红比例，那么股利的增长主要就靠收益的增长。这也就是为什么我们在评估一个企业的股票的时候，会非常关注它的盈利能力以及盈利增长的情况。

企业在分红和再投资之间确实面临着一个两难的选择。一方面，如果企业分红太多，那么用于再投资的资金就会减少，这可能会影响企业的未来发展和收益增长。另一方面，如果企业不分红或者分红太少，虽然可以增加再投资的资金，但是这可能会降低股东的满意度，因为股东无法从企业的盈利中获得实际的回报。

这个问题看起来确实像是一个两难的选择，但实际上，企业可以根据自身的情况来决定应该如何做。关键在于，企业需要评估自身的投资项目的盈利性。如果一个投资项目的净现值是正的，那么这个投资项目就是有价值的，企业就应该削减分红，增加对该项目的投资。反之，如果一个投资项目的净现值是负的，那么这个投资项目就是没有价值的，企业就应该增加分红，减少对该项目的投资。

因此，企业在分红和再投资之间的选择并不是一个固定的答案，而是需要根据企业自身的情况和投资项目的盈利性来决定。这也是为什么我们在评估一个企业的股票价值的时候，除了关注它的分红政策，还要关注它的投资策略和投资项目的盈利性。

2. 净现值与分红的案例

净现值（NPV）是一个评估投资项目盈利性的重要工具。净现值是指投资项目带来的现金流入的现值减去投资成本的现值。如果一个投资项目的净现值是正的，那么该投资项目的回报率就高于投资者的期望回报率，也就是股权资本成本，该投资项目就是有价值的。

如果一个投资项目的回报率低于股权资本成本，那么该投资项目的净现值就是负的，该投资项目就是没有价值的。因此，企业在决定是否进行一个投资项目的时候，需要评估这个投资项目的净现值。

接下来，来看一个例子。假设一个公司预计来年每股收益是 6 元，股权资本成本是 10%，在公司没有增长预期下，当前的股价是 60 元。

（1）假如在可预见的未来公司股利支付可削减为 75% 的水平，使用留存收益投资新项目，预期投资回报率为 12%，公司股权资本成本保持不变，那么这个公司的股价会是多少？

首先，需要计算公司削减股利支付后的每股股利。每股收益是 6 元，公司削减分红 75%，所以分红是 6 元的 75%，也就是 4.5 元。其次，计算分红和股利增长速度。由于股利支付占比 75%，则留存收益比例为 25%，按照前面的公式，股利增长率等于留存收益比例乘以新投资的回报率，股利增长率为 25%×12%=3%。最后计算股价：

$$P_0 = \frac{4.5}{10\% - 3\%} = 64.29 （元）$$

（2）如果投资新项目的回报率降低到 8%，那么这会如何影响公司的股价呢？首先，需要重新计算公司的股利增长率。也就是 25% 乘以 8%，结果是 2%。然后，需要重新计算公司股价：

$$P'_0 = \frac{4.5}{10\% - 2\%} = 56.25 （元）$$

所以，如果新投资的回报率降低到 8%，那么公司的股价将会降低到 56.25 元。

这个结果告诉我们，如果新投资的回报率低于股权资本成本，那么减少分红并增加再投资可能会导致公司的股价下降。这是因为在这种情况下，新投资的净现值是负的，新投资并不能带来足够的收益来满足股东的期望回报率。因此，企业在决定分红和再投资的策略时，需要充分考虑投资项目的盈利性。

投资决策并不仅仅依赖于投资回报率和股权资本成本的比较，风险也是一个非常重要的考虑因素。例如，一些公司可能选择进行高风险的投资，即使这些投资的预期回报率并不高。这可能是因为这些公司有能力承受这些投资的潜在损失，或者他们认为这些投资有可能带来超出预期的高回报。

然而，高风险的投资策略并不总是有利的。例如，一些房地产公司在2017年以后还在维持高杠杆，积累了大量的投资项目。虽然这些项目可能在短期内带来高回报，但是他们也带来了巨大的风险。当市场条件发生变化时，这些公司可能会面临严重的财务困境。

因此，公司在作出投资决策时，不仅需要考虑投资的预期回报，还需要充分考虑投资的风险。同时，公司也需要根据自身的风险承受能力和长期战略来决定投资策略。

至于分红决策，它是公司资本结构决策的一部分，也需要考虑到公司的盈利能力、投资机会、风险承受能力和股东的需求等因素。如果公司有高回报的投资机会，那么减少分红并增加再投资可能是有利的。但是，如果投资机会有限或者投资风险过高，那么保持或者增加分红可能更符合公司和股东的利益。

5.3.3 变化的股利增长模型

在评估公司价值时，必须注意股利增长的稳定性。对于那些初创或年轻的公司，尤其是那些在成立初期经历快速增长的企业，固定股利增长模型可能不适用。在这些公司的高增长期，管理层往往会将所有收益再投资于业务扩展，因为此时存在大量高回报的投资机会。因此，这些公司通常不会分配股利，而是将利润重新投入到生产和业务扩张中。

然而，随着企业逐渐进入成熟期，增长速度放缓，它们可能会开始实施稳定的股利分配政策。在A股市场上，许多公司在达到一定发展阶段后，开始稳定地向股东分红，甚至随着盈利能力的增强而逐步增加分红。

在公司发展的早期阶段，分红政策往往不稳定。有时公司可能会分红，有时则可能不会，或者分红金额会有所波动。例如，以岭药业和福耀玻璃，在发展到一定阶段后，盈利能力变得相对稳健，因此它们的分红政策变得非常稳定。但如果我们回顾这些公司早期的分红历史，会发现它们的分红并不像现在这样稳定，分红金额也可能较小。

如果企业业绩表现良好，它们可能会提高分红，以反映其盈利能力和对股东的回报。面对分红政策不稳定的公司，不能简单地依赖股利增长模型来评估其价值。相反，需要采用更灵活的估值方法，考虑公司的成长潜力、盈利能力以及未来的现金流预期。

总之，股利增长的稳定性是评估公司价值时必须考虑的关键因素。对于初创或成长中的公司，我们需要更全面地分析其财务状况和业务前景，以作出更准确的估值。对于那些已经进入成熟期并拥有稳定分红政策的公司，股利增长模型可能更为适用。无论哪种情况，深入理解公司的分红政策和盈利能力对于投资者来说都是至关重要的。

对于分红不稳定，但在某一期以后分红开始稳定的公司，可以采用两阶段股利折现模型进行估值。在这种情况下，需要将前N期的分红分别进行折现，然后将这些折现值加总。对于第N期以后的分红，假设它们会以一个固定的增长率增长，还可以使用股利增长模型来估计它们的现值。

具体来说,首先将前 N 期的分红 $D_1, D_2, \cdots, D_N$ 分别进行折现,然后将这些折现值加总。对于第 N 期以后的分红,假设它们会以一个固定的增长率 g 增长,可以使用股利增长模型来估计它们的现值。在第 N 期的时候对这部分的现金流进行估值,得到的估值记为 P_N。这个 P_N 的估值其实是对第 N 期以后的现金流的估值。

因此,可以得到以下公式:

$$P_0 = \frac{D_1}{1+R_e} + \frac{D_2}{(1+R_e)^2} + \cdots + \frac{D_N}{(1+R_e)^N} + \frac{P_N}{(1+R_e)^N} \tag{5-9}$$

其中,由式(5-6),P_N 的估值由以下公式表达:

$$P_N = \frac{D_{N+1}}{R_e - g} \tag{5-10}$$

这就是在第 N 期对未来的系列现金流进行估值的结果,这个公式实际上就是固定股利增长模型的应用。

通过这种方式,可以在股利增长不规则的情况下,运用前面的公式进行估值。

股利折现模型在实际应用中确实面临着挑战。首先,预测公司的分红增长率和未来的分红都具有很大的不确定性。其次,股权资本成本也存在不确定性,特别是未来的股权资本成本是否会保持现有的状态充满不确定性。此外,模型的结果高度敏感,即一些小的变化可能会导致估值结果的大变动。虽然股利折现模型在理论上是一个很好的指引,在理解股票估值的基本原理上提供了很好的参考,但是在实际应用中,需要谨慎处理模型的各个参数,以得到相对准确的估值结果。

5.4 更多估值方法

5.4.1 相对估值法

相对估值法,基于预期在未来将产生非常相似的现金流的其他可比公司或投资的价值来估计公司的价值。相对估值法(也被称为市场估值法或比较估值法)是一种估计公司价值的方法,它基于对其他与被评估公司具有相似性质的公司或投资的价值进行比较。这种方法的基本理念是,具有相似的风险和预期回报的资产应该有相似的价值。

具体来说,相对估值法通常会使用一些比率,如市盈率(P/E)、市净率(P/B)、市销率(P/S)等,来比较不同公司的估值。例如,如果一个公司的市盈率低于其同行平均水平,那么投资者可能会认为这个公司被低估,反之则可能被高估。

然而,需要注意的是,虽然相对估值法简单易用,但也存在一些局限性。首先,找到真正相似的可比公司可能很困难,特别是对于独特的业务模式或创新型公司。其次,这种方法假设市场价格总是反映出真实的价值，但实际上市场价格可能会受到各种非理性因素的影响。因此，投资者在使用相对估值法时，应结合其他估值方法，如现金流折现模型等，以及对公司和市场的深入理解，来作出更全面和准确的价值评估。

鉴于此，可以将市盈率与股利折现模型相结合。具体来说，可以将市盈率表示为现在的股价除以未来的每股收益，然后将股价用股利折现模型表示出来。即：

$$\text{预测 } PE = \frac{P_0}{EPS_1} = \frac{D_1}{R_e - g} \times \frac{1}{EPS_1} = \frac{D_1}{EPS_1} \times \frac{1}{R_e - g} = \frac{\text{股利支付率}}{R_e - g} \quad (5-11)$$

通过这种方式，可以发现，一家公司的市盈率实际上是由股利支付率、股权资本成本和股利增长率共同决定的。这为理解和使用市盈率提供了更深入的视角。

股利折现模型的局限性和市盈率的应用及其决定因素，都是投资者必须理解和掌握的关键知识。高增长和高分红的公司通常拥有较高的市盈率，这也解释了为何不同行业的市盈率会存在差异。这种差异不仅反映了行业特性，也可能反映了市场因素。

一方面，市盈率的变动可以揭示市场状况和投资者的预期。例如，在特定时期，许多公司的市盈率可能偏低，这可能与宏观经济状况、国际关系、市场预期，以及股票市场的供需关系等因素有关。在这种情况下，投资者需要根据自身的价值判断来抓住投资机会。

另一方面，市盈率也可能受到市场情绪的影响。例如，在牛市中，市盈率可能偏高；在熊市中，市盈率可能偏低。然而，市盈率不可能长期维持在过高或过低的水平，市场的自我调整机制将使其回归到一个相对合理的水平。因此，投资者需要了解这些基本原理，以便在市场的波动中找到投资机会。

市盈率估值法与股利折现模型提供了完全不同的视角。在实际操作中，如果我们需要对一家公司的股票进行估值，可能需要同时使用这两种方法，并进行相应的对照。这是因为每种方法都无法保证准确性，它们只能提供一个大致的判断。需要尽可能多地从不同的角度使用这些方法，以获得更全面的估值结果。

除了市盈率之外，还有其他一些估值方法，如市净率、销售收入倍数等。总的来说，这些都是对企业进行估值的方法，可以根据实际情况调整和应用。

5.4.2　对相对估值法的思考

上述估值方法都有其局限性。首先，使用乘数进行估值时，如何调整期望的未来增长率、风险等因素并无明确规定，这给投资者留下了较大的判断和操作空间。其次，这些方法只提供了行业平均状态的参照，如果行业整体被高估或低估，使用这些方法可能会导致股票估值的偏差。例如，当市盈率处于历史低点时，该行业可能处于非正常状态，此时使用市盈率进行估值可能会导致股票被低估或高估。同样，在其他市场情况下，这些方法也可能导致股票被高估或低估。

对于股票估值，需要注意到，很难有一个准确且令人信服的方案。需要从不同的角度进行评估，以加强我们的判断。这些方法都可以使用，但最终可能还是要看投资者的专业能力，包括创新性的思考能力和专业的技术方法。

价值判断往往与个人的认知和洞察力紧密相关。例如，前沿行业领域的先行者们，他们的超前认知和独特思维视角，往往能发现独特的投资机会。如果仅仅依赖大众已经能想到的信息和方法，那么盈利的可能性就会大大降低。

因此，估值能力非常重要。这不仅体现在金融市场上，也体现在我们的日常生活和个人发展过程中。对自己的认知，以及在生活中的各种选择，都反映了我们的评估能力。这些都是在进行投资决策时需要考虑的因素，也是在个人发展过程中需要不断提升和完善的能力。

5.5 市场有效性与股票估值

本节将简要剖析信息、竞争与股价之间的内在联系，以及这些因素如何影响股票的估值。核心议题是信息、竞争对股价的影响，以及市场有效性的理论探讨。

估值模型巧妙地将企业未来现金流、资本成本和股价三者相联系。根据这一模型，一旦确定了其中两个变量，便能推导出第三个。最常见的做法是，基于已知的现金流和资本成本来估算股票的合理价格。

公司一旦公开上市，便成为广受关注的公众公司。即便这些公司保持民营性质，实际上也已拥有广泛的股东基础，成为公众关注的焦点。哪怕是规模较小的上市公司，其股东人数也可能轻松达到数十万。因此，公司股价及其相关信息，成为公众投资者关注的焦点，股价中蕴含的信息显得极为关键，成为市场瞩目的公开内容。

估值模型为我们提供了对公司未来现金流的预测，成为所有投资者评估股票价值的重要依据。这种对信息的共同关注催生了有效市场假说，它为我们提供了一种简洁而直观的市场运作视角，这一理论的影响力深远，不容忽视。

有效市场假说提出了一个理想化的市场原则，即所有证券都将被公正、公平地定价，所有信息对所有投资者都是可得的，并能够及时、准确地反映在股票价格中。因此，所有投资者都可以根据这些信息及时而准确地评估公司的价值，公司股票价格也就实时反映这些信息。

此外，市场现实中可能存在一些不完美的地方。例如，一些私下的信息可能只能被少数投资者在早期获取。这些少数投资者可以利用这些信息来获利。在现实世界中，此类情形并不常见，得益于一系列法律法规的约束，例如内幕交易罪。利用内幕信息进行交易并从中获利，无论通过何种方式——包括但不限于微信聊天记录等数字通信，面对面交谈后的录音等——都可能留下可追踪的证据。一旦此类行为被发现并证实，便构成了内幕交易罪，将受到法律的严厉惩处。因此，投资者和市场参与者都应严格遵守法律规定，维护公平、透明的市场环境。

当您遇到有人私下分享某些股票的内部信息时，务必保持警惕。若这些信息属实，并且您据此进行交易并从中获利，您可能就触犯了内幕交易的法律红线；若信息为虚假，您则可能蒙受经济损失。因此，除非这些信息是投资者基于独立分析和预测得出的结果，否则在接受和利用这些信息时，应保持审慎，并严格遵循市场法规。

私下信息可能会影响股票市场的有效性，因为这些信息会逐渐扩散，市场会逐渐接受，只是这个反应可能有一个时间上的延迟。

此外，我们对投资者的理解可能过于理想化。有效市场假说认为所有投资者获得信息后都能准确解读、准确认知，但实际上可能并非如此。投资者可能对信息的反应不同，或者他们可能对某些信息不够重视，或者过度解读，这些都可能影响市场的有效性。

最后，要总结的是，股票市场有效，意味着不会有套利机会。如果有套利机会的话，那就违反了市场有效的基本原则，这也是金融市场重要的理论基石。

思考与练习

围绕本章议题，试思考和练习下列问题。

5.1 某公司在未来两年不支付股利，第三年支付股利1元，并且以每年7%的速度增长。某投资者要求的回报率为17%，那么他愿意支付多少钱来买这只股票？

5.2 某企业计划进行长期股票投资，计划从股票市场上选择两种股票：甲公司股票和乙公司股票，该企业只准备投资其中一家公司的股票。已知甲公司股票现行市价为每股6元，上年每股股利为0.2元，预计以后每年以5%的增长率增长。乙公司股票现行市价为每股8元，每年发放的固定股利为每股0.6元。当前市场上无风险收益率为3%，风险收益率为5%。要求：

（1）利用股票估价模型，分别计算甲、乙公司股票价值并为该企业作出股票投资决策。

（2）如果该公司按照当前的市价购入（1）中选择的股票，请计算持有期收益率。

5.3 根据有效市场假说，解释为什么在一个有效的市场中套利机会是稀缺的，并讨论市场有效性对投资者决策的影响。

5.4 讨论股权资本成本在股票估值中的重要性，并解释它如何影响投资者对股票的预期回报率。

5.5 讨论相对估值法的基本原理，并解释市盈率（P/E）、市净率（P/B）和市销率（P/S）在估值中的应用。

第6章 净现值与投资决策

6.1 概　　要

6.1.1 本章主题

本章的主题是投资决策的法则。即企业在投资过程中，应如何进行决策选择。如果说前面各章节的内容提供了基本的方法论，即在评估不同的现金流时，需要考虑不同的时间维度，那么在本章中将基于这些基本原理和工具，来探讨企业面对不同项目的投资决策问题。

在投资决策过程中，企业可能会面临多个投资方案的选择。每个方案的时间维度和所需的投资金额可能各不相同，如果只能选择其中一个，企业应该如何作出决策呢？这是本章要探讨的投资决策问题。显然，这需要运用前面学习的资金时间价值这一基本原理。最关键的是，这些不同的投资方案带来的投资结果如何，如果忽略资金时间价值因素，可能只会简单考虑收益率，但这样就等于将不同时间维度的资金等同对待，这显然是不合适的。

本章将深入探讨企业如何应用资金时间价值的基本原理来作出投资决策。投资决策不可避免地会涉及企业的投融资活动，这不仅包括资本的投入，也包括资本的筹集和分配。对于上市公司而言，年度收益的分配是一个关键决策点，选择将收益分配给股东，意味着将收益直接回报给投资者；而将收益留在企业内部，则相当于进行自我融资，为未来的生产和投资活动提供资金。这种决策不仅影响股东的即时回报，也关系到企业的长期发展和资本结构。企业的核心任务在于有效地进行投资和融资。资金的来源和在生产过程中的投向是投资决策的核心。如何平衡资本成本和投资回报，是企业持续增长的关键。

尽管投资决策在经济学和金融学中可能不被视为最关键的问题，但它在企业战略中占据着举足轻重的地位。选择合适的投资目标不仅需要技术方法，更涉及战略层面的考量。这已经超越了经济学的范畴，更多地属于管理学的领域，即如何制定企业的未来发展战略和选择投资方向。

在经济学和金融学的研究中，企业的融资问题通常更受关注。然而，本章将聚焦于企业的投资决策。面对多个不同的项目，企业需要作出明智的选择。这不仅是一个理论问题，更是一个实践问题，将之前学到的资金时间价值的基本原理应用到实际的投资决策中。当企业面临不同的投资项目选择时，每个项目都代表了不同的投资成本、金额以及预期的现金流回报。对这些项目进行综合评估，这实际上是对其潜在价值的深入考察。基于这些评估，将作出投资决策，选择那些能够为企业带来最大价值的项目。

本章有助于我们理解企业在面对投资决策时所面临的挑战，并掌握如何应用公司金融的原理来指导实际的投资选择。这不仅需要对资金时间价值的深刻理解，也需要对企业战略和市场环境的全面考量。

6.1.2 本章内容与目标

本章的主题围绕净现值与投资决策法则进行展开。主要包括四个部分。

第一部分：净现值（NPV）的深入理解。

主要聚焦于净现值及其在投资决策中的应用。NPV 是一个核心的财务指标，它衡量了项目预期现金流的现值与初始投资成本之间的差异。

净现值并非一个概念，它与我们之前讨论的贴现现金流紧密相关。NPV 的计算考虑了现金流的净值，其中投资成本（现金流出）被记为负值，而投资收益（现金流入）则为正值。最终得到的 NPV 反映了考虑资金时间价值后的净收益，这与我们通常理解的净利润有所不同。这是本章要探讨的投资决策法则中的基础。

第二部分：其他投资决策法则。

将介绍其他几种投资决策法则，如回收期、内部收益率（IRR），以及特别适用于互斥项目的增量内部收益率法。这些方法有时会提供与 NPV 不同的视角，但最终我们仍将 NPV 法则视为最重要的决策依据。尽管其他方法也有其优势，但 NPV 法则因其可靠性而被优先采用。我们需要认识到，尽管其他方法有时可能提供误导性的结果，但它们在某些情况下仍可用作参考。

第三部分：投资决策的进一步应用。

将深入探讨如何将这些评估方法应用于实际的投资选择问题，即如何在多个项目中做出选择，尤其是在只能选择其中一个的互斥项目情况下。这不仅是对前面内容的实际应用，也是对我们分析和决策能力的进一步考验。

第四部分：经济价值增加值（EVA）。

除了 NPV、回收期和 IRR 等方法外，本章还将介绍经济价值增加值（EVA）的概念及其应用。EVA 提供了与 NPV 一致的决策结论，但其背后的思想和计算方法有所不同。本章将通过实例展示 EVA 如何作为一个重要的评估工具，帮助我们理解企业价值创造过程。

EVA 是一个重要的评估工具，对于理解企业价值创造具有重要意义。虽然这些方法在学术研究中可能不常出现，但它们在实际的商业决策中至关重要，尤其是在本科教育和专业证书考试中。

6.2 净现值（NPV）法则

6.2.1 净现值（NPV）

以一个简单的例子开始，假如一个公司有一个项目，需要在第一年年初投资 2.5 亿元，预期从第一年年末开始，每年将产生 3 500 万元的现金流，并且会一直持续下去。对于这个项目，我们需要评估它是否值得投资。

如果不考虑资金时间价值，那肯定是值得的，因为只要通过时间的累积总归会回本。但是如果考虑资金时间价值，也就是 2.5 亿元能够带来的无风险回报，那就不一定了。这就是资金时间价值的直观运用。

可以假设一个贴现率，然后求现值，这其实就类似于永续债券的估值。可以求出每一期的现金流除以贴现率，然后再减去初始的投资 2.5 亿元，得到的就是净现值。即：

$$NPV = -2.5 + \frac{0.35}{r} \tag{6-1}$$

只有当净现值 NPV 大于 0 时，投资才是值得的。

当该公司的资本成本为 10% 时，净现值 $NPV=1$，则这个项目是值得投资的。企业在面临不同的贴现率或资本成本时，其净现值会相应地调整变化。当贴现率或资本成本提高到 14% 时，净现值才会降至零。对于一个企业来说，投资一个项目的净现值等于零时的贴现率，如果越高，那么这个项目的潜在回报率就越高。例如，如果每年的收益从 3 500 万元增加到 5 500 万元，那么净现值等于零时的贴现率可能就提高到 20% 以上。因为赚钱的能力提高了，所以净现值等于零时的回报率也会提高。

所以，净现值等于零时的贴现率实际上反映了项目带来的潜在回报率，而且这个回报率是年化的贴现率，代表复利思维下的每年回报或机会成本。因此，我们将其称为内部收益率（IRR），也就是净现值等于零时的贴现率。

6.2.2 净现值（NPV）与内部收益率（IRR）

内部收益率（IRR）是与净现值（NPV）紧密相关的关键财务指标。IRR 是一种基于 NPV 原则的项目投资决策方法。简而言之，如果一个项目的 IRR 高于企业的资本成本，那么这个项目通常被视为值得投资。

对于企业而言，NPV 等于零时的贴现率实际上反映了企业的盈利能力。例如，如果企业的资本成本为 10%，而项目的 NPV 在这一贴现率下为正，这表明企业的投资是盈利的。然而，当 NPV 为零时，对应的贴现率可能是 14%，这表明在这个更高的贴现率下，项目不再具有盈利性。

通过具体例子，可以更直观地理解这一点。假设企业的资本成本为 10%，而某个项目的 NPV 为 1 亿元，这表明该项目是值得投资的。同时，如果该项目的 IRR 为 14%，超过了企业的资本成本，从 IRR 的角度来看，该项目同样值得投资。因此，在这种情况下，IRR 和 NPV 提供了一致的投资建议。

当项目的 IRR 高于企业的资本成本时，投资该项目是有利的。相反，如果企业的资本成本更高，如 15% 或 20%，NPV 可能会变为负值，这意味着投资该项目可能不值得。IRR 实际上就是使 NPV 等于零的贴现率。如果这个贴现率低于企业的资本成本，NPV 将转为负值。

资本成本或贴现率与 IRR 之间的差异反映了在不改变初始投资决策的前提下，资本成本估计中可能存在的最大误差。这揭示了资本成本估计与实际回报之间的差距。

尽管我们讨论了 IRR，但还有许多其他评估方法。在这些方法之间出现冲突时，通常还是会优先考虑 NPV。虽然 IRR 和 NPV 看起来似乎是等价的，因为它们都是基于同一个公式，但实际上并非如此。

在某些情况下，随着贴现率的变化，NPV 可能不是单调变化的，可能会呈现出"U"型、倒"U"型，或者与横坐标有多个交点的情况。这意味着可能存在多个贴现率使得 NPV 等于零。在这种情况下，NPV 可能并非单调变化，可能会有拐点。如果有两个或更多的解，那么 IRR 可能不再适用。有时这两种方法的结论可能不一致，将在后续讨论这种情况。

NPV 法的优点在于，当多种评估方法冲突时，通常会倾向于使用 NPV 法。这种方法利用了所有的现金流量，并且对所有现金流量进行了折现，从而考虑了资金的时间价值。如果一个项目的 NPV 大于零，那么这个项目基本上可以接受。

此外，在有多个项目可供选择时，可以根据项目的 NPV 大小来进行排序，选择 NPV 最大的项目。在这个过程中，我们树立了一个基本的金融理念，即资金的时间价值。这意味着在不同的时间点，对应的现金流量具有不同的价值。这与日常生活中的观念不同，因为在金融领域，资金是可以复利增值，不断产生增值回报的。

6.3 回收期法则

6.3.1 静态和动态回收期

在金融决策中，经常面对多种评估方法来决定是否投资于某个项目。其中，回收期法则（the payback rule）是一种简单直观的投资评估工具。回收期定义为收回初始投资所需的时间。如果一个项目的回收期短于某个预定的时间期限，根据回收期法则，这个项目是可接受的；反之，则会被拒绝。回收期法的主要作用是度量初始投资需要多少年才能回本。这是一个时间维度的度量，反映了投资回本的时间长度。

回收期法则因其简单性而被许多公司采用。这种方法易于理解和计算，使得非财务背景的决策者也能够快速评估项目的可行性。然而，回收期法则的一个主要缺点是它忽略了货币的时间价值。这意味着，尽管回收期法则能够告诉我们项目何时能够回本，但它并没有考虑到资金在不同时间点的价值差异。因此，这种方法可能会误导投资者，导致他们错过更有利可图的投资机会或选择较差的投资项目。

在实际应用中，尽管回收期法则提供了一个快速评估项目的途径，但为了做出更全面的投资决策，还需要考虑其他评估方法，如净现值（NPV）或内部收益率（IRR）。这些方法能够更准确地反映投资的经济效益，因其考虑了资金的时间价值和项目的总体盈利能力。

总之，回收期法则是一个有用的初步筛选工具，但在做出最终投资决策时，投资者应综合考虑所有相关的财务指标和评估方法，以确保选择最有利的投资项目。例如，初始投资 100 元，每年的回报分别是 50 元、50 元和 20 元，那么在两年后投资就回本了。如果设定的目标回收期是 2 年，那么这个投资是可接受的。如果目标回收期是 3 年，那么这个投资就更好了，因为在第 2 年就已经回本。如果目标回收期是 1 年，那么这个投资就不可接受。

回收期法用于计算投资在多少年内能够回本。通常会介绍所谓的静态回收期，即不考虑资金时间价值，只是简单地估算投资需要多少年才能回本。

如果回收期过长，例如需要 30 年才能回本，可能会对投资该项目产生疑虑，因为时间太久，未来的不确定性会增加。反之，如果只需要 3 年就能回本，那么可能会认为风险较小。因此，一般来说，回收期越短越好。

可以用一个例子来说明回收期法。假设有一个项目，如果要求项目的回收期不超过 5 年，那么可以根据每年的回报来计算。例如，每年的回报是 3 500 万元，乘以 5 年就是 1.75 亿元。但是，如果初始投资是 2.5 亿元，那么在 5 年内就无法回本。因此，如果公司认为必须在 5 年内回本才值得投资，那么这个项目显然是不值得的。这个方法是投资决策中最简单的一种，也可以将其称为静态的回收期法。

动态回收期法，顾名思义，它考虑了资金时间价值，即每一期的现金流都会进行贴现，然后加总，看贴现后的现金流总和何时超过初始投资。这样，就可以得到考虑资金时间价值情形下需要多少年才能回本。

6.3.2 回收期法的局限

需要注意的是，回收期法存在一些问题。首先，静态回收期法没有考虑资金时间价值,虽然动态回收期法解决了这个问题。其次,回收期法忽略了所有在回收期以后的现金流,也就是说,一旦投资在设定的回收期内回本,后续的现金流就不再考虑。最后,回收期法存在主观因素,即目标回收期的设定。

总的来说,回收期法不利于长期项目的评估,而且,根据回收期法接受的项目可能并不是净现值为正的项目,也就是说,即使项目在设定的回收期内回本,但从总体上看,项目可能还是亏损的。

回收期法主要衡量回收投资本金的时间点,却忽略了现金流在时间上的分布情况。尽管一个项目可能在预定的回收期内实现了成本回收,但如果其资本成本较高,从长远来看,该项目仍有可能是不盈利的。因此,回收期法更适宜用于评估短期项目。

回收期法的优点是决策过程简单,易于评估,强调加快资金回笼。它常被用来筛选大量的小型项目。然而,在进行重大项目的投资决策时,回收期法往往不会被采用。

6.4 内部收益率法则

6.4.1 内部收益率的计算与运用

内部收益率(IRR)是使得项目净现值(NPV)等于零的贴现率。它是一个关键的财务指标,用于评估项目的盈利能力。项目的现金流折现到初始投资时,IRR 满足以下等式:

$$\sum_{t=1}^{N} \frac{C_t}{(1+IRR)^t} - C_0 = 0 \qquad (6-2)$$

其中,C_t 是第 t 期的现金流;C_0 是初始投资成本;N 是项目的总期数。

内部收益率不受资本市场利率的影响,而是基于项目的现金流计算得出,因此被称为"内部收益率"。它反映了项目的内生盈利能力。

内部收益率决策法则:如果项目的内部收益率高于企业的资本成本,那么项目是可接受的;如果内部收益率低于资本成本,项目则不可接受。在多个项目中进行选择时,应优先选择 IRR 最高的项目。所有未来的现金流都假设以 IRR 的利率进行再投资。

内部收益率法是一种基于项目现金流的评估方法,它提供了一个量化的指标来衡量项目的盈利潜力。然而,它也假设所有中间现金流都能以 IRR 的利率再投资,这在实际中可能不总是可行的。

内部收益率法在实际中广泛使用,也适用于风险投资领域。例如,风险投资机构投资企业时,往往会计算投资的内部收益率。假设风险投资机构在 5 年内先后投资了 3 轮,每轮投资金额分别为 C_0、C_1、C_2,然后在最后,企业有一个估值,风险投资机构退出投资,将股票全部卖掉，得到现金收益。可以计算得到风险投资机构投资该企业的内部收益率。这个内部收益率是年化的，反映的是资金按复利方式增长的情况。如果内部收益率高达20%甚至50%，那就表示投资收益非常高。

内部收益率法的基本前提是投资先行，然后产生回报。因此，在计算中，前期的现金流通常是负的（投资出去的资金），然后才会有正的现金流（收益）。并非只有在第一个期间现金流是负的，后面都是正的。可能前几期都是负的，然后在某一期开始产生正的现金流。例如，在风险投资中，可能会有多轮投资，每轮投资都是负的现金流，而在最后，当企业有了估值，投资者可以计算出内部收益率。

内部收益率法在处理具有标准现金流模式的项目时非常有效，即项目在初期需要资本投入，随后产生一系列现金流入。然而，如果项目的现金流模式非常特殊，例如先有回报再进行额外投资，然后再产生回报，这种情况下内部收益率法可能不适用。因为这样的现金流可能导致多个 IRR 值，使得评估过程复杂化。

根据内部收益率法，一个项目的 IRR 越高，其潜在的盈利能力越大。如果项目的 IRR 高于企业的资本成本，那么这个项目通常被认为是值得投资的。计算 IRR 时，假设项目产生的现金流可以按照 IRR 的速率再投资。这意味着，对于固定的投资金额，IRR 越高，预期的回报就越大。实际计算中，可以通过财务计算器、电子表格软件或专业财务软件来求解 IRR。如果现金流模式导致 IRR 方程难以直接求解，可以使用图形方法或数值方法来求解出近似 IRR（见图 6-1）。通过绘制 NPV 与贴现率的图示，选择两个已知 NPV 值（这两个 NPV 值分别大于 0 和小于 0）和对应的贴现率点，即对应净现值曲线上的 A 和 B 点，这两个点的连线与横坐标交点 C 的坐标可近似替代 IRR 值（F 点横坐标）。通过不断调整这两个 NPV 值（尽可能接近于 0），使得 A 和 B 逐步靠近 F 点，则 AB 线与横坐标交点 C 不断逼近 F 点。这种方法基于插值法原理，是一种近似测算 IRR 的技术。

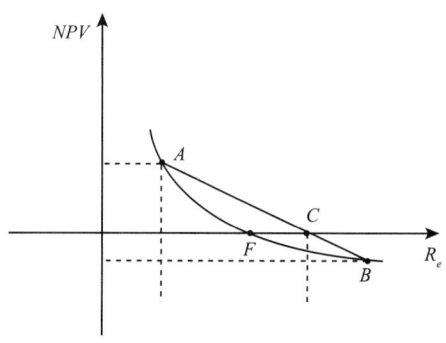

图 6-1 插值法

比如，在实际应用中，可以选择 10% 和 25% 作为两个贴现率点，计算相应的 NPV 值。如果在 10% 的贴现率下 NPV 为正（对应 A 点），在 25% 的贴现率下 NPV 为负（对应 B 点），那么在贴现率与 NPV 的坐标轴上，这两个点连线形成的直线 AB 将与横轴在点 C 处相交。这个交点 C 的贴现率值即为 IRR 的近似值，这种方法是内部收益率插值法计算的基本原理。

当然，如果想要得到更精确的结果，可以选择更接近内部收益率的两个贴现率，使得对应的两个 NPV 分别大于 0 和小于 0，然后重复上述过程，直到满足精度要求。

6.4.2　内部收益率法的缺陷

在投资决策中，内部收益率法和净现值法是两种常用的投资评估方法，它们在特定条件下通常能提供一致的投资建议。特别是当项目的现金流模式表现为先进行投资然后获得收益时，这两种方法往往会得出相同的结论。然而，在某些特定情况下，IRR 和 NPV 方法可能会产生冲突，导致不同的投资建议。

（1）延迟投资。这是指项目在初期先产生收益，之后才需要进行资本投入的情形。在这种情况下，IRR 和 NPV 可能会提供相互矛盾的结果。对于延迟投资，内部收益率法倾向于较低的 IRR，因为这表明未来投入的资本较少。这与常规的先投资后收益模式相反，在常规模式下，我们期望 IRR 尽可能高，以确保从投资中获得更高的回报。在评估具有延迟投资特征的项目时，IRR 方法可能会推荐接受较低 IRR 的项目，因为这意味着在未来的再投资阶段需要投入较少的资金。而 NPV 方法则可能会根据项目的具体情况提供不同的建议。尽管 IRR 和 NPV 是强大的投资评估工具，但在使用它们时，必须注意它们在特定情况下可能会提供不一致的建议。在实际决策中，可能需要结合项目的具体情况、风险评估和其他相关因素来作出最佳投资决策。

（2）内部收益率不存在。如果净现值曲线与横坐标没有交点，那么就无法计算出内部收益率。当一个项目没有投资，只有收益时，内部收益率可能不存在。在这种情况下，项目的净现值永远大于 0，因此无法找到一个折现率使得净现值等于 0。这就意味着无法计算出内部收益率。

（3）存在多个内部收益率。当现金流多次改变方向时，可能会出现多个内部收益率（净现值曲线与横坐标有多个交点），这使得投资决策变得复杂。例如，一个项目可能先有收入，然后有一段时间的投资（现金流出），随后又有一系列收入。此时，如果资本成本位于两个内部收益率之间，我们无法确定是否应该接受这个项目。在这种情况下，净现值法可能会提供更清晰的决策依据。如果项目的净现值为正，那么应该接受这个项目。然而，选择合适的折现率也是一个挑战，因为选取的折现率会影响净现值的计算结果。在实际操作中，可能需要结合其他因素（如风险、时间偏好等）来进行综合决策。

内部收益率法是一种强大的投资决策分析工具，用于评估和比较不同投资项目的收益潜力。然而，这种方法在处理复杂现金流时可能存在局限性。在这种情况下，可能需要结合其他评估方法，如净现值法，以获得更全面的投资决策视角。IRR 的优点在于其能够衡量投资项目的平均回报率，并对资本成本的变化表现出敏感性。这使得它成为评估常规投资项目的一个重要工具。在风险投资领域，投资者通常先投入资本，然后期待企业价值增长。在这种情况下，IRR 成为衡量投资回报率的关键指标。一个较高的 IRR 表明投资具有较高的盈利潜力，从而增加了投资的吸引力。在股票投资中，IRR 也可以发挥作用。如果投资者采用分批建仓并长期持有的策略，他们可以通过计算 IRR 来衡量整个投资期的平均回报率。

尽管 IRR 在处理具有复杂现金流的项目时可能会遇到问题，但在评估常规投资项目时，它仍然是一个不可或缺的工具。应当意识到 IRR 的局限性，并在必要时辅以其他评估工具，如净现值法、敏感性分析和风险调整折现率等，以确保做出明智的投资决策。综合考虑多个因素，如项目风险、市场环境、竞争态势以及宏观经济因素等，可以帮助投资者和决策者更全面地评估投资项目的可行性和潜在回报。在实际操作中，应根据具体情况灵活运用各种评估方法，以充分了解项目的优势和劣势，从而为投资决策提供有力支持。

6.5 经济增加值（EVA）法则

经济增加值法是一种与净现值法类似的投资评估方法。它考虑的是每一期的投资净值，也就是收入和成本之间的差值，这就是所谓的经济利润。

计算每一期的经济增加值，需要从每一期的现金流（回报）中减去每一期的费用或成本。例如，一个项目在某一期投资了一笔金额 I，然后在后续的第 t 期会产生现金流 C_t。每一期的经济增加值就是每一期的现金流减去该期的投资成本，这个成本是资本成本 R_e 乘以投资的金额 I，即该期的经济增加值为：

$$EVA_t = C_t - I \times R_e \tag{6-3}$$

经济增加值法的决策原则是接受所有未来经济价值增加值的现值为正的项目。当投入的资本不变时，这两种方法（净现值法和经济价值增加值法）其实是一致的。

举个例子，假设有一个公司在初始时刻投资了 2.5 亿元，然后每年都会有 0.35 亿元的收益。可以使用经济增加值法来评估这个项目。可以根据公式计算出每一期的经济增加值，然后对其进行贴现，求出总的现值。

经济增加值（EVA）是指公司每年创造的价值超过其资本成本的部分。在本例中，每年的 EVA 计算公式为：

$$EVA_t = C_t - 2.5 \times r \tag{6-4}$$

其中，C_t 代表每期的现金流，r 代表资本成本。

这些 EVA 的现值可以表示为：

$$PV_{EVA} = \sum_{t=1}^{\infty} \frac{EVA_t}{(1+r)^t} = \frac{0.35 - 2.5 \times r}{r} \tag{6-5}$$

其中，PV_{EVA} 表示 EVA 的现值。计算出的 EVA 现值与之前计算的项目净现值（NPV）相一致。这意味着 EVA 和 NPV 在评估项目时提供了相同的财务信号。

如果资本成本低于 14%，就应该投资该项目。这是因为在这种情况下，项目的 EVA 和 NPV 都将是正数，表明投资将为公司创造超过资本成本的价值。EVA 提供了一个衡量公司创造价值能力的指标，有助于公司评估其投资项目的财务可行性。

有时，随着时间的推移，投资资本会发生变化。在这种情况下，每一期的经济增加值就会变成上一期的资本乘以资本成本，然后减去这一期的折旧。因为在运营过程中，会消耗一部分资本，这部分就是折旧。所以在计算经济增加值时，有时还需要将折旧考虑进去，即该期的经济增加值为：

$$EVA_t = C_t - I_{t-1} \times R_e - 第 t 期的折旧 \tag{6-6}$$

其中，C_t 表示第 t 期的现金流，I_{t-1} 表示第 $t-1$ 期的资本额，R_e 为资本成本。

现在，来看一个例子。这个例子稍微复杂一些，因为它增加了折旧，并且折旧是均匀的。假设一个项目的总投资是某个固定的数额 T，每年可以节省一定的费用 C，而总投资额 T 会在 5 年内均匀折旧，5 年后必须被替换，即每年折旧额度为 $T/5$，资本成本每年为 R_e。可以使用净现值法和经济增加值法来进行决策。

如果使用净现值法，那么就直接根据每年的现金流来计算。如果使用经济增加值法，那么就需要计算每一期的经济增加值。因为资本会均匀折旧，所以每一期的资本额都是变动的，现金流则是固定的。可以计算每一期的资本额，然后将其从现金流中减去，得到每一期的经济增加值。然后，需要计算经济增加值的现值。最后，我们会发现，无论是使用净现值法还是经济增加值法，得到的结果都是一样的。虽然这两种方法的计算过程不同，但它们的结果是相同的，这就是所谓的异曲同工。

6.6 互斥项目投资法则

在许多情况下，可能面临几个项目，但只能选择其中的一个，这种选择被称为互斥投资机会。显然，应该选择净现值最高的项目。然而，内部收益率法有时可能会导致错误的决策。这种方法需要与净现值法配合使用。但是，内部收益率法可以为我们提供一个参考，即投资回报的敏感程度。

6.6.1 投资规模

有时，需要考虑投资的规模差异。例如，如果一个项目的规模扩大一倍，它的净现值会加倍，但是它的内部收益率不会变。可以根据内部收益率法的计算方法（即使净现值等于 0）来推导这一点。如果将现金流乘以 2 或 3，那么内部收益率不会改变，规模并不影响内部收益率。因此，内部收益率法不能用来比较两个不同规模的项目。如果这两个项目的差异仅在于规模，那么比较它们的内部收益率是没有意义的。

内部收益率只是一个平均回报率的度量，而净现值度量的是总的回报金额。这两者的度量方向是不一致的，所以需要对此有清醒的认识。互斥项目特有的问题就是投资规模问题，而内部收益率法忽略了这个问题。对于内部收益率分别是 100% 和 50% 的两个项目，不能简单地根据内部收益率来选择，还需要考虑投资规模。需要考虑的不仅是回报率，还有回报的总量。因此，一个重要的启示是，如果两个互斥项目的规模差距较大，不能简单地通过内部收益率来进行评估，这时候内部收益率可能并不具有太大的意义。

如果一个投资项目的规模显著且内部收益率也非常大，那么无疑是更好的选择。然而，问题出现在两者不一致的时候。内部收益率可能会受到现金流时点变化的影响，这种时点变化不影响净现值，但可能会改变项目内部收益率的排序。因此，在比较互斥投资项目时，不能仅根据内部收益率进行直接比较。当两个互斥项目的现金流出现不同的时间分布模式时，如果仅运用内部收益率，可能会遇到一些问题。在这种情况下，可能需要考虑其他更关键的因素。

6.6.2 增量或交叉内部收益率

在分析两个投资项目时，可能会发现它们具有不同的内部收益率，且净现值曲线存在交点。因此，比较两个项目的关键不在于它们各自的内部收益率，而是这两个项目的交叉点。这引出了增量或交叉内部收益率法则：对两个互斥项目的差额现金流（即一项投资相较于另一项投资的增量现金流）应用 IRR 法则。

增量或交叉内部收益率法则可解决前述方法无法解决的问题，计算出两个项目现金流曲线的交叉点。使用此方法时，最好让初始投资较小的项目减去初始投资较大的项目。若初始投资相等，须确保第一个非零现金流为负值，以保持先投资后收益的状态。

交叉内部收益率法则存在潜在缺陷。首先，两个项目的 IRR 都超过资本成本，并不意味着它们都具有正 NPV，这源于 IRR 方法本身的局限性。其次，交叉内部收益率可能不存在或存在多个。为避免此情况，需确保初始现金流为负，随后变为正，以保证仅有一个交叉内部收益率。使用交叉内部收益率法则时，往往是假设两个项目风险相同。实际上，不能随意比较两个项目，因为它们的潜在风险可能不同。

因此，NPV 法则是基本方法，但它只能提供直接回报结果。需要了解哪些方法总是正确的，同时了解哪些方法可能提供更多信息，但可能有瑕疵。

我们的学习目标是理解并掌握投资评估方法，包括 IRR 法则和 NPV 法则。尽管理论上简单，实际应用时须结合具体案例进行深入思考和理解，以真正掌握这些方法并在投资决策中做出正确评估。

思考与练习

围绕本章议题,试思考和练习下列问题。

6.1 解释 NPV 和 IRR,说明两种方法在评价资本预算项目时的决策规则,并分析两种方法在评价独立项目和互斥项目上的差异。

6.2 某个投资项目在 8 年内可以提供现金流入为每年 840 元。如果最初的投资成本是 3 000 元,那么该项目的(静态)回收期是多少?如果最初的投资成本是 5 000 元或 7 000 元,该项目的(静态)回收期是多少?

6.3 某投资项目计算期为 4 年,各年的净现金流量分别为 –500 万元、200 万元、200 万元、260 万元。试计算该项目的投资(静态)回收期和净现值,并评价该项目的可行性(财务贴现率为 12%)。

6.4 简要说明资本成本与内部报酬率的关系。

6.5 当项目的现金流多次改变方向时,讨论内部收益率法可能遇到的问题,并解释在这种情况下净现值法如何提供更清晰的决策依据。

第7章 证券市场线

7.1 概　　要

本章将深入探讨公司金融学课程中的核心主题——证券市场线。这一理论不仅在投资学课程中占据着举足轻重的地位，也是理解公司金融学相关问题的基础性内容。在第6章中，我们关注到，企业在进行项目决策、评估和选择时，始终关注不同项目带来的净现值（NPV）。选择合适的贴现率在此过程中至关重要，通常会根据具体情况预先设定一个特定的贴现率。

本章介绍的内容，最重要的作用是借助资产定价理论，提供了一种评估贴现率的方法。尽管在前面章节内容中，已经反复讨论了贴现率的问题，但并未深入探讨为何不同项目和投资的贴现率会有所不同。本章将尝试解答这个问题，并从公司金融学的角度出发，探讨贴现率的决定因素。然而，必须认识到，所有的答案都不可能完美无瑕，可能并不完全满足我们的需求，但它至少提供了一些有价值的视角和方法。

在投资学知识体系中，最重要的模型之一是资本资产定价模型（CAPM）。CAPM揭示了任何证券的期望回报与市场回报之间的关系，这种关系由资产的贝塔系数（β）来反映。贝塔系数的大小决定了每个资产的期望回报，表明它受市场波动的影响程度不同。这是CAPM提供给我们的基本答案，也是证券市场线的基本原理。

在进行投资决策时，需要关注：为什么要投资不同的项目？为什么每个项目的贴现率有所不同？实际上，这些贴现率反映了证券市场线所评估的期望回报率，它们是评估投资项目可行性的关键。

在投资决策的核心原则中，每个企业因风险状况不同而有其独特的期望回报。证券投资的基本理论明确指出，高风险往往伴随着高回报，这是因为风险与收益在市场中是相匹配的。这种匹配基于一个市场均衡机制：当风险与收益出现不对等时，套利行为会介入，推动价格调整，直至达到新的风险与收益的均衡状态。

这种逻辑帮助我们理解企业在面对不同投资项目时，为何会采用不同的贴现率。贴现率的差异反映了项目的风险水平和相应的期望回报。如果一个项目风险极高但期望回报率却极低，它就不会吸引投资者。相反，如果一个项目风险低而期望回报高，它将吸引投资，直至市场调节使得期望回报率下降，实现风险与回报的均衡。

从企业内部管理者的视角来看，企业在评估和选择投资项目时，所面临的贴现率应基于企业愿意承担的风险与期望获得的回报之间的权衡。这种权衡是决定企业贴现率（或资本成本）的关键。

本章尝试关注于企业的贴现率应该如何确定的问题。这需要深刻理解企业面临的风险和期望回报，并在这两者之间找到合适的均衡。正确地评估这种均衡，使企业能够更准确地衡量投资项目的价值，从而作出符合其长期战略目标的明智决策。

因此，在企业投资决策和贴现率设定过程中，实现风险与回报的均衡是重要的，企业应该根据自身的风险偏好和回报期望来确定贴现率。

7.2 投资组合问题

7.2.1 目标函数

在深入讨论投资组合问题之前，先从（风险厌恶型）效用函数的概念开始，它描述了投资者在特定的期望收益和风险水平下的效用值。效用函数是金融学中衡量投资者偏好和满意度的关键工具，它通过一个数学表达式来描述投资者对不同资产或资产组合的效用值。（风险厌恶型）效用函数通常考虑了投资者对期望收益的追求，还纳入了对风险的厌恶。这种形式的效用函数可以表示为：

$$U = E(R) - \frac{1}{2} A \times \sigma^2 \quad (7-1)$$

其中，$E(R)$ 代表投资的期望收益；A 是风险厌恶系数，它反映了投资者对风险敏感度的个人偏好；σ^2 表示收益的方差，是衡量投资收益波动性的一种方法。这个公式说明，投资者的总效用是期望收益与风险厌恶之间权衡的结果，其中较高的风险厌恶系数或较大的收益波动性都会减少投资者的效用值。

在风险（横坐标）和期望回报（纵坐标）的坐标系中，可以绘制出反映不同投资者偏好的效用曲线。对于某一位投资者在一系列不同风险—收益情形构成效用值等于 U_1 的无差异曲线，以及相对更小效用值等于 U_2 的无差异曲线，代表了该投资者在不同风险—收益组合下的效用值大小差异的分布图示（见图 7-1）。此外，不同投资者风险厌恶系数 A 的差异也会影响无差异曲线的形状，即如图 7-1 中所示无差异曲线的陡峭程度。

投资者通过效用最大化的目标函数制定投资决策。效用值由期望收益和风险共同决定，反映了投资者在面对不同期望收益与风险水平时的满意程度。

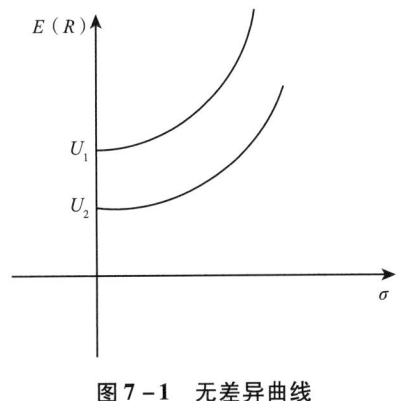

图7-1 无差异曲线

7.2.2 一项风险资产与一项无风险资产情形

在介绍简单的投资组合时,考虑了一项风险资产和一项无风险资产的组合。风险资产的期望收益用$E(R_p)$表示,其风险用σ_p表示;无风险资产的期望收益用R_f表示,其风险为零。假设投资者投资于风险资产的资金比例为y,投资于无风险资产的资金比例为$1-y$,则投资组合的期望收益可以表示为:

$$E(R_C) = y \times E(R_p) + (1-y) \times R_f \tag{7-2}$$

通过简单的代数变换,可以得到投资组合的期望收益简化公式:

$$E(R_C) = y \times (E(R_p) - R_f) + R_f \tag{7-3}$$

投资组合的风险,根据概率统计的基础知识,可以通过考虑各资产的权重和方差来计算。由于无风险资产的方差为零,并且其与风险资产不相关,其对投资组合风险的贡献也为零。因此,投资组合的标准差简化为:

$$\sigma_C = y \times \sigma_p \tag{7-4}$$

由此可见,投资组合的风险完全由风险资产的标准差和投资者在该资产上的投资比例决定。这为投资者提供了一个清晰的视角,以根据自己的风险偏好调整投资组合的构成。

进一步地,可以推导出投资于风险资产的比例y的表达式:

$$y = \frac{\sigma_C}{\sigma_p} \tag{7-5}$$

这个表达式揭示了一个重要关系:只要知道(风险资产和无风险资产)投资组合的标准差σ_C与风险资产的标准差σ_p,就能计算出应该投资于风险资产的比例y。

这些理论框架和模型为我们提供了投资过程中如何平衡风险与回报的深刻见解,并为构建投资组合提供了坚实的数学基础。投资组合的风险实质上取决于资产分配比例。如果将全部资金投入风险资产,投资组合的风险将等同于该风险资产的风险。相反,如果全部资金投入无风险资产,投资组合的风险将降至零。如果投资者选择将资产平均分配,即一半投资于风险资产,另一半投资于无风险资产,那么投资组合的风险将减半,这是一个直观的经济学概念。

将式(7-5)代入投资组合的期望收益公式(7-3),得到了一个简洁的表达式:

$$E(R_C) = R_f + \sigma_C \times \frac{E(R_p) - R_f}{\sigma_p} \quad (7-6)$$

在这个表达式中,投资组合的期望收益 $E(R_C)$ 与投资组合的风险 σ_C 成为我们关注的焦点。这两个变量随着投资比例的调整而变化,使我们能够根据个人的风险偏好和市场条件,优化投资组合的构成。

当以投资组合的标准差 σ_C 作为横坐标,期望收益 $E(R_C)$ 作为纵坐标时,它们之间呈现出一种线性关系。这条线称为资本配置线(capital allocation line,CAL),它涵盖了所有可能的投资组合(见图7-2)。

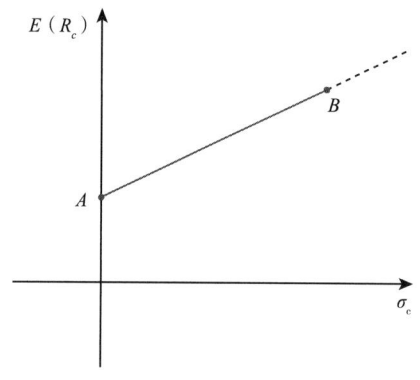

图7-2 资本配置线

如果将所有资金投入无风险资产,此时投资比例 y 为0,对应的坐标位置记为A点,表示投资组合的收益和风险都处于最低水平。当完全投资于风险资产,即 y 等于1时,投资组合的点位于B点。因此,当投资比例在0和1之间变化时,所有可能的投资组合都位于线段AB上。

当投资者的投资比例 y 超过1时,这表明他们正在使用借款来增加对风险资产的投资,即进行加杠杆操作。在图7-2上表现为,资本配置线沿着AB线过B点继续延伸。如果加杠杆的借款成本高于无风险资产的收益率,资本配置线过B点继续延伸时,其斜率会变得平缓。无风险资产(如国债)的收益率通常被视为借款的最低成本。但是,当投资者进行加杠杆投资时,他们的资金成本往往会高于这个最低成本。资本配置线的折弯实际上反映了加杠杆时的借款成本远高于无风险资产的回报率。这一点在讨论风险资产和无风险资产的投资组合时至关重要。

在投资决策中，资本配置线（CAL）是一个关键工具，它帮助投资者理解不同投资组合的风险和收益。投资者目标是最大化自己效用值，这通常意味着在可接受的风险水平下追求最高的期望收益。基于效用函数，投资者可以在资本市场线上识别出最适合自己的投资组合。

投资者在选择投资比例 y 时，会寻找使自己的效用值最大化的点。不同的 y 值会导致不同的投资组合风险和收益结果。投资者的效用函数通常与期望收益正相关，与风险负相关，体现了他们对高收益和低风险的偏好。然而，在资本配置线上，风险与收益是对应的，因此投资者需要在两者之间进行权衡。

为了求解最优投资比例 y^*，投资者将投资组合的期望收益和风险代入效用函数，得到一个一元二次方程，其中二次项系数为负，表明效用函数呈现倒"U"型曲线。通过求解这个方程，可以找到使效用值最大化的最优投资比例 y^*：

$$y^* = \frac{E(R_p) - R_f}{A\sigma_p^2} \tag{7-7}$$

在坐标轴上，投资者的效用值最大化点是其效用无差异曲线与资本配置线相切的点。这个切点对应的投资比例 y 是最优的，因为在这一点上，投资者的效用值达到最高且可实现。尽管可能存在效用值更高的效用曲线，但如果它们与资本配置线没有交点，则说明这些投资组合是不可行的。

总之，通过分析资本配置线和投资者效用值的无差异曲线，可以确定一项风险资产和一项无风险资产的最优投资组合。这种方法允许投资者根据自己的风险偏好和收益目标，做出明智的投资选择。投资者需要在期望收益和风险之间找到平衡，选择一个能够最大化其效用值的投资比例。

7.2.3 两项风险资产与一项无风险资产情形

先来看看两项风险资产的情况。这个过程与一项风险资产的情况非常相似，只是稍复杂一些。假设有两项风险资产，它们的期望收益分别为 $E(R_1)$ 和 $E(R_2)$，风险分别为 σ_1 和 σ_2，投资比例分别为 W_1 和 W_2。两者的相关系数为 ρ。根据这些信息，可以计算出这两项风险资产投资组合的期望收益 $E(R_p)$ 和风险 σ_p。投资组合的期望收益是两项风险资产期望收益的加权平均，而投资组合的风险则由两项风险资产的风险、投资比例以及两项风险资产之间的相关性（或协方差）共同决定。即：

$$E(R_p) = W_1 \times E(R_1) + W_2 \times E(R_2) \tag{7-8}$$

$$\sigma_p = \sqrt{W_1^2\sigma_1^2 + 2W_1W_2\rho\sigma_1\sigma_2 + W_2^2\sigma_2^2} \tag{7-9}$$

当相关系数 ρ 为 1 时，投资组合的风险是线性的，类似于一项风险资产和一项无风险资产的情况，即 $\sigma_p = W_1 \times \sigma_1 + W_2 \times \sigma_2$。当 ρ 为 -1 时，投资组合的风险也是线性的，但

需要考虑分段，即 $\sigma_p = |W_1 \times \sigma_1 - W_2 \times \sigma_2|$。在 ρ 介于 -1 和 1 之间时，投资组合的风险呈现出曲线形状。一般情形下，投资比例 W_1 和 W_2 的不同取值，形成了投资组合的可行集，如图 7-3 所示。

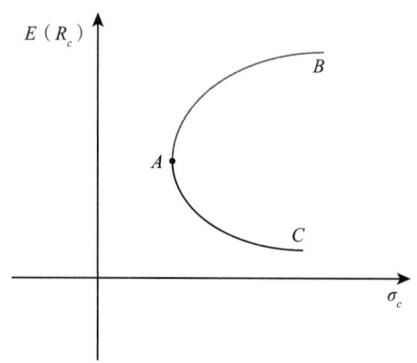

图 7-3　两项风险资产投资组合可行集示意

在投资组合可行集中，通常会发现存在着一个最小方差点（minimum variance point, MVP），这个点代表了可行集中最低风险水平的投资组合，见图 7-3 中 A 点。在这个点上，投资组合的风险是最小的。通过找到这个点，可以将投资组合的可行集分为两部分：AB 和 AC。AB 部分的投资组合通常更受投资者青睐，因为与 AC 相比，AB 为在相同的风险水平下都可以提供更高期望收益的投资组合情形。

通常称可行集中的子集 AB 为投资组合的有效集。具体来说，可以排除掉那些在相同风险水平下提供较低收益的组合。例如，在轨迹的 AC 段，这些组合可以直接被排除。从 A 点开始向上延伸的曲线（AB 段），称为投资组合的有效集（或有效边界），这部分组合在给定风险水平下提供了最高的期望收益，因此是有效投资组合，而下方的投资组合 AC 段则都是非有效的。

接下来，关注引入无风险资产的情形。在投资领域，尽管已经通过排除非有效组合来简化了选择过程，但核心问题依然存在，即：在有效边界上，应该如何确定最适合自己风险偏好的投资组合？为了解答这个问题，可以考虑引入无风险资产。

无风险资产的引入不仅允许我们在投资组合中加入一个收益固定的资产，而且可能帮助改进原有的有效边界，从而找到更有效的潜在投资组合。这一新的分析起点要求重新评估如何在特定的风险水平下选择最优的投资组合，这涉及对风险资产和无风险资产的组合进行细致的优化。虽然这个过程可能更为复杂，但它更贴近实际的投资环境，有助于我们作出更为明智的投资决策。

当引入无风险资产后，原先讨论的投资组合优化问题变得更加丰富。需要重新考虑投资组合的有效边界，因为无风险资产的加入会扩展原有的边界。具体来说，在引入无风险资产之后，投资组合的可行集将从原来的 BAC 曲线扩展到 BAC 曲线与 F 点构成的一片区域（见图 7-4）。由此，形成新的投资组合有效集为 FD，这是从 F 点出发与曲线 BAC 相切于 E 点的射线。

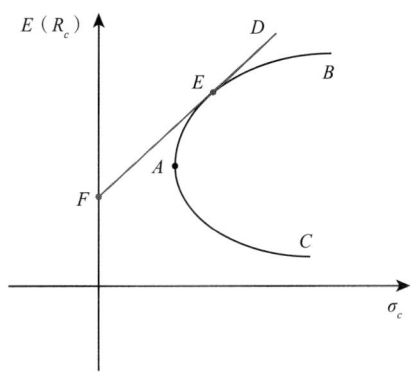

图 7-4　两项风险资产投资组合中引入无风险资产的示意

在这个新的有效边界 FD 上，代表了所有可能的有效投资组合，它们结合了投资于风险资产组合和无风险资产的新投资策略。在有效集 FD 上可以确定一个与曲线 BAC 相切的切点 E，它代表了在特定风险水平下的两项风险资产的最优投资组合。这个切点将有效边界从 AB 段切换至 FD 段的全新有效前沿。这意味着在相同的风险水平下，现在能够实现更高的期望收益。对于个人投资者而言，这种改进可能看起来并不显著，但对于专业的基金管理公司来说，哪怕是微小的 1% 的收益提升，也可能转化为显著的经济效益。

引入无风险资产的优势在于，它将原本复杂的非线性优化问题转化为更易于处理的线性问题。这使得确定最优投资组合变得更加简单。具体而言，可以通过从 F 点出发做连接曲线 BAC 的直线，每一条连接成的直线都是可行的投资方案。在无数条可行投资方案直线中，可以找到斜率最大的一条直线，它是与曲线 BAC 相切的唯一一条切线，来锁定两项风险资产最优投资组合。这条切线，即是两项风险资产与一项无风险资产投资组合的资本配置线。该切线的斜率可以通过两项风险资产最优组合 $(W_1^*, 1-W_1^*)$ 下的期望收益 $E(R_p^*)$ 与无风险资产收益 R_F 之差，除以两项风险资产最优组合下的风险 σ_p^* 来表达，表示为：

$$\frac{E(R_p^*) - R_F}{\sigma_p^*} \tag{7-10}$$

将式（7-8）和式（7-9）代入式（7-10），并由于此时其斜率是最大化的，由其一阶条件求解得到两项风险资产最优组合：

$$W_1^* = \frac{E(\bar{R}_1)\sigma_2^2 - E(\bar{R}_2)\rho\sigma_1\sigma_2}{E(\bar{R}_1)\sigma_2^2 + E(\bar{R}_2)\sigma_1^2 - [E(\bar{R}_1) + E(\bar{R}_2)]\rho\sigma_1\sigma_2} \tag{7-11}$$

其中，$E(\bar{R}_1) = E(R_1) - R_F$，$E(\bar{R}_2) = E(R_2) - R_F$。

而 $W_2^* = 1 - W_1^*$，这样就解决了两项风险资产最优投资比例问题。这两项风险资产可以作为风险资产组合整体予以考虑,其期望收益为 $E(R_p^*)$,风险为 σ_p^*。此时,两项风险资产与一项无风险资产的最优投资组合问题,简化为第 7.2.2 节的一项风险资产(组合)与一项无风险资产的全新投资组合问题,而这便是第 7.2.2 节的核心问题。由此,解决了三项资产的配置问题。这个过程主要基于两项风险资产的分析,以及它们与无风险资产的关系。

然而,当将风险资产的数量扩展到三项或更多时,投资组合的构建将变得更加复杂。在这种情况下,不再仅仅分析单一的曲线,而是需要考虑一个更广泛的区域,该区域内的每个点都代表一个潜在的投资组合。我们的目标是在这一片区域内寻找最优的投资组合。尽管问题变得更加复杂,但我们的分析方法仍然有效。我们的目标仍然是识别有效边界,即在特定风险水平下能够提供最大预期收益的投资组合集合。通过将无风险资产纳入模型,可以确定与风险资产有效边界相切的点,这将帮助我们找到风险资产最优投资组合。在涉及多项风险资产的情况下,每个最优投资组合可能包含三个或更多风险资产的投资比例。这增加了问题的复杂性,但通过细致的分析,可以应用相同的方法来识别最优的投资组合。

7.3 资本资产定价模型

7.3.1 资本市场线

资本资产定价模型(CAPM)是投资理论中的核心,它基于投资组合理论发展而来。我们讨论了如何通过多项风险资产组合,并与无风险资产形成新组合,构建多项资产投资组合的有效前沿。当无风险资产被引入时,最终的投资组合有效集将形成资本配置线(CAL),这是一条描述风险与收益关系的直线。

以沪深 A 股市场为例,考虑近 6 000 多只股票的潜在投资组合,虽然投资可行集构成一个极其复杂的区域,我们仍能在这个区域中识别出一个有效边界曲线,代表最优的投资组合。在有效边界上,可以找到一个具体的投资方案,即有效前沿中的一个点,它代表了具体的最优投资组合。这个最优组合,也就是资本配置线上的一个点,决定了所有风险资产的最优投资比例。这个点的位置取决于无风险资产的收益率,因此,这条线也称为资本市场线(CML),如图 7-5 所示。

在图 7-5 中,区域 BAC 包含了所有可能的投资情形,代表了沪深 A 股 6 000 多只股票所有潜在的风险资产投资组合,当然这片区域也包含了仅投资某单一股票的情形。这片区域就像一个"大手掌",包含了沪深 A 股股票所有可能的投资组合,没有任何投资组合能够超出其范围。

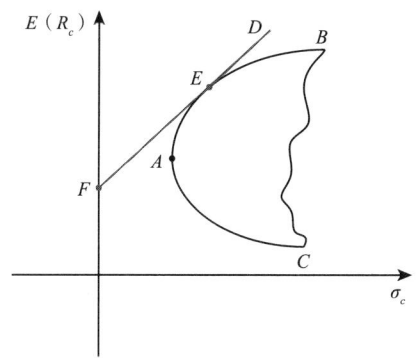

图 7-5 资本市场线的示意

在这个框架下，面临的挑战是如何确定最优投资组合，即如何确定每只股票的投资比例。对于处理大量资产的投资问题，从关注个别资产转向关注整个市场。这种转变类似于在复杂问题中找到了新的解决途径。在这个新的视角下，不再单独求解每只股票的最优投资比例，而是将最优投资组合理解为市场指数。

市场指数的理解将每只股票的投资比例视为它在市场指数中的权重。这样，最优投资组合的期望收益和风险就可以理解为市场指数的期望收益和风险。这种理解极大地简化了问题，不再需要计算每只股票的最优投资比例，而只需要关注市场指数。这种理解基于一个前提，即市场是有效的，任何一只股票的价格都能准确反映其价值。在这个假设下，市场指数就能反映出市场的整体情况。因此，可以用市场指数的期望收益和风险来描述风险资产的最优投资组合。

当引入无风险资产之后，便可构造得到无风险资产与沪深 A 股所有股票的投资组合的潜在投资集合。F 点坐标为 $(0, R_F)$，代表无风险资产的收益与风险坐标，E 点代表沪深 A 股整个市场指数的期望收益 $E(R_M)$ 和风险 σ_M。由此，可以使用资本市场线（CML）来描述投资组合的期望收益和风险。CML 的表达式是：

$$R_c = R_F + \sigma_c \times \frac{E(R_M) - R_F}{\sigma_M} \tag{7-12}$$

这个公式与资本配置线公式形式相同。

在新的投资组合模型——资本市场线中，我们观察到期望收益与风险之间保持了线性关系。这一模型的特点是，各资产的权重直接由其在市场总市值中的比例决定，而不再是通过计算得出。这个模型是投资组合理论的延伸，它是连接投资组合理论和资本资产定价模型（CAPM）的桥梁。这座桥梁不仅巩固了之前深入探讨的投资组合理论，也为解决 CAPM 问题指出了方向。

7.3.2 资本资产定价模型推导分析

在资本资产定价模型中，我们的关注点转向了决定单只股票期望收益的因素，这与投资组合理论关注有效集,即最优投资组合的焦点有所不同。例如,如果选取一只具体的股票 i,其期望收益率和风险分别为 $E(R_i)$ 和 σ_i,它的期望收益和风险所在坐标标记为这个区域内的点 I。与整个市场指数 M [期望收益 $E(R_M)$ 和风险 σ_M] 构造一个新的投资组合。这个投资组合包括投资具体股票 i 和整个市场指数 M,假设投资比例分别为 α、$1-\alpha$,可以用公式来表述这个投资组合的期望收益和风险:

$$E(R_c) = \alpha \times E(R_i) + (1-\alpha) \times E(R_M) \tag{7-13}$$

$$\sigma_c = \sqrt{\alpha^2 \sigma_i^2 + 2\alpha(1-\alpha)\rho\sigma_i\sigma_M + (1-\alpha)^2 \sigma_M^2} \tag{7-14}$$

如图 7-6 所示,随着投资比例(α)的变化,可以在图形上构造一条轨迹,这条轨迹 IEJ 代表了投资比例在不同取值时,投资组合的期望收益 $E(R_c)$ 和风险 σ_c 之间的变动轨迹关系。由于 BAC 整片区域就已经包含了沪深 A 股股票的所有投资组合可能,那么曲线 IEJ 不可能穿过 E 而超出 BAC 区域。这意味着曲线 IEJ 与直线 FD 相切于 E 点。

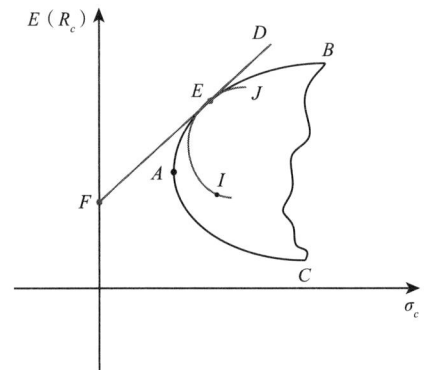

图 7-6 单一证券与市场指数投资组合示意

这个轨迹 IEJ 实际上描述了风险(X 轴)和期望收益(Y 轴)之间的关系。虽然在公式中,它们是通过 α 进行复杂的表达,但这并不影响它们之间的函数关系。在数学上,称式(7-13)和式(7-14)这种表达方式为隐函数形式。

曲线 IEJ 代表了投资比例 α 在取不同值时,股票 i 和市场指数 M 投资组合的所有可能情形。由于投资比例 α 的取值是连续的,这条曲线必然是连续的、平滑的。如果可以卖空其中一种资产,加杠杆投资另一种,这条曲线必然也会延伸穿过 E 点和 I 点。因此,在数学上投资曲线 IEJ 是处处可微可导的。

接下来可以探讨曲线 IEJ 的斜率,尤其是其在 E 点的斜率。该斜率可以通过隐函数推导得到:

$$\frac{dE(R_c)}{d\sigma_c} = \frac{dE(R_c)}{d\alpha} \bigg/ \frac{d\sigma_c}{d\alpha} \tag{7-15}$$

根据式(7-13)和式(7-14)可以分别推导得到 $\dfrac{dE(R_c)}{d\alpha}$ 和 $\dfrac{d\sigma_c}{d\alpha}$ 的表达式,且在 E 点意味

着 $\alpha = 0$，以及此时该斜率也等于资本市场线 FD 的斜率 $\dfrac{E(R_M) - R_F}{\sigma_M}$。可以推导得到下式：

$$E(R_i) = R_F + \beta_i \times [E(R_M) - R_F] \tag{7-16}$$

其中，$\beta_i = \sigma_{iM}/\sigma_M^2$，$\sigma_{iM}$ 表示股票 i 与市场指数 M 的协方差。

最终得到了资本资产定价模型（CAPM），这条线也称为证券市场线（security market line，SML）。任何一只股票的期望收益都是由无风险收益率 R_F，市场指数的期望收益 $E(R_M)$ 减去无风险收益率 R_F，以及 β_i 共同决定的。在这条线上，横坐标变成了 β_i，纵坐标变成了每一种证券自身的期望收益率 $E(R_i)$。

在深入探讨资本资产定价模型之后，现在让我们回顾并审视这一模型的关键假设。这些假设对于理解资产定价模型至关重要，尽管它们是理想化的，但它们简化了我们的分析框架，使我们能够在理论上更好地应用 CAPM。其基本假设包括：

（1）投资者同质性。所有投资者都以相同的方式评估投资组合，基于期望收益和方差。

（2）信息无差异性。所有投资者都能免费且及时地获取信息，因此市场是有效的。

（3）无风险借贷。投资者可以无风险地借入和借出资金，资金成本等于无风险利率。

（4）完全理性。所有投资者都是理性的，对证券的期望收益和风险有相同的预期。

（5）无交易成本和税收。在模型中忽略了交易成本和税收的影响。

（6）资产可分割性。所有资产都可以被无限分割，没有购买限制。

β 是 CAPM 中的一个关键参数，它度量了证券收益相对于市场整体收益的波动性。β 等于证券与市场指数的协方差除以市场指数的方差。当证券为市场指数组合时，β 值等于 1，这是一个重要的理论结果。在包含 N 个证券的市场中，每个证券的 β 乘以其在市场中的权重，总和即为市场的 β，理论上等于 1。这在数学上是一个直观的表达。

单个证券的风险由两部分组成：一部分是市场变动带来的系统性风险，由 β 值度量；另一部分是非系统性风险，它在 CAPM 模型中没有明确表示，但在实际中是存在的。如果市场是有效的，那么这两部分风险可以通过一些简化的假设（如正态分布）来描述。CAPM 与资本市场线（CML）的关系也是需要理解的。CML 描述了有效投资组合的收益与风险的关系，而 CAPM 则描述了单个证券或投资组合的收益与风险的关系，包括有效和非有效组合。CML 使用标准差作为风险指标，而 CAPM 使用 β。理解 CAPM 和 CML 的不同风险指标和经济学含义对于投资者来说至关重要。CML 提供了有效投资组合的风险—收益关系，而 CAPM 则更广泛地应用于评估单个证券和投资组合。

7.4 资本成本

本章讨论的主题是证券的期望收益与风险之间的关系，这种关系通过市场指数来建立。每一种证券由于其自身的 β 系数不同，反映出不同的风险等级。β 系数越大，表明证券的风险越高，相应地，其期望收益也应提高。这是风险与收益的对等关系，由证券市场线（SML）表达。

证券市场线告诉我们，承担的风险与获得的回报是相对应的。这是一个基本原则，也是金融市场的一项基本规则。它强调了投资者在面对不同风险水平的投资时，期望获得相应的收益补偿。

在公司开展新的投资项目时，其期望的投资回报率至少应不低于金融市场上同等风险的投资回报率。如果达不到这一标准，公司可能会选择将资金投资于股票市场。因此，寻找比同等风险金融资产更高回报率的投资是理想选择，这样的投资将产生正的净现值。企业在选择项目投资时，会尽量寻找这样的投资机会。

从这个角度来看，可以理解我们经常使用的一个概念——贴现率。贴现率可以采用金融市场上具有相同系统风险的投资的期望回报率来度量。新投资项目的贴现率是为了吸引投资者所需的最低期望收益率，这也是资本成本。贴现率和资本成本实际上是一致的，都描述了同一个现象：如果一个项目的期望报酬率高于金融市场上同等风险的投资所提供的报酬率，那么这个投资就具有吸引力。

期望报酬率也可以理解为内部收益率（IRR），它代表了投资者对项目的盈利预期。本章介绍了资本资产定价模型（CAPM）的推导过程，以及这个模型的一些潜在假设，这对于理解资产定价领域的一些问题非常重要。

资本资产定价模型基于几个关键假设，包括投资者的同质性、信息的无差异性、无风险借贷的可能性、完全理性以及无交易成本和税收等。这些假设虽然简化了现实世界的复杂性，但它们为我们提供了一个强有力的工具，帮助评估和比较不同的投资机会。

通过理解证券市场线和资本资产定价模型，投资者可以更好地评估投资项目的风险和收益，从而作出更明智的投资决策。这些理论不仅适用于专业投资公司，也适用于任何寻求在风险可控的前提下最大化收益的投资者。

思考与练习

围绕本章议题，试思考和练习下列问题。

7.1　基金 A 每份价值 1 元，现以 1.05 元的价格对外出售，据其所披露的投资计划，下一年度基金总额的 20% 投资于收益率为 5% 的无风险资产，30% 投资于 β 为 1.1 的风险资产组合，若市场中 β 为 1 的风险资产组合的期望收益率为 100%。请问：你是否愿意购买该基金？为什么？

7.2　若短期国债（被认为是无风险的）的收益率为 3%，某 β 系数为 1.2 的资产组合要求的期望收益率为 9%。请回答：

（1）市场组合的期望收益率是多少？

（2）β 系数为零的股票组合的期望收益率是多少？

（3）如果某股票的 β 系数为 0.9，当前价格为 15 元，预计该股票下一年度将派发红利 1 元，投资者预期一年后能够以 17 元卖出该股票。请问投资者当前是否应该购买该股票？为什么？

7.3　假定某投资组合是有效的投资组合，该投资组合的标准差是 18%，市场的预期收益率是 16%，市场的标准差是 24%，投资组合的预期收益率是 15%，根据资本市场线，求无风险收益率为多少。

7.4　某资产组合包括两种证券。一种证券的期望收益率为 25%，标准差为 30%，β 系数为 2.2。另一种为无风险证券，其期望收益率为 15%。已知该资产组合中无风险证券的投资权重为 40%。请计算该投资组合的期望收益率、标准差和 β 系数。

7.5　如何使用资本配置线（CAL）和有效边界来优化投资组合，并解释引入无风险资产对投资组合优化的影响。

7.6　投资项目采用公司的 β 系数会产生哪两种后果？

第 8 章 筹集资本：创业融资与风险投资

8.1 概 要

本章将聚焦于创业企业如何向风险投资机构筹集资本的主题。在公司金融学领域，虽然普通企业的融资问题，即它们如何从传统金融机构获得资金，受到了广泛关注，但创业企业向风险投资机构融资的问题却相对较少受到关注。

尽管两者都涉及企业在成长过程中的资金需求，但它们在实践上存在显著差异。风险投资特别关注那些对资金需求迫切的创业企业，这些企业以创新和科技为核心竞争力，通常在早期阶段缺乏实体资产，且尚未实现稳定的现金流。因此，它们需要大量资金来推动其发展和创新。

在早期发展阶段，创业企业常常面临传统融资渠道的限制，因为它们可能缺乏必要的资质或可抵押的资产。以阿里巴巴为例，在成立初期，它尝试通过银行贷款来解决融资问题，但并未成功。面对这一挑战，阿里巴巴转向风险投资，寻求海外投资者的支持，这一战略转变最终帮助它克服了资金障碍。

风险投资融资和传统企业融资虽然都属于企业融资的范畴，但它们在实际操作中有着本质的不同。风险投资倾向于支持那些具有高成长潜力但相应也伴随高风险的创业企业，而传统企业融资则更多依赖于企业的现有资产和稳定的现金流，并以此作为抵押，向传统金融机构进行融资。理解这些差异至关重要。

在传统企业融资模式中，企业通常通过银行贷款来筹集资金。银行在提供贷款后，一般不会深入参与企业的日常运营和发展战略，其主要关注点在于贷款的安全性和资金的回收。这种关系中，银行的角色更多是资金的提供者，而非企业发展的参与者或指导者。这种模式可能导致所谓的单边道德风险问题。企业在获得贷款后可能面临两种不同的动机：一是利用资金积极推进项目；二是可能将资金挪用于其他目的。这种机会主义行为可能会损害投资者的利益，特别是在缺乏有效监管的情况下。

相对而言，在风险投资融资中，合作关系模式则表现出显著的不同。风险投资机构在向创业企业提供资金时，往往更加关注企业的成长和发展，并可能在一定程度上参与企业的管理和决策过程。这种参与有助于风险投资者更好地了解企业运营，同时对企业的战略方向施加影响。通过这种更紧密的合作关系，风险投资融资有助于降低道德风险，确保资金被用于预定的目的，从而促进企业与投资者之间的利益一致性。投资者和企业能够共享成功带来的收益，同时也共同面对挑战和风险。

传统企业融资和风险投资融资在合作关系模式上的差异，是公司金融领域探讨的一个基本问题。理解这些差异对于评估不同融资方式的优劣、制定合适的融资策略以及优化企业与投资者之间的关系至关重要。

8.2 风险投资概述

8.2.1 风险投资的定义

风险投资（venture capital，VC）是一个多层次的概念，可以从广义和狭义两个角度来理解。广义上，风险投资指的是将资金投入具有较高风险的投资领域，以期获得相应的高收益，这种投资策略可能涵盖多种不同的资产类别和市场。狭义上，风险投资特指创业投资，它专注于向早期、创业型企业提供资金支持，这些企业通常处于成长初期，拥有巨大的增长潜力和创新能力。

从动态的角度来看，创业投资涉及投资者向新兴、快速发展且具有显著竞争优势的企业注入股权资本。投资者不仅提供资金，还提供专业化的增值服务，直接参与企业的创业过程。这类企业往往是高科技领域的先锋，但也可能包括在服务创新等其他领域中具有创新性的企业。

在风险投资领域，有三个关键特征值得注意：首先，投资对象是那些新兴、发展迅速且具有巨大竞争潜力的创业型企业，它们与传统企业有着显著的不同；其次，投资方式主要是通过股权投资，而非传统的债权投资，这使得投资者与企业之间形成了更紧密的联系；最后，风险投资者不仅提供资金，还积极参与企业的创业过程，通过提供战略指导、管理咨询和市场资源等多方面的增值服务支持，帮助企业成长。

这些特征共同构成了风险投资的独特融资模式，与传统企业融资有着本质的区别。风险投资作为一种独特的融资方式，不仅为创业型企业提供了必要的资金支持，还通过投资者的积极参与促进了企业的成长和创新。这种融资模式在推动经济发展和技术创新方面发挥着重要作用。

尽管风险投资的定义在全球范围内存在一些差异，但其核心概念在各国基本保持一致。风险投资是一种特殊的投资方式，它通过向具有高增长潜力的企业注入资金，以期获得未来的高回报。

美国风险投资协会对风险投资的定义为：风险投资是指由职业资本家投入到新兴的、迅速发展的、有巨大竞争力的企业中的一种权益资本。

欧洲风险投资协会对风险投资的定义为：风险投资是一种由专门的投资公司向具有巨大发展潜力的成长型、扩张型或者重组型的未上市企业提供资金支持并辅之以管理参与的投资行为。

经济合作与发展组织（以下简称经合组织）对风险投资的定义为：风险投资是以高科技与知识为基础，从事生产与经营技术密集的创新产品或服务的一种投资行为。

风险投资在全球范围内的定义虽有所差异，但其核心概念在不同地区基本一致。无论是美国风险投资协会、欧洲风险投资协会还是经合组织，它们对风险投资的理解都包含了几个关键要素。

首先，风险投资的对象是那些新兴、发展中且具有巨大竞争力的企业，这些企业通常是未上市的。它们往往处于成长的早期阶段，展现出了巨大的市场潜力和创新能力。其次，风险投资的方式是通过提供权益资本，即股权投资，来为这些企业提供资金支持。这种方式不仅为企业提供资金，同时也使投资者能够分享企业未来增长的收益。最后，风险投资的特点之一是投资者不仅提供资金，还会积极参与企业的管理和发展过程。通过提供战略指导、管理咨询和市场资源，风险投资者帮助企业实现其增长潜力，同时控制投资风险。

这些共同点构成了风险投资的基本框架，并在全球范围内得到了广泛的认可和应用。风险投资作为一种全球性的投资现象，其核心理念是支持创新，促进增长，并在这一过程中实现资本增值。通过识别和投资那些具有高增长潜力的企业，风险投资者不仅为这些企业提供了必要的资金支持，还通过参与管理帮助它们实现成功。

8.2.2 私募股权投资

1. 私募股权投资与风险投资的区别

私募股权投资（private equity，PE）与风险投资（VC）在某些方面相似，但也有重要的区别。两者都主要投资未上市的企业，且投资方式都是股权投资。然而，私募股权投资可能不像风险投资那样积极参与企业的管理活动，而更多地关注资本投入和帮助企业上市。私募股权投资通常投资的是已经接近上市的企业。

在中国，风险投资和私募股权投资的界限确实并不明确，两者在许多方面都有重叠。然而，它们在定义、投资阶段、投资策略和退出机制等方面都有所区别。

风险投资主要投资于初创或早期阶段的企业，这些企业往往具有高风险和高回报的特点。风险投资的主要目标是通过帮助这些企业发展，实现其商业潜力，并通过企业的上市或出售获得高额的回报。私募股权投资则更一般化，它涵盖了对非上市公司的所有股权投资，包括风险投资。私募股权投资通常更关注成熟或晚期阶段的企业，通过优化企业的运营和管理，提高企业的价值，然后通过企业的上市或出售获得回报。

虽然风险投资和私募股权投资在实践中有很多重叠，但是它们在理论上还是有所区别的。因此,经常看到"VC/PE"这样的词汇,将风险投资和私募股权投资放在一起讨论。

中国的风险投资市场自1985~2000年开始萌芽与发展,到2010年左右实现了飞跃性增长。目前,中国已经成为全球第二大风险投资市场,仅次于美国,发展势头迅猛。

值得注意的是,中国的风险投资市场与国外市场有所不同。除了民营背景的风险投资机构外,中国还拥有众多政府背景的风险投资机构,例如深创投等。这些机构在推动中国的创新和科技发展中扮演着重要角色,使得中国的风险投资市场呈现出民营和政府背景并存的特点。

中国的风险投资市场主要包括三种类型的投资机构:民营背景、政府背景和外资背景。民营背景的风险投资机构市场化程度较高,更接近于传统的风险投资模式。外资背景的风险投资机构同样市场化程度高,但其运作模式和对企业的理解可能与本土机构有所不同。政府背景的风险投资机构则更为特殊,它们不仅关注市场目标,还可能需要完成一些政府任务,如服务于地方产业结构规划或从国家层面进行投资。

这种多元化的市场环境使得中国的风险投资市场更为丰富、多元和复杂。在这种更为丰富的市场环境中,市场规律仍然发挥基础性作用,只是可能以更复杂的方式表现出来。在这个背景下,对中国风险投资市场的深入、全面理解变得尤为重要,这对于投资者、企业家、政策制定者和研究人员都具有重要的意义。在研究过程中,确实需要考虑到中国特有的市场环境、政府背景的投资机构的影响,以及关系型社会的特点。这些因素可能会在一定程度上影响市场的运作方式和规律。

2. 私募股权投资基金特点

私募股权投资基金具有八大特点。

第一,资金募集上,主要通过非公开方式面向少数机构投资者或个人募集,它的销售和赎回都是基金管理人通过私下与投资者协商进行的。另外,在投资方式上也是以私募形式进行,绝少涉及公开市场的操作,一般无须披露交易细节。

第二,投资方式上,多采取权益型投资方式,绝少涉及债权投资。PE投资机构也因此对被投资企业的决策管理享有一定的表决权。反映在投资工具上,多采用普通股或者可转让优先股,以及可转债的工具形式。

第三,投资对象上,一般投资于那些尚未在公开市场上市的企业,这些企业发展相对成熟,已形成一定规模和产生稳定现金流。这与风险投资会投资尚处于早期阶段企业有显著区别。

第四,投资期限通常较长,一般为3~5年甚至更长。然而,实际投资时间也取决于项目的具体情况。有时,私募股权投资基金的预期投资时间可能远低于3~5年,可能只有一两年。主要目标是帮助企业上市。

第五,流动性较差,没有现成的市场供非上市公司的股权出让方与购买方直接达成交易。

第六，资金来源广泛，如富有的个人、风险基金、杠杆并购基金、战略投资者、养老基金、保险公司等。

第七，投资管理效率方面，PE投资机构多采取有限合伙制，这种企业组织形式有很好的投资管理效率，并避免了双重征税的弊端。

第八，退出方式上，投资退出渠道多样化，包括IPO（最理想）、兼并收购、管理层回购、破产清算等。IPO和兼并收购被认为是较为成功的退出方式。

兼并收购是公司金融领域中的一项关键活动，它涉及一家企业对另一家企业的吞并过程。这一过程不仅能够实现企业价值的更好体现，还能提升企业的运营效率。从公司金融的角度来看，兼并收购的主要作用在于通过整合资源和优化管理，使得原本可能经营不善的企业得以重生。

例如，当一家企业面临经营困境时，通过被另一家管理更为优秀的企业收购，可以实现价值的重塑和效率的提升。这种整合对两家企业都是有益的。对于被收购企业的股东来说，兼并收购可能提供了一个比破产清算更为有利的解决方案，为他们的投资提供了一个较好的归宿。

兼并收购领域的研究非常丰富，涉及战略管理、财务分析、法律合规等多个方面。研究者和实践者不断探索如何通过兼并收购实现企业价值的最大化，以及如何评估和管理与兼并收购相关的风险。通常，被收购企业在收购前可能已出现问题，如果不被收购，可能面临破产清算的风险。因此，兼并收购不仅是一种财务行为，更是一种战略选择，它对企业的长期发展和市场竞争力具有深远的影响。

总之，兼并收购作为一种公司金融活动，对参与企业有着重要的战略意义。它不仅能够提升企业价值和效率，还能够为股东创造价值，同时也对整个经济的资源配置和产业结构调整起到了关键作用。

8.2.3 风险投资特点、职能与基本流程

风险投资的特点在于投资早期创业企业，它是一种股权投资，对被投资企业发挥增值服务，最终享受高成长带来的增值。私募股权投资基金在广义上包含了在IPO之前的所有投资阶段，包括种子期、初创期、扩张期、成熟期等。在狭义上，它指的是对发展成熟的企业进行股权投资。在实务中，风险投资和私募股权投资的业务可能有重叠，因此经常将两者合并起来，统称为VC/PE。

1. 风险投资的特点

风险投资的特点如下所述。

第一，高风险与高回报预期。风险投资机构通常关注具有高风险的项目，而其他机构可能不愿意投资这些项目。高风险通常伴随着高回报，项目成功后可能带来极高的回报率。

第二，分阶段投资。风险投资机构采取分阶段投资策略，以控制风险。它们可能在项目早期投入部分资金，根据项目发展情况，逐步增加投资。

第三，辛迪加联合投资。风险投资机构可能与其他投资者共同投资项目，共担风险，共享回报。

第四，长期投资与期限撤退。风险投资机构的投资周期较长，但最终会退出投资，与产业资本投资策略不同。关于产业资本，它们的目标通常是获得控制权。

第五，专业化投资。风险投资的专业化体现在投资特定行业或领域，比如游戏或生物医药。这种专业化投资可以帮助风险投资机构积累经验，深入理解特定领域，从而更好地为被投资企业提供增值服务。

第六，投资工具多样化。风险投资机构在投资时使用多种工具，包括股权、优先股、可转债、甚至股权和债权的联合形式，以及对赌协议等。这种多样化的投资工具可以帮助风险投资机构更好地平衡风险和收益。

第七，同股不同权。风险投资机构所持股份投票权可能远低于创始人和其他团队成员。这种同股不同权的做法有助于保护创始团队的控制权，同时让风险投资机构参与公司的决策。同股不同权是一种常见的股权设计方式，特别是在风险投资和创业公司的关系中。这种设计通常涉及两种不同的股份类别：一种是具有高投票权的股份，通常由创始人和其他团队成员持有；另一种是不具有投票权或投票权较低的股份，通常由风险投资机构持有。这种做法的目的是保护创始团队的控制权，让他们能够在公司的战略决策中保持主导地位。同时，风险投资机构虽然投票权可能较低，但仍然可以通过合约条款参与公司的重大决策，如融资、并购、IPO等。

2. 风险投资的职能

风险投资机构在推动创业生态系统的发展中扮演着至关重要的角色。它们专注于向具有高增长潜力的创业型企业提供资金支持，这些企业虽然拥有广阔的发展前景，但往往因资金不足而受限。由于传统金融机构对创业型企业的高风险持谨慎态度，风险投资机构通过其专业职能填补了市场空缺，为这些企业提供了成长的土壤。风险投资机构所提供的不仅是资金，还包括战略指导、管理经验、行业资源等增值服务，这些服务全方位助力企业成长。通过企业的上市、并购或股权转让等方式实现退出，风险投资机构旨在获得超额回报，这是其投资策略的重要组成部分。

然而，风险投资机构与创业企业之间存在双边道德风险，这源于信息不对称和双方可能的不同利益驱动。与传统金融机构以债权融资为主的模式不同，风险投资机构主要通过股权投资模式进行投资，体现了风险共担、利益共享的投资理念。

风险投资机构的背景多样性对其投资策略有着显著的影响。独立风险投资机构（IVC）和公司型风险投资机构（CVC）在投资策略上存在明显差异。IVC通常是民营的，它们在投资时更倾向于追求高风险、高回报的机会，并且投资决策相对独立，不受特定行业或业务领域限制。这些机构往往更加灵活，能够快速适应市场变化，专注于初创企业的成长潜力和创新能力。

相比之下，CVC作为大型企业的一部分，其投资策略往往与其母公司的主营业务紧密相关。例如，中国的科技巨头腾讯、阿里巴巴和百度都拥有自己的风险投资子公司，它们的投资重点通常围绕社交、互联网、游戏等与母公司业务相辅相成的领域。这种策略有助于母公司探索新的增长机会，实现业务的多元化和创新。

此外，政府背景的风险投资机构（GVC）可能还会关注特定的社会目标和政策导向。GVC在投资时不仅考虑财务回报，还可能承担推动国家战略、促进地区经济发展或支持某项关键技术发展的责任。地方政府背景的风险投资机构可能还发挥着地方招商引资的职能。这些机构的投资决策可能会受到政府政策的影响，以实现更广泛的经济和社会目标。

总之，风险投资机构通过其多样化的背景和专业的投资策略，在创业生态系统中发挥着多方面的作用。它们不仅为创业企业提供资金支持，还通过增值服务促进企业成长，同时实现自身的财务回报和社会贡献。

3. 风险投资的基本流程

风险投资是一个复杂且动态的循环过程，涉及募资、投资、管理和退出四个核心阶段。每个阶段都对风险投资机构的专业能力和战略决策提出了高要求，同时也对整个价值链的深入挖掘和实现至关重要。

（1）募资阶段。风险投资机构需要通过展示其信誉和过往业绩来吸引富有的个人、机构投资者以及政府基金。这一阶段的成功不仅依赖于机构的品牌和声誉，还取决于其能否有效地传达投资策略和预期回报，以激发投资者的信心和兴趣。

（2）投资阶段。风险投资机构运用其市场洞察力和专业知识，筛选并投资具有高成长潜力的创业公司。这要求机构不仅能够识别企业的创新点和市场机会，还需要深入评估其团队实力、商业模式的可行性以及市场竞争环境。

（3）管理阶段。风险投资机构转变为积极的合作伙伴和顾问，为被投资公司提供战略指导、管理经验和行业资源。这一阶段的关键在于建立有效的沟通渠道，深入理解企业需求，并提供定制化的支持，以帮助企业在竞争激烈的市场中稳健成长。

（4）退出阶段。风险投资机构会根据市场情况和企业发展阶段，选择最佳的退出策略，如通过公开上市、并购或股权转让等方式实现资本增值和回报。这一阶段的决策需要精准的市场时机把握和对企业价值的深刻理解。

整个过程是一个不断循环的动态系统，风险投资机构在其中不断寻找新的投资机会，同时对现有投资进行有效管理，并在合适的时机实现退出以获取回报。风险投资的成功依赖于一系列条件的协同作用：创新精神的创业者、具有洞察力的投资者、充足的资金支持，以及一个有利于创新和企业发展的创业和法律环境。正如共享单车企业OFO的案例所展示的，风险投资在企业成长的种子期发挥着至关重要的作用，尽管其结果并非总是如预期般完美，但它凸显了风险投资在推动创新和经济增长中的关键角色。

8.3 私募股权基金募集与组织形式

风险投资基金的组织架构和资金来源是其成功运作的基础。在这部分内容中，将深入探讨风险投资基金的资金来源、组织形式以及多样化的投资模式。

资金来源是风险投资基金的生命力所在，其多样性为基金提供了丰富的资金池。这些资金可能来自公司养老金、政府养老金、捐赠基金、基金会、控股集团，甚至是富有的个人或家族。这些不同的资金来源不仅为风险投资基金提供了必要的资金支持，还为基金的多元化投资策略提供了灵活性。

组织形式是风险投资基金运作的另一个关键要素。主要的组织形式包括公司制、有限合伙制和信托制，每种形式都有其独特的优势和局限性。

（1）公司制。这种形式结构规范，便于管理，尤其是在投资国内科技创新企业时，部分投资还可以享受税收优惠。然而，其资本运作较为复杂，且可能面临双重税负的问题。

（2）有限合伙制。在这种模式下，合伙人被分为普通合伙人（GP）和有限合伙人（LP）。GP负责基金的日常运营并承担无限责任，而LP则提供资金并仅承担有限责任。这种形式的优势在于其税收优惠和灵活的激励机制，但也需要精心设计以确保各方利益的平衡。

（3）信托制。这种形式较为特殊，通常用于特定的投资安排，其灵活性和定制性使其在某些特定情境下具有独特的吸引力。

投资模式的多样性也是风险投资基金成功的关键。通过灵活的资金来源和多样的组织形式，风险投资基金能够实现其投资目标，支持创新型企业的发展。这种模式不仅有助于推动科技创新和经济增长，还为投资者提供了丰富的投资机会和潜在的高回报。

综上所述，风险投资基金通过其多样化的资金来源和灵活的组织形式，不仅能够满足不同投资者的需求，还能够为创新型企业提供必要的支持，推动整个经济的创新和发展。

8.3.1 公司制

私募股权基金在组织形式上有多种选择，而公司制是其中一种被广泛采纳的模式。这种模式涉及投资管理公司设立或参与设立以投资为主营业务的有限责任公司或股份有限公司。公司制因其结构清晰、易于理解而受到青睐，这得益于《公司法》的早期立法，使其成为最容易被接受的组织形式之一。特别是，公司制基金在投资高新技术企业时，可以享受高达70%的投资额抵税优惠，为投资者提供了实质性的税收减免。

尽管如此，公司制也带来了一些挑战。例如，基金退出投资项目时，本金的返还需要遵循减资程序，这增加了操作的复杂性。此外，公司制基金的投资者在企业缴纳企业所得税之后，可能还需要缴纳个人所得税，从而面临双重税负的问题。

根据《公司法》，私募股权基金可以合法地采取有限责任公司或股份有限公司的形式进行组织。尽管存在一些挑战，但公司制由于其规范性和法律支持，依然是私募股权基金组织形式中的一个常见选择。这种形式为基金提供了一个稳定而可靠的法律框架，有助于投资者和管理者在明确的权利和义务下进行合作。

公司制私募股权基金的法律结构通常包括多个层级，涉及投资人、管理公司和目标公司。在这种结构中，投资人 A、投资人 B 和投资人 C 作为基金的股东，持有管理公司的股份。管理公司则负责基金的日常运营，并持有公司型基金的股份，进而控制目标公司 I、目标公司 II 和目标公司 III 的股权。

基金管理人是基金运营的核心，他们与基金投资人（包括合伙人 1、合伙人 2、合伙人 3 等）共同参与基金的收益分配。基金管理人的薪酬结构通常由固定的年薪和基于投资回报的收益分成组成，基金投资人则按照收益分成获得投资回报。具体来说，基金管理人除了固定年薪，还根据其投资比例 $X\%$ 获得收益分成，按照 $[X/(X+Y)]\%$ 的比例分配；而基金投资人则根据其投资比例 $Y\%$，按照 $[Y/(X+Y)]\%$ 的比例获得收益分成。

以 I 期基金为例，XX 创业投资有限公司作为基金管理人，按照年薪加奖金的模式进行管理，其中奖金分配比例遵循上述规则。同样，II 期基金由 YY 创业投资有限公司管理，也遵循相同的管理模式和收益分配机制。

这种公司制私募股权基金的组织和管理模式，为基金管理人和投资人提供了明确的权利和义务框架，确保了基金运作的透明度和效率，同时也为风险投资提供了一种有效的激励和回报机制。

8.3.2 合伙制

私募股权基金采用的合伙制是一种具有特定责任分配的组织形式。在此结构中，投资管理公司作为基金管理人，担任普通合伙人（GP），对基金债务承担无限责任。这要求投资管理公司具备高度的专业能力和风险承担意愿。与此同时，其他投资者则作为有限合伙人（LP），他们的责任仅限于其投资额，即承担有限责任，这种安排降低了投资者的直接风险。

合伙制的优势在于其税收优惠，基金本身不需要缴纳企业所得税，从而为投资者提供了税收上的优势。此外，对普通合伙人的奖惩激励机制较为灵活，可以根据基金的表现进行调整，这有助于激发管理人的积极性，提高基金的管理效率和投资回报。

然而，合伙制也带来了一些挑战。企业注册时可能会遇到审查障碍，影响基金的成立和运作。合伙人的诚信问题也是一个潜在风险，尤其是当普通合伙人可能侵害投资者利益时，解决这类问题可能会非常困难。此外，由于税收法规的配套不完善，合伙制基金在实施过程中可能面临较大的难度。

《中华人民共和国合伙企业法》为合伙制私募股权基金提供了法律框架和规范，确保了基金运作的合法性和合规性。尽管存在挑战，合伙制因其独特的优势和灵活性，在私募股权基金领域中占有重要地位，为投资者和管理者提供了一种有效的合作模式。

合伙制私募股权基金的法律结构由实际控制人、投资人、普通合伙人、有限合伙人和管理公司构成。实际控制人位于结构顶端，对基金拥有最终控制权。投资人A、投资人B和投资人C作为有限合伙人，他们的责任仅限于其对基金的投资额，享有有限责任保护。普通合伙人，通常由管理公司担任，负责基金的日常管理和运营，并对基金的债务承担无限责任。

在合伙制风险投资基金的管理模式中，基金管理人负责基金的运作，而基金投资人包括普通合伙人（GPs）和有限合伙人（LPs）。普通合伙人可能由合伙人1、合伙人2和合伙人3组成，他们对基金的债务承担无限责任，并参与基金的具体运作。有限合伙人则包括投资人1、投资人2和投资人3，他们的责任仅限于其投资额。

在出资占比方面，普通合伙人出资比例相对较低，比如1%，而有限合伙人则负责绝大部分出资份额，例如99%。在收益分配方面，普通合伙人通常获得较小比例的收益分配，例如20%，而有限合伙人则获得较大比例的收益分配，例如80%。基金募集完成后，还可能收取年度管理费，例如每年2.5%，以覆盖基金的运营和管理成本。

这种结构和管理模式为投资者与管理者提供了明确的权责分配和收益分配机制，有助于基金的稳定运作和风险控制，同时确保了基金管理的专业性和效率。

8.3.3 信托制

信托制度作为一种金融创新工具，在风险投资基金中也有其独特的应用和优势。信托制度的核心功能之一是破产隔离，这意味着一旦资产设立为信托，即使个人或企业破产，信托资产也不会受到影响。这种结构在海外发达市场得到广泛应用，例如一些富豪家族和企业利用信托结构来保护财产。

在中国，虽然信托制度和产品相对不完善，但在私募投资基金中，也可以采用信托的形式。这种安排通常涉及从多个客户手中集资，然后以信托的形式进行管理和投资。这种做法有效地汇集了大量资金，为投资提供了更广阔的空间。

信托制度还有助于有效地放大资金的额度，并且作为一种标准化金融产品，其安全性相对较高。然而，信托的缺点之一是可能存在机密性较差的问题，另外，将信托结构化为股东参与上市可能会面临较多法律和操作上的挑战。

综上所述，信托作为风险投资基金的一种组织形式，提供了独特的法律和财务结构，适合于特定的投资策略和客户需求。

信托制私募股权基金是一种特殊的投资组织形式，由信托公司负责发起和管理。这种基金通过集合众多信托投资客户的资金，形成信托计划，进而直接或通过委托其他机构间接参与私募股权投资。其主要优势在于能够迅速集中大量资金，有效放大资金额度，同时作为标准的金融产品，信托财产具有较高的安全性，为投资者提供风险保障。

然而，信托制也面临一些挑战。资金闲置现象可能导致资金使用效率降低，影响投资回报。此外，信托制的激励机制可能不如合伙制灵活，这可能抑制基金管理人的积极性，进而影响基金的整体运营效率和投资表现。在企业上市过程中，由于信托非独立法人主体的性质和出资人身份的不明确，可能会在证监会的审核中遇到障碍，成为投资退出的潜在难题。

信托制私募股权基金的合法性和规范性得到了《中华人民共和国信托法》《中华人民共和国证券投资基金法》《信托投资公司资金信托管理暂行办法》等法律法规的支持。尽管存在挑战，信托制因其在资金集中、风险管理和投资灵活性方面的优势，在私募股权市场中仍具有重要地位，为投资者提供了一种安全且灵活的投资途径。

信托制私募股权基金的法律结构是一个多层次的组织体系，涉及不同的参与方和角色。在这个结构中，投资人 A、投资人 B 和投资人 C 作为信托基金的投资者，他们将资金委托给信托公司。信托公司作为受托人，承担着持有并管理信托基金的责任。此外，还有一个管理公司，它作为投资顾问，负责制定投资策略、执行投资决策以及处理基金的日常运作事务。这种结构使得信托基金能够通过管理公司的指导，对目标公司Ⅰ、目标公司Ⅱ和目标公司Ⅲ进行持股。这样的安排允许投资者通过信托基金间接投资于这些目标公司，同时受益于信托公司作为专业受托人提供的资产管理服务。信托制基金的这种设计，旨在为投资者提供一个结构化、专业化的投资平台，同时确保投资过程的合规性和透明度。

信托计划是一种基于信任而建立的合同关系，其本质是一份契约而非法人或经济组织。因此，它不具备独立法人资格或作为经济实体的身份，不能以独立主体的身份参与商业活动。尽管如此，信托计划提供了所有权与收益权分离的独特优势，允许委托人将资产转移给受托人，而收益权则可以根据合同的约定分配给受益人。这种分离机制为资产管理提供了灵活性。

信托计划的另一个关键特性是其破产隔离功能，即信托资产在法律上具有独立性，即使受托人面临破产或其他债务问题，信托资产也不会被视为债务的一部分，从而为委托人和受益人提供了额外的保护。这些特点使信托计划成为一种安全且灵活的资产管理工具，尤其适用于私募股权基金等投资领域，为投资者提供了风险降低的保护层。

信托计划的设立和管理必须遵循《中华人民共和国信托法》等法律法规，确保其合法性和有效性。明确的合同约定是保障投资者、受托人和受益人权益的基础，使得信托计划能够在遵守法律规定的同时，实现财产保护、税务规划、财产传承和慈善捐赠等多种目的。

8.3.4 三种形式的比较

1. 私募股权基金三种组织形式的比较

私募股权基金可以通过不同的组织形式运作，每种形式都有其独特的法律关系、组织性质、税务处理方式以及管理人的债务责任和报酬机制。首先，信托型私募股权基金建立在信托关系之上，其中投资人与基金管理人之间存在信托联系，而基金本身作为一种契约，没有实体存在，且无纳税义务，只有参与人就其所得自行缴税。基金管理人在此模式下对投资负债不承担责任，通常只收取固定比例的管理费，除非有特别的信托合同规定。

其次，合伙型私募股权基金基于合伙关系，投资人作为有限合伙人，而基金管理人作为普通合伙人，承担无限责任。这种基金同样没有独立的纳税义务，但需要按照合伙法进行登记注册。基金管理人除了分享投资盈余，还可能对合伙运营的债务承担无限责任。

最后，公司型私募股权基金在中国的法律框架下，基于股权关系和委托代理关系运作，投资人与公司之间是股东与公司的关系。这种基金作为法人实体存在，需要依法缴纳企业所得税，并按照公司法进行登记注册。基金管理人对基金投资的债务仅承担有限责任，报酬通常由固定比例的管理费和基于超额盈利的绩效奖励组成。

这三种模式的比较揭示了私募股权基金在结构和运作上的主要差异，为投资者在选择适合的基金模式时提供了重要的考量因素。投资者应根据自己的投资目标、风险偏好以及对税务和责任的考量，作出明智的选择。

2. 合伙制私募股权基金

合伙制私募股权基金作为一种国际市场上广泛采用的组织结构，其运作基于一般合伙人（GP）和有限合伙人（LP）之间的合作。通常，合伙人出资比例较小，通常为1%，却扮演着基金管理人的角色，而有限合伙人则出资99%，构成了基金的主要资本来源。GP作为基金管理人每年收取2%的年管理费，用以维持一支专业团队，确保其在整个基金存续期间提供高质量的服务，同时避免管理费成为团队的主要盈利手段。

在收益分配方面，基金的资本利得通常遵循20/80的分成比例，即管理人获得20%，投资者获得80%。在实施分成之前，投资者会先获得一个优先收益，通常在8%~10%，例如8%返还政策，为投资者提供了回报的初步保障。

基金管理人对于资本超额收益的分红比例设定为超额利润的20%，这一比例旨在激励管理团队持续为基金和投资者服务，同时实现自身的财富增长。这种分配机制被认为是实现管理团队与投资者双赢的关键，因为它既确保了管理人因提供专业管理而获得合理回报，又鼓励他们为投资者创造更大的价值，促进了基金的长期稳定发展和优秀的投资绩效。

3. 合伙制中的角色分工

合伙制私募股权基金中，决策权的分配体现了一般合伙人（GP）和有限合伙人（LP）之间的互补关系。GP作为基金的日常管理者，掌握着广泛的决策权，包括投资机会的识别、评估、选择，以及对投资公司的资产管理和日常运营事务。GP负责制定和执行投资策略，参与被投资公司的董事会决策，并处理基金的财务报告和合规事宜，确保基金运作的专业性与效率。

在基金的发起阶段，GP通常起主导作用，有时与主要有限合伙人（LLP）共同参与，而其他LP的参与较少。在基金架构的设立和文件制作方面，GP与专职LP共同负责，LLP在关键投资条款上拥有参与权。融资阶段主要由GP负责，专职LP可能参与营销工作，而大多数LP在接触基金推介材料时首次了解融资细节，一般不参与融资过程。

投资决策和管理完全由GP负责，但LLP有时参与投资委员会或跟随投资，LP也可能参与投资决策。在公司治理方面，GP负责建立基金的治理结构，专职LP通常参与顾问委员会，拥有审议预算和在特定情况下的否决权，而LP有时也会参与顾问委员会或审议预算。

监控方面，GP向LP提供必要信息并确保遵守协议，LP保留监督GP履行协议的权利。在强制执行和修改协议方面，GP负责公布约束LP的事项，而LP通常遵循LLP的意志。GP常发起协议的修改，专职LP有权否决或同意，其他LP则通常追随LLP的决定。

这种权责分配模式不仅确保了基金运作的高效率，而且维护了LP的利益，体现了GP与LP之间的相互依赖和合作精神。通过这种结构，合伙制私募股权基金能够平衡专业管理和投资者监督，促进基金的顺利运作和投资目标的实现。

8.4 筛选创业项目进行投资

8.4.1 筛选项目的一般程序

风险投资基金在筛选和投资项目时，遵循一系列标准化的程序，确保投资决策的合理性和风险的可控性。以下是风险投资基金筛选项目的一般程序。

（1）初步筛选。创业企业首先需要准备一份详尽的商业计划书，详细说明其业务模式、市场潜力、财务预测等关键信息。风险投资机构会根据这些商业计划书进行初步筛选，评估企业的管理层、创业历史、产品特性以及市场独占性等因素。

（2）面谈与深入了解。通过初步筛选的企业将有机会与风险投资机构进行面谈，进一步讨论项目的细节，包括公司的基本情况、产品技术、市场和财务状况等。

（3）尽职调查。如果风险投资机构对项目感兴趣，将启动为期3~6个月的尽职调查程序。这一阶段，风险投资机构会对企业进行全面的考察，包括会见管理层，采集和分析企业的各种资料，参观企业，拜访客户和供应商，与债权人、律师、专家、金融机构和政府部门等进行沟通。

（4）投资评估与谈判。尽职调查完成后，如果风险投资机构认为项目可行，将进入投资评估和谈判阶段。这一阶段的核心问题是确定投资金额和所占股份比例，同时可能还会涉及未来在董事会中的席位、投资回报预期等其他相关事宜。

（5）签署合同。双方就投资条款达成一致后，将正式签署投资合同，完成资金注入和股权交割。

这一系列流程体现了风险投资基金在投资决策过程中的严谨性和专业性，旨在通过系统的评估和谈判，确保投资的安全性和回报潜力。通过这种系统化的方法，风险投资基金能够最大限度地降低投资风险，同时寻求最佳的投资机会，实现资本增值。

8.4.2 谈判内容并签署合同

1. 谈判合同内容要点

在风险投资的谈判和合同签署阶段，一系列关键问题和条款需要被明确和协商。首先，必须确定投资价格，包括双方的出资数额与股份分配，同时对风险企业的技术开发设想和最初研究成果进行股份评定。其次，需要创建企业的人员组织，明确双方各自担任的职务。风险企业还须定期向投资方提供财务报告和其他重要的经营情况报告，确保透明度和信息共享。

投资方在公司董事会中应占有一席之地，以参与公司治理和决策。同时，投资方保留拒绝进一步投资的权利和在必要时出售股份的权力。他们还拥有参与企业年度业务计划、重大开支和管理人员工资审批的权利，以确保投资效益最大化。此外，投资方可能要求企业创始人和关键管理人员如首席执行官（CEO）进行人身保险，以减轻意外风险对企业运营的影响。某些投资方可能还会要求企业以已有资产为抵押，作为投资安全的一种保障。

资本退出的方式也是谈判的重要内容，需要明确资本退出的策略和方式，确保投资方能够在适当时机实现投资回报。投资协议中还可能包含优先清算权、防稀释条款、保护性条款、股份兑现期限设定、竞业禁止协议、对赌协议和双层股权结构等条款，以保护投资方的利益，并确保管理层拥有一定的控制权。

这些详细条款和条件共同构成了风险投资合同的基础，旨在平衡双方利益，确保投资过程的顺利进行和最终的成功退出。通过这种系统化的方法，风险投资基金能够最大限度地降低投资风险，同时为风险企业提供资金和支持，实现双方的共赢。

2. 对赌协议

在风险投资的谈判和合同设计中，对赌协议扮演着重要角色。对赌协议，英文称为"valuation adjustment mechanism"（估值调整机制），本质上是一种期权形式。这种协议是投资方与企业管理层（融资方）在协议中对未来业绩不确定性的一种预先约定。如果预定的业绩目标未实现，投资方可以行使权利来补偿可能过高的企业估值带来的损失；反之，如果业绩达标，融资方则可以行使权利以弥补企业价值被低估的损失。

对赌协议的关键要素包括：对赌的主体，即签订协议的投资方和融资方；对赌的主要内容，可能涉及财务业绩、非财务业绩、股票发行、管理层变动、企业行为等方面；以及对赌的对象，通常以股权、期权认购权或投资额等形式出现。通过精心设计的条款，对赌协议能有效保护投资者的利益。

虽然在我国资本市场对赌协议尚未成为常规制度，也未被广泛采用，但在国际投资领域，尤其是在对国内企业的投资中，对赌协议已被广泛采纳，并在创业型和成熟型企业投资中有着成功应用的案例。这些案例显示，对赌协议不仅有助于提升企业业绩，也对提高上市公司整体质量具有重要的指导意义。因此，研究和借鉴国际企业的对赌协议案例，对促进我国资本市场的健康发展和企业治理结构的优化具有重要的现实意义。

3. 双重股权协议

在合同设计中，双重股权结构（同股不同权）是一种允许公司创始人和管理层通过持有具有更高投票权的股票来保持对公司控制权的特殊安排。这种结构在一些知名公司如谷歌（Google）和脸书（Facebook）上市前就已经采用。

根据其招股说明书，谷歌在上市前将股票分为 A 类和 B 类，其中 A 类股向所有外部投资者发行，每股只有 1 个投票权，而创始人和高管持有的 B 类股每股对应 10 个投票权。这种结构使得谷歌的两位共同创始人佩奇和布林，加上 CEO 施密特，一共持有谷歌大约 1/3 的 B 类股票，从而稳定控制公司的决策权。

脸书则采取了"双股制 + 表决权代理"的结构，以确保创始人扎克伯格的绝对控制权。2014 年在美国上市的京东、聚美优品、陌陌等中国企业也采取了类似的模式。例如，根据其招股说明书，京东创始人刘强东的股票每 1 股拥有 20 个投票权，投票权比例为 83.7%。

2018 年 4 月 30 日，香港交易所正式重启"同股不同权"机制，接受此类结构的公司上市申请。这一制度自 1989 年被废除后，时隔 29 年再次被引入。在 20 世纪 80 年代的港股历史中，双重股权结构曾一度盛行，但由于当时市场缺乏相关管理与监管经验，最终在 1989 年被废除。

双重股权结构的设计，旨在平衡创始人和投资者的利益，确保公司能够在创始人的引领下继续发展，避免外部投资者对公司决策的过度干预。通过这种方式，公司能够在保持创新和灵活性的同时，吸引外部投资，推动公司成长。

2018 年，香港开始接受同股不同权的制度，这也是香港股市在 1989 年之后的一个重大改革。这一改变为更多的创新型企业提供了上市的可能，使它们能够在保持创始人控制权的同时，获得资本市场的支持。这种结构的引入，不仅为创业公司提供了更多的灵活性和发展空间，也为投资者提供了更多样化的投资选择，有助于推动整个资本市场的创新和活力。

4. 双重股权结构问题思考

在中国，科创板的推出为同股不同权的企业上市提供了可能，这一制度改革对创业公司及其投资者具有重大意义。在创业初期，双重股权结构（同股不同权）为公司和投资者带来了显著的好处，允许创业者在进行多轮融资、股权被稀释的情况下，通过持有具有更多投票权的股票来保持对公司的控制权。这种安排有助于确保公司能够按照创始人的愿景和战略发展。

然而，随着公司的成长和最终上市，这种双重股权结构可能会引发一系列问题。上市后，新的投资者购买的股票每股通常只有一个投票权，而创始人持有的股票可能每股拥有多个投票权。一旦创始人不再积极参与公司管理，甚至在他们离职后，这种权力结构可能会依然存在，从而引发关于公司治理和权力平衡的讨论。这引发了一个问题：在长期内这种结构是否合理？如果一个股东拥有过高的投票权，尤其是当他不再参与公司管理时，这是否合理？随着时间的推移，同股不同权的设定可能会成为阻碍公司发展的障碍。

如果目前没有机构或机制能够规定双重股权结构在一定时间后自动失效，一旦这种结构被设定，它通常会一直存在，除非公司倒闭或通过特别的程序进行改变。因此，对于科创板的管理层来说，如何处理实行双重股权结构的企业，当它们发展到一定阶段，甚至变成一家普通企业时，这种结构应如何处理，是一个需要深思熟虑的问题。是否应该允许它继续存在，还是让它终止？如果要终止，应该如何操作？这无疑是一个需要进一步研究和探讨的课题，旨在找到保护创始人利益和吸引投资者，以及确保公司治理的公平性和有效性的平衡点。随着市场环境的变化和公司自身的发展，可能需要对双重股权结构进行适时的调整和优化，以适应不断变化的市场需求和治理要求。

5. 可转债的合约工具

可转债作为一种金融工具，为投资者提供了一种随着企业发展变化而调整的回报机制。这种工具允许投资者在企业表现良好时将债权转换为股权，享受企业增长带来的红利；而在企业表现不佳时，投资者则可以保持债权属性，确保本金的索取权。这种灵活性使得可转债成为投资者和企业之间的一种受欢迎的融资方式。

除了可转债，一些投资者可能更倾向于直接持有企业的股权，这种完全股权的安排使他们更关注企业未来的增长潜力而非短期固定回报。此外，还有研究提出风险投资和创业企业之间可以采用债券和股权的联合形式，这种结构通常包含固定回报项和随着企业产出增加而增加的股权回报项，平衡了投资者的风险和回报。

在信息不对称情境中，合约安排尤为重要，它们帮助投资者在信息不对称的情况下通过合约设计保护自己的利益。除了产出结果的分配问题，合约中还可能包含竞业禁止协议、清算安排等重要条款，这些条款虽然不如回报结果直接，但也是确保双方利益平衡的重要组成部分。

总体而言，风险投资和创业企业之间的合约安排是一个复杂且多维的问题，涉及风险管理、回报预期、企业成长潜力等多个方面。深入研究这些合约安排有助于更好地理解资本市场的运作机制，并在不同情况下设计出最优的合约条款，从而实现投资者和企业之间的利益最大化。这种灵活性和多维度的考虑为投资者和企业提供有效的合作模式至关重要。

8.4.3 筛选与匹配

1. 甄别选择机制

在风险投资的过程中，甄别和选择行为是至关重要的一环。这一过程类似于寻找伴侣，风险投资机构在投资企业时需要进行细致的筛选和选择，以发现企业的潜在价值。这种互动不只是风险投资机构对企业的单向挑选，企业同样也会根据自身需求和战略考量选择风险投资机构。这种双向选择的过程可以通过效用函数来描述和理解，体现了双方在合作中的期望和需求。

以京东为例，在早期阶段，京东倾向于选择具有外资背景的风险投资机构。这是因为京东计划实行双重股权结构，而这种结构在当时的国内资本市场上市的可能性较小。因此，京东更倾向于接受海外风险投资的资金，因为这些机构在未来海外上市过程中能够提供更有力的支持和帮助。此外，接受国有资产背景的风险投资机构的投资可能会引发一些问题，如涉及国有资产的管理决策和利益冲突等。

同样，如果企业的创始人对企业的发展前景持乐观态度，但风险投资机构由于种种原因不认可这种观点，并企图压低投资估值，企业可能会拒绝这种投资。这种情况下，企业会寻找那些能够认可其价值和潜力的投资者，以确保双方在合作中的期望和目标一致。这种风险投资和企业之间的互动过程实际上是一种相互选择的过程。这种过程在很大程度上类似于现代社会的婚姻关系，双方都需要在相互了解和评估的基础上作出选择，以达成最优的配对。这种相互选择的过程有助于确保双方在合作中能够实现各自的目标和期望，从而推动企业的健康发展和风险投资机构的投资回报。

总之，风险投资和企业之间的互动是一个复杂且多维的过程，涉及风险评估、价值判断、战略匹配等多个方面。通过深入理解和分析这一过程，可以更好地把握风险投资的动态和趋势，为双方的合作提供坚实的基础。

2. 匹配的三种模式

在风险投资和创业企业的配对过程中（Fu et al., 2019b），存在三种主要的配对模式：正向配对、反向配对和随机配对。这些模式反映了不同风险投资机构和创业企业之间的匹配关系和相互作用。

正向配对类似于"门当户对"，指的是风险投资机构和创业企业在资源、规模、发展阶段等方面相匹配。这种配对模式有助于双方在合作中实现更好的协同效应和战略一致性。

反向配对则是指条件悬殊的配对，如大型风险投资机构投资没有任何发展潜力与前景的小型初创企业。这种模式可能为创业企业提供更多的资源和支持，但同时也可能带来管理和控制上的挑战。

随机配对则没有明确的标准，配对选择较为随机。在实际操作中，这种情况较少见，因为风险投资和创业企业都希望通过细致的筛选来优化配对结果，以实现最佳的合作效果。

创业企业在选择风险投资时，不能像传统企业选择金融机构那样，只关注能否获得资金，而忽视了金融机构的规模和知名度。这是因为风险投资与创业企业之间的关系远不止于借贷关系。风险投资机构通常会参与企业的运营决策，对企业的发展产生直接影响。因此，创业企业在选择风险投资机构时，需要考虑的因素更为复杂，包括风险投资机构的专业能力、资源网络、管理经验等。

这种配对机制对投资的最终结果有着显著影响。许多研究都在探讨风险投资机构的专业能力如何影响投资绩效，以及对企业能否成功发展的影响。如果风险投资机构的专业能力能够对企业发展产生正面影响，那么就说明风险投资的增值职能得到了体现。然而，这样的研究也面临一些挑战，因为风险投资和创业企业的配对过程涉及许多复杂的因素，不仅仅是风险投资机构的专业能力。

风险投资和创业企业之间的配对是一个复杂且多维的过程，涉及资源匹配、战略一致性、管理参与等多个方面。通过深入理解和分析这一过程，可以更好地把握风险投资的动态和趋势，为双方的合作提供坚实的基础。这种配对不仅影响着投资的短期回报，更关乎企业的长期发展和成功。

3. 风险投资的匹配机制

在风险投资与创业企业的配对过程中，确实存在一个关键挑战，即如何区分风险投资的选择效应与增值职能对企业成功的影响。这个问题的核心在于识别是风险投资机构选择了具有高潜力的企业，从而使得这些企业最终成功，还是风险投资机构的投资和管理支持推动了企业的发展。

（1）选择效应。风险投资机构在选择投资项目时，可能会基于其专业的评估和市场洞察，挑选出那些已经具备成功潜质的企业。这种情况下，企业的成功更多是其内在潜力的体现，而非风险投资机构的增值作用。

（2）增值职能。风险投资机构通过提供资金支持、管理咨询、市场资源对接等增值服务，可能会实质性地推动企业的成长和成功。这种情况下，风险投资机构的作用是积极的、增值的。

匹配关系可能直接影响风险投资机构的投资绩效和退出表现。如果风险投资与创业企业的匹配度高，风险投资可能会更有动力，更好地发挥其增值职能。匹配度高可能意味着双方在战略目标、管理理念、资源需求等方面更为一致，从而促进更有效的合作。反之，如果匹配度低，可能会限制风险投资的增值职能的发挥。低匹配度可能导致合作中的摩擦和冲突，影响企业的运营效率和风险投资的投资回报。

风险投资与创业企业之间的匹配通常是均衡的，风险投资机构在选择投资项目时会考虑多方面因素，力求实现最佳的匹配效果。这种均衡匹配有助于双方实现共同的发展目标。相比之下，产业资本可能不太在乎匹配的问题。产业资本的投资更多是基于战略整合、资源获取等考虑，而非单纯的财务回报或增值服务。

因此，匹配机制是一个非常重要的研究问题。通过深入研究风险投资与创业企业之间的匹配机制，可以更好地理解风险投资的增值作用和选择效应，从而为投资决策和企业发展战略提供指导。

8.5 培育创业企业发挥增值职能

8.5.1 价值增值职能

风险投资的核心价值主要体现在两个方面：监督管理和资源赋能，这两者共同构成了风险投资的增值服务职能。风险投资通过监督管理机制帮助企业成长，参与企业的战略规划和关键决策过程，同时提供必要的资源支持，如资金、市场渠道、技术指导等，以促进企业的全面发展。风险投资的增值服务职能具体表现在完善企业治理结构、提供资本运作帮助、制定业务发展方向和协助资源配置等方面。这些服务对于企业在市场竞争中获得优势至关重要。

研究风险投资的增值职能是否发挥作用是一个重要议题。索伦森（Sørensen，2007）研究发现，在美国，风险投资的选择和增值职能对企业成功都有积极作用，其中增值职能占了较大比重。这表明，风险投资不仅因为选择了有潜力的企业而成功，更因为其对企业成长过程的实质性推动。

然而，付辉和周方召（2017）研究发现，在中国，风险投资的增值职能对企业能否成功上市的影响并不显著，说明创业企业上市更多依赖于企业自身的努力和市场条件。尽管如此，风险投资的资质对企业上市速度有显著影响，高资质的风险投资能更有效地发挥增值职能，帮助企业更快地成功上市（付辉等，2018）。

综上所述，风险投资的增值职能在不同市场和不同企业中的作用存在差异。在美国，风险投资的增值服务对企业成功有较大影响；而在中国，企业上市更依赖于企业自身的实力。风险投资的高资质和专业能力在全球范围内都能显著提升企业上市的效率和速度。这些发现强调了风险投资在企业发展中的重要作用，以及在不同市场环境中对企业成功的贡献。

8.5.2 其他职能

风险投资对被投资企业的影响是多方面的，涉及资本、管理和市场等多个层面。首先，风险投资的选择效应体现在其通过专业能力评估和挑选具有高成长潜力的企业进行投资。其次，风险投资的增值职能不仅包括提供资金，还包括提供战略指导、管理咨询和市场资源对接等，帮助企业提升运营效率和市场竞争力。

除了直接的资本和管理支持，风险投资还可能通过逐名效应影响企业。年轻的风险投资机构为了建立声誉，可能会积极推动投资企业上市，以展示其投资成果。此外，风险投资的市场力量效应指的是，由于风险投资机构在市场上的大规模资金和影响力，它们可能对被投资企业上市时的股票价格产生显著影响，提升企业的市场认可度。

认证效应也是一个重要因素，知名风险投资机构的投资往往被视为对企业质量的一种认可，这种背书可以增加其他投资者和市场参与者对企业的信心。这些效应共同构成了风险投资对被投资企业的全面影响。

综上所述，风险投资对被投资企业的影响机制是复杂和多维的，包括选择效应、增值服务、逐名效应、市场力量效应和认证效应等。这些因素相互作用，共同推动企业的成长和成功。理解这些影响机制对于企业寻求风险投资、风险投资机构制定投资策略以及投资者评估被投资企业都具有重要意义。

8.5.3 双边道德风险情境与匹配效应

在风险投资与创业企业的合作框架中，双边道德风险是关键的基本情境。单边道德风险常见于普通企业融资，也是传统公司金融分析框架的基本情境。风险投资与创业企业的合作则面临更为复杂的双边道德风险情境，表现为双方都拥有私人信息，并都有能力通过自己的行为影响合作成果。

匹配结构模式本身对这种合作关系同样具有重要影响。如同婚姻关系，风险投资与创业企业之间的匹配结构（Fu et al., 2019b）可能在一开始就决定了合作的基调和"幸福程度"。这种结构还可能影响双方在合作中的努力和投入，进而影响合作的和谐与成功。作为双方博弈的结果，匹配结构可能改变风险投资的监管行为和增值服务的提供，最终对企业的经济绩效产生影响。

因此，风险投资与创业企业之间的合作远不止是资本的投入，它还涉及信息共享、信任建立和双方的共同努力。认识到双边道德风险的存在，并理解其对合作可能产生的影响，对于构建有效的合作机制、提高企业绩效，以及确保长期成功至关重要。

8.6 成功退出并实现投资回报

8.6.1 退出渠道

风险投资机构的核心目标在于实现投资的成功退出，以此获得投资回报。这一目标不仅是它们运营的基础,也是它们追求的最终成果。退出策略的多样性是风险投资成功的关键,主要包括以下四种方式。

(1) 首次公开发行(IPO)。这是风险投资最理想的退出方式。通过 IPO,企业得以在证券市场上公开交易,为投资者提供了流动性和退出机会。大约不到20%的风险投资项目能够成功上市,这不仅为投资者带来显著的经济回报,同时也表明被投资企业获得了市场的认可和信任。

(2) 股权转让。风险投资机构可以通过将持有的股份转让给其他投资者或企业来实现退出。这种方式相对灵活,可以在不同的市场条件下进行操作。

股权转让是风险投资机构实现资本退出的一种有效方式。通过这种方式,风险投资机构可以将持有的股份出售给其他投资者或企业,或借着企业被第三方并购而退出,从而实现投资回报。股权转让的灵活性在于它不受市场窗口期的限制,可以在不同的市场条件下执行,为风险投资机构提供了根据市场状况和自身投资策略选择退出时机的自由。交易对象的多样性是股权转让的另一个优势,风险投资机构可以选择将股份出售给私募股权基金、战略投资者或其他企业,从而为其退出提供了广泛的选择。股权转让的定价通常基于公司当前的估值和未来增长潜力,可能涉及协商以达成双方都认可的价格。此外,股权转让的交易结构可以是部分或全部股份的出售,这取决于风险投资机构的退出目标和买方的购买意愿。在进行股权转让时,风险投资机构还须考虑交易的法律和税务影响,确保交易合规并优化税务处理。

(3) 出售或回购。风险投资机构可能会将所持股份出售给企业本身或其他战略买家,或者通过企业回购股份来实现退出。

对于创业投资者来说,出售和股份回购是两种常见的退出策略,它们使投资者能够回收投资并可能完全退出其持股。出售策略允许投资者将股份立即转换为现金,通常涉及将股份出售给第三方,这不仅为投资者提供了流动性,还允许他们迅速从投资中退出,将资本重新部署到新的机遇中。股份回购则涉及目标公司或其内部管理层购买公司的股份。在中国的风险投资和私募股权投资实践中,回购退出主要指的是原股东回购或管理层回购。原股东回购可能是为了增加持股比例,而管理层回购则可能作为一种激励机制,使管理层更加积极地参与公司运营,同时保持公司的独立性。股份回购的优势在于提供了一种灵活的退出途径,尤其是在市场条件不利于直接出售股份时。然而,回购也可能带来挑战,包括确定合适的股份价格、确保回购资金的来源,以及评估其对公司财务结构的潜在影响。

(4) 清算。在某些情况下,如果企业无法继续运营,风险投资机构可能需要通过清算来回收部分投资。

清算是风险投资机构在特定情况下采取的一种退出策略,尤其适用于那些无法继续运营的创业企业。当企业陷入无法持续运营状态时,风险投资机构可能会决定通过清算来回收部分投资,以最大限度地减少损失。据统计,风险投资的失败率确实很高。根据不同的来源和定义,失败率的数字可能有所不同,但普遍认为大部分风险投资项目可能不会带来预期的成功。比如，根据中国第一财经报数据统计，中国创业者2017~2019年三年间，初创企业存活率不足1%。因此，一旦确认企业无法挽回，风险投资机构可能会果断采取清算措施。

在风险投资的退出策略中，清算是一种相对常见的退出方式，但其在总投资中所占的具体比例可能会根据市场状况和基金策略而异。一般而言，清算可能会为投资者回收部分原始投资，但通常情况下，回收的资金可能低于原投资总额的60%，从而意味着投资者在这种退出方式中可能会面临资本损失。尽管如此，清算的重要性不容忽视，它不仅可以帮助风险投资机构及时止损，还能释放资本，使其能够重新分配到更有潜力的投资机会中。总之，清算是风险投资在面对不成功投资时的一种重要退出机制。它体现了风险投资机构在风险管理和资本优化方面的能力，有助于维持投资组合的健康和风险投资机构的整体财务稳定。

8.6.2 成功退出

风险投资与创业企业之间存在着紧密且复杂的互动关系。风险投资机构的角色不仅限于提供资金支持，它们还利用自身的专业能力和市场洞察力，为创业企业提供增值服务，指导企业的成长和战略决策。风险投资机构的专业能力体现在多个方面，包括帮助企业成长的增值服务、风险承担、投资眼光和挑选能力等。这些能力的综合体现，不仅反映了风险投资机构在投资行为和风险处理方面的态度和能力，更是它们在市场上能否成功的关键因素。

对于那些仍在运营的企业，风险投资机构持续关注并等待合适的退出时机。风险投资的增值职能在很大程度上体现在其对企业能否成功上市或其他退出方式的影响上。成功退出的衡量主要有两种方式：是否成功IPO，或者是否通过并购转让等方式成功退出。例如，香港交易所允许没有盈利的生物科技公司上市，这为风险投资机构提供了额外的退出渠道和投资机会。风险投资机构通过多样化的退出策略实现资本的回收和增值，而IPO作为一种高效的退出方式，不仅为投资者带来经济利益，还为企业发展提供了更广阔的平台。

风险投资与创业企业之间的互动通常以风险投资的退出作为终结，尤其是通过IPO这样的方式。IPO不仅为风险投资带来投资回报，还是对企业成功的一种市场认可。上市将企业从私人公司转变为公众公司，为企业的融资方式和存续期提供了更多可能性，同时也使得企业的运营更加规范化。

除了IPO，风险投资的退出方式还包括股权转让、出售或回购以及清算等。虽然这些方式也是常见的退出渠道，但它们可能不如IPO那样能够得到市场的广泛认可和实现高价值的回报。

总的来说，风险投资与创业企业之间的互动是一个涉及资本、信息、专业能力和市场动态等多个方面的多维过程。理解这些互动机制对于企业的成长、风险投资的回报以及整个资本市场的健康发展都具有重要意义。风险投资和创业企业的关系是动态发展的，它们不仅取决于各自的能力和策略，也受到更大的市场环境的影响。因此，深入理解风险投资和创业企业之间的互动机制，有助于更好地把握风险投资的动态，优化投资策略，并推动创业企业的健康发展。

思考与练习

围绕本章议题，试思考和练习下列问题。

8.1 风险投资机构可以为创业企业提供的专业服务职能有哪些？
8.2 风险投资机构与创业企业之间典型的特征关系有哪些？
8.3 阐述风险投资机构与创业企业之间的双边道德风险情境关系。
8.4 简述风险投资与私募股权投资的区别。
8.5 简述风险投资"募投管退"的业务循环流程。
8.6 影响风险投资最终成功退出的因素有哪些？重点阐述与风险投资有关的因素。

第 9 章 资本成本与杠杆

9.1 概　　要

9.1.1 与前面章节的关系

在本章中,将深入探讨资本成本与杠杆的重要性,这两个概念是企业融资决策中的核心因素。首先强调了企业融资方式对资本成本的影响,指出不同的融资途径会直接影响到企业的资本成本。资本成本不仅与机会成本紧密相关,还是评估项目投资时的关键贴现率。在本章中,还将详细解释杠杆效应及其在企业融资中的作用。杠杆效应反映了债务融资的放大作用,与股权融资有着本质的区别。通过债务融资,企业可以利用杠杆放大资金规模,而股权融资则不同,不会带来杠杆效应。这些概念将在本教材中不断被提及,帮助我们更好地理解企业如何做出融资决策。

在前面的章节中,已经接触过资本成本这个概念。例如,在第 7 章中,学习了证券市场线,这是一个评估项目投资资本成本的重要工具。而在第 8 章中,从风险投资机构为创业企业提供资本的角度,探讨了资金筹集的情形,这是对传统公司金融问题的拓展。传统的公司金融问题是,普通企业通常会寻求传统金融机构的融资支持,这是公司金融理论中最经典的融资问题。

在传统的公司金融模型中,企业倾向于通过债务融资来筹集资金,这是一种非常普遍且典型的融资方式。这种方式涉及企业向银行或其他金融机构借款,以债务的形式获取资金,需要支付利息并最终偿还本金。然而,当我们将视角转向风险投资机构与创业企业之间的投融资关系时,会发现许多显著的不同之处。在这种关系中,融资模式主要以股权融资为代表,这与传统的债务融资模式有着本质的区别。股权融资意味着投资者获得公司的股份,成为公司的所有者之一,与公司共享未来的盈利和增长。

本章内容有助于帮助我们认识到不同融资模式对企业价值和融资决策的影响,以及加深对资本成本与杠杆的理解。资本成本是评估项目投资时的关键贴现率,而杠杆效应则反映了债务融资的放大作用。这些知识将为在后续课程中进一步探讨企业融资理论模型提供坚实的基础,帮助我们更好地理解企业如何根据自身情况和市场环境做出最优的融资选择。

9.1.2 本章的议题

在本章中,将重点关注企业融资的核心要素之一——资本成本。无论企业选择债务融资、股权融资还是其他融资方式,资本成本都是关注的重点。资本成本实际上反映了企业在融资过程中所放弃的机会成本,以及企业为吸引投资者而需要提供的期望回报率。这一概念与前面章节讨论的资金时间价值和贴现率紧密联系,资本成本是这些理论概念在实际融资决策中的具体体现。资本成本的计算和理解对于评估投资项目的可行性、制定融资策略以及优化资本结构都至关重要。

除了资本成本,本章还将讨论杠杆的概念。在企业选择不同的融资工具时,可能会产生杠杆效应。在投资组合理论探讨中,涉及了杠杆,在分析风险资产和无风险资产的投资组合时,如果资本配置线发生延伸,这部分延伸就代表了加杠杆的效果。

当谈论杠杆时,应该意识到资金中可能只有一部分是企业自有的,而另一部分是通过债务融资获得的。杠杆的作用在于通过借入资金来放大投资规模。因此,当提到杠杆时,本质上是在讨论债务。如果企业的融资完全通过股权进行,那么就不存在杠杆效应,因为股权代表了企业的自有资本。所以,杠杆本质上是债务的一种体现。

在本章中,将更加深入地理解资本成本和杠杆在企业融资中的作用,以及它们如何影响企业的价值创造和风险承担。这些知识将为后续课程中进一步探讨企业融资策略和资本结构问题提供坚实的基础。

9.2 资本成本基础

9.2.1 资本成本的概念

资本成本是企业投融资决策中的核心概念,它代表了为投资新项目而放弃的其他投资机会的收益,即机会成本。在企业融资的背景下,资本成本反映了公司为满足不同融资来源的要求而必须支付的收益率,这通常指的是加权平均资本成本(weighted average cost of capital,WACC)。资本成本主要由两部分组成。

(1)筹资费用。这部分费用产生于筹集资金的过程中,包括但不限于银行贷款的手续费、发行股票和债券等相关费用。这些费用是企业为了获取资金而必须支付的直接成本。

(2)用资费用。这部分费用与使用资金直接相关,包括支付给股东的股利和支付给债权人的利息。这些费用代表了企业使用投资者资金所必须承担的持续成本。

资本成本的计算可以通过以下公式进行简化表示：

$$资本成本 = \frac{每年的用资费用}{筹资总额 - 筹资费用} \tag{9-1}$$

这个公式强调了资本成本不仅包括筹集资金时产生的费用，还包括使用这些资金所带来的费用。例如，如果企业通过某种方式筹资总额为 1 亿元，但为了筹集这笔资金花费了 1 000 万元的手续费，那么实际获得的资金金额为 9 000 万元。如果每年因这项筹资活动（无论是债务还是股票）需要支付 1 000 万元的利息或股利，那么资本成本就是 1 000 万元除以 9 000 万元，即约为 11.11%。

这是资本成本的最原始定义，它反映了资本成本与所要求的回报率和对应的贴现率是相对等的。资本成本是企业在进行投资决策时必须考虑的关键因素，因为它影响着企业的盈利能力和成本效益分析。总结来说，资本成本不仅是一个财务指标，还是企业融资策略和投资决策中的一个重要组成部分，直接关系到企业的长期发展和财务健康。通过理解资本成本的构成和计算方式，企业可以更有效地评估和管理其融资活动，优化资本结构，从而实现可持续的增长和价值创造。总之，资本成本的理解和计算对于企业做出明智的融资和投资决策至关重要。它不仅是一个衡量资金使用效率的工具，也是企业评估项目可行性和投资回报的重要依据。

9.2.2 资本成本的经济学含义

资本成本反映了任何一种融资渠道最终带来的成本或负担。企业通过融资获得资金后，每年都需要为此承担相应的成本。这个成本也反映了企业的机会成本，即如果不进行这笔融资，企业每年也会面临相应的成本。因此，资本成本不仅代表了企业使用资金的成本，还代表了企业所要求的一个必要回报率，同时也体现了机会成本的概念。资本成本，也被称为机会成本或必要回报率，可以理解为项目的贴现率，即未来现金流的贴现率。如果企业除了通过发行股票之外，还有其他的融资方式，如债务，那就需要综合考虑各种成本，如根据股权融资和债务融资的比重，然后进行加权平均，这就是加权平均资本成本的概念。

资本成本、机会成本、最低报酬率和贴现率这些概念在经济学中有着广泛的应用。例如，在完全竞争市场中，企业的利润最终应趋近于零，这是一种理想化的均衡状态。虽然实际情况可能有偏差，但这提供了一个理想的目标或趋势。资本成本的形成是由于资本所有权和使用权的分离。它既是项目筹集者使用资本所需支付的代价，也是投资项目所能获得的收益的体现。资本成本的高低取决于资本的用途和使用者，无论是通过股权、债务还是其他融资方式。在本质上，资本是中性的，它的价值和效果取决于如何使用。资本的中性特点意味着其道德属性并不是资本本身固有的，而是取决于资本的使用者和使用方式。因此，关于资本的争议，如华尔街的贪婪或对资本的批判，往往与资本的使用与分配有关，而非资本本身。总结来说，这些概念在金融学和财务管理中具有广泛的应用，它们帮助我们理解和评估资本的使用效率、投资的可行性以及企业的盈利能力。通过深入理解这些概念，企业和投资者可以做出更明智的投融资决策。

9.2.3 资本成本的决定因素

1. 宏观经济环境

资本成本是企业融资和投资决策中的关键因素，其决定因素深受总体经济环境和条件的影响。在市场无风险利率较低时，通常伴随着市场流动性的提高，往往对应着较低的贴现率。根据股利折现模型（DDM）等方法思想，较低的贴现率意味着未来现金流的现值增加，从而提高资产的估值。

资本中性特性表明，资本的价值并非固有，而是取决于其使用方式。换言之，资本本身并无好坏之分，关键在于如何运用资本以实现价值最大化。金融市场的运作，包括资本的配置和运用，受到央行货币政策、宏观经济状况、通货膨胀率和就业率等多种因素的影响。这些因素共同作用于资本市场，影响其繁荣程度。

金融市场的核心作用是为实体经济提供服务，包括为企业提供融资渠道、为投资者提供投资机会等。因此，金融市场的状况在很大程度上反映了宏观经济环境和条件。这些经济因素决定了资本成本的基础，即资金的时间价值。资本成本不仅反映了企业为筹集和使用资金所需支付的成本，也是企业评估项目可行性和投资回报的重要依据。

总之，资本成本的理解和计算对于企业做出明智的融资和投资决策至关重要。它不仅是衡量资金使用效率的工具，也是企业在不断变化的经济环境中保持竞争力的关键。通过深入分析影响资本成本的各种经济因素，企业可以更好地规划财务策略，优化资本结构，从而实现长期的稳定增长。

2. 市场条件和企业的经营决策

资本成本的决定因素还包括市场条件和企业的经营决策。市场条件反映了企业筹集和使用资金的风险水平。企业的经营决策，包括融资决策，也会影响资本成本。例如，企业的融资决策影响了其风险水平，从而影响了资本成本。这一点在资本结构理论中有详细的讨论，即企业的融资决策，包括股权和债权融资的比例，会影响其资本成本。因此，理解资本成本的决定因素需要考虑到市场条件和企业的经营决策，这两者都会影响企业筹集和使用资金的成本。

3. 融资规模

融资规模是影响资本成本的重要因素。通常，融资规模越大，企业需要偿还的债务越多，风险也越大。这种风险主要体现在两个方面：一是流动性风险，即企业可能难以在短期内筹集到足够的资金来偿还债务；二是破产风险，即如果企业无法偿还债务，则可能会面临破产的风险。以恒大集团为例，其巨大的负债使得公司面临严重的偿债压力，这不仅增加了其资本成本,也对其经营活动产生了负面影响。在这种情况下,恒大需要支付更高的利息来吸引投资者购买其债券,这就增加了其资本成本。因此,企业在制定融资策略时,需要考虑到融资规模对资本成本的影响,以及这种影响可能带来的风险。这也是企业财务管理的重要任务之一。

总的来说,资本成本的决定因素包括宏观经济环境、市场条件、企业的经营决策和融资规模等多个方面。这些因素相互交织,共同影响资本成本的大小。因此,理解和计算资本成本,需要对这些因素有全面和深入的理解。此外,资本成本的计算可能还需要考虑税收因素,这使得计算过程稍微复杂。对于股权融资,税收影响相对简单,但对于债券融资,由于利息支付在税前进行,税收的影响更为显著。利息支付可以抵税,因此在计算资本成本时需要考虑这一影响。

9.3 资本成本运用

9.3.1 债务资本成本

1. 不考虑资金时间价值的情形

(1) 长期借款资本成本(R_L)。

长期借款资本成本是指企业通过长期借款筹集资金所需支付的费用与筹集资金的比例。计算公式为:

$$R_L = \frac{I(1-T_c)}{L(1-f)} = \frac{i(1-T_c)}{1-f} \qquad (9-2)$$

其中,I 代表每年的利息支付,T_c 代表公司所得税税率,L 代表筹资额,f 代表筹资费率,i 代表借款利率。

(2) 债券成本(R_B)。

债券成本是指企业通过发行债券筹集资金的成本,包括支付给债券持有人的利息和相关筹资费用。计算公式为:

$$R_B = \frac{I(1-T_c)}{B_0(1-f)} = \frac{B \times i \times (1-T_c)}{B_0(1-f)} \qquad (9-3)$$

其中,B 代表债券面值,i 代表债券票面利率,T_c 代表公司所得税税率,B_0 代表债券发行价格,f 代表筹资费率。

这些计算方法帮助企业评估不同融资方式的成本,以便在进行投融资决策时做出更明智的选择。资本成本是企业财务决策中的一个重要因素,它直接影响企业的盈利能力和竞争力。

2. 考虑资金时间价值的情形

关于债券的资本成本计算，除了上述方法，还有另一种基于现金流贴现的模式。在这里，资本成本 R_B 的计算并非简单地将用费用除以筹集资金的金额，而是通过将筹集资金的净额设定为所有现金流贴现之和来解决。这个公式如下：

$$B_0(1-f) = \sum_{t=1}^{N} \frac{I_t(1-T_c)}{(1+R_B)^t} + \frac{B}{(1+R_B)^N} \quad (9-4)$$

其中，N 是债券的总期数，T_c 代表公司所得税税率，I_t 代表第 t 期的利息支付，f 代表筹资费率，B_0 代表债券发行价格，B 代表债券面值。这个公式的左边代表筹集资金的净额，右边则表示为了筹集这笔资金所需要支付的现金流贴现之和。这里的 $1-T_c$ 是由于利息支付可以抵扣税收，所以第 t 期实际支付的利息核算为 $I_t(1-T_c)$，即得到税后的资本成本 R_B。

在计算资本成本时，有些教材可能会选择先不考虑税收，即在公式中不包含 $1-T_c$ 项，这样计算出的是无税的债务资本成本。然后，再将无税的资本成本乘以 $1-T_c$，得到税后的资本成本。这种方法虽然可以帮助我们理解债券的资本成本是如何计算的，但它与直接在公式中包含税收项的方法得出的结果可能会有所不同。这两种方法可能会得到接近的结果，但由于计算过程的不同，必然会存在一定的误差。虽然有些教材可能会选择使用后一种方法，但一般来说，更推荐使用直接在公式中包含税收项的方法，因为在逻辑上，这种方法更为合理。然而，在学习过程中遇到不同的计算方法时，我们应该理解这些方法都是可行的，只不过在实际应用中，需要根据具体的情况选择最适合的计算方法。

此外，在实际计算过程中，由于公式（9-4）中涉及较高幂次方的运算，计算过程相对复杂。为了简化运算，有时可以使用插值法。这种方法在债券估值章节中有所展示，这种方法涉及选择两个具体的资本成本数值，这两个数值对应的现金流贴现之和应该分别大于和小于所需净筹集资金额。通过插值法，可以计算得到一个相对比较接近真实值的资本成本估算结果。

9.3.2 优先股资本成本

优先股具有股票和债券的双重属性，其投资回报通常以股利的形式提供，这些股利支付通常是固定的，不需要偿还本金。在企业的分红序列中，优先股股东享有先于普通股股东获得分红的权利，优先股的股利支付通常是固定的，通常需要考虑股利支付的稳定性、企业的盈利能力和对市场风险的评估，这些特性决定了其资本成本的计算方式。其资本成本可以近似看作股利支付的现值与投资额的比率。优先股的资本成本计算与债务类似，但优先股的股息支付是在税后进行的，因此不需要考虑税收抵扣。

优先股的资本成本按照以下公式计算：

$$R_p = \frac{每年的用资费用}{筹资总额 - 筹资费用} = \frac{D_p}{P(1-f)} \quad (9-5)$$

其中，D_p 是每年支付的固定股利，P 是优先股的筹资额，f 是筹资费率，筹集资金的净额 $P(1-f)$ 是扣除筹资费用后的金额。

9.3.3 普通股资本成本

普通股资本成本可以通过股利增长模型来计算。这个模型基于以下假设：企业的价值是由其未来的股利支付决定的。具体来说，根据股利固定增长模型，企业的当前价值可以通过下一期的股利除以贴现率减去股利增长率来估算。这个模型假设股利以固定的速度增长。其公式可以表示为：

$$P_0 = \frac{D_1}{R_e - g} \tag{9-6}$$

通过变换得到：

$$R_e = \frac{D_1}{P_0} + g \tag{9-7}$$

其中，D_1 为预期下一年的股利，g 为股利增长率，$P_0 = P(1-f)$ 为普通股筹资净额，P 为普通股筹资额，f 为普通股筹资费率。

这个公式可以帮助我们计算普通股的资本成本。通过将具体的数值代入公式，可以得到资本成本估算值。

9.3.4 留存收益资本成本

留存收益，作为企业未分配的税后利润，代表了企业内部再投资的一部分。这部分资本成本估算对于理解企业的资本结构和做出合理的财务决策至关重要。留存收益资本成本的估算可以通过三种主要方法进行。

（1）股利增长模型。此方法依据企业未来股利支付的预期增长趋势，通过分析企业过去的股利分配情况和股利增长率，可以预测留存收益的成本。

（2）资本资产定价模型（CAPM）。这是一个经典的金融模型，用于估算投资者对于投资所要求的预期回报率。CAPM 考虑了无风险利率、投资的系统性风险（β 系数），以及市场的预期回报率，从而推导出留存收益的资本成本。

（3）风险溢价法。此方法通过计算投资的风险溢价来估算留存收益的成本。风险溢价是指投资者为承担额外风险而要求的高于无风险利率的回报。

这三种方法各有侧重点，但共同为企业管理层提供了评估留存收益资本成本的参考依据。准确的成本估算有助于企业制定股利政策、资本预算和长期财务规划，确保企业的资本成本得到有效控制，同时实现股东价值的最大化。

1. 股利增长模型

对于留存收益，也可以使用股利增长模型来计算其资本成本。这个模型与普通股的计算方法相似，只是在计算留存收益时，不需要考虑发行费用。因此，留存收益的资本成本计算公式仍然是：

$$R_e = \frac{D_1}{P_0} + g \tag{9-8}$$

此时，P_0 为当下普通股市价，D_1 为预期下一年的股利，g 为股利增长率。

股利增长模型是一种流行的计算方法，但其难点在于预测未来的股利增长率。一种可能的预测方法是使用留存收益比例乘以净资产收益率。然而，这种预测方法的准确性取决于一些严格的假设，例如股利支付率和净资产收益率保持稳定，且企业不再发行新股等。这些假设在实际情况中可能难以满足，因此预测股利增长率仍然具有一定的困难。

2. 资本资产定价模型

资本资产定价模型是另一种计算资本成本的方法，也是第7章的核心内容。尽管该方法存在争议，但实用性强，许多机构在评估时仍采用这种方法。通过使用 β 系数乘以市场收益率与无风险资产收益率之差（风险溢价），再加上无风险利率，可以得到资本成本的估计值，即：

$$R_e = R_f + \beta \times [E(R_M) - R_f] \tag{9-9}$$

计算过程如下：

第一步：估计无风险利率 R_f。

无风险利率通常被认为是投资者能够获得的最低保证回报率，传统上以政府债券的利率为代表。然而，即便是政府债券也存在一定的风险，例如利率风险和长期通货膨胀的影响。因此，长期国债的利率通常被视为无风险利率的最佳估计值。

第二步：估计市场风险报酬率 $E(R_M)$。

市场风险报酬率反映了投资者因持有股票而面临的额外风险所期望获得的额外回报。这一报酬率应基于预期的投资收益率来确定。根据资本市场的实际数据，市场风险报酬率通常通过长期股票市场平均收益率与国债收益率之间的差额来计算，得出的结果一般在 7%~9%。

第三步：估计 β 系数。

β 系数是衡量个别股票或投资组合相对于整个市场的风险敏感度的指标。计算 β 系数的公式为：

$$\beta_i = \frac{Cov(R_i, R_M)}{\sigma_M^2} \tag{9-10}$$

其中，$Cov(R_i, R_M)$ 是个别股票收益率 R_i 与市场收益率 R_M 之间的协方差，σ_M^2 是市场收益率的方差。

通过这三个步骤,投资者可以利用CAPM来估算股票或投资组合的预期回报率,进而评估其资本成本。CAPM是金融市场分析中一个重要的工具,广泛应用于投资决策和公司财务领域。

3. 风险溢价法

风险溢价法是一种基于风险与收益相匹配原则的财务估算方法,用于确定普通股股东所要求的回报率。在这种方法中,普通股股东由于承担了比债权人更高的风险,因此除了债务成本之外,还会要求一定的风险补偿。这种风险补偿体现为风险溢价(risk premium,RP),它是普通股股东为承担额外风险所期望获得的额外收益。

普通股股东所要求的回报率(R_s)可以通过一个简单的公式计算得出:

$$R_s = R_B + RP \tag{9-11}$$

其中,R_B代表债务成本,即企业通过债券融资所需支付的利率,而RP则为风险溢价。债务成本通常被视为一个相对稳定的回报率,因为它与企业发行的债券相关,而风险溢价则是股东为了补偿承担的额外风险而要求的收益。

风险溢价法的核心在于对风险溢价的估算。风险溢价的大小取决于多种因素,包括市场波动性、企业特定风险以及投资者的风险偏好等。通过这种方法,投资者和企业可以更准确地评估股票投资的预期回报,从而做出更明智的投资决策。

总之,风险溢价法提供了一种考虑市场风险和投资者风险偏好的方法来估算普通股的资本成本。这种方法有助于投资者和企业更好地理解股票投资的预期回报,并在风险和收益之间找到平衡。

9.3.5 加权平均资本成本

加权平均资本成本(WACC)是一种衡量公司资本成本的指标,它考虑了公司使用的不同资本来源,包括债务和权益。WACC的计算公式如下:

$$WACC = \sum_{i=1}^{n} W_i \times R_i \tag{9-12}$$

其中,W_i表示第i种资本的权重,R_i表示第i种资本的成本。

如果将公司的全部资本划分为债务资本(B)和权益资本(S)两部分,WACC的计算可以简化为:

$$WACC = \frac{B}{B+S}R_B + \frac{S}{B+S}R_S \tag{9-13}$$

其中,R_B表示债务资本成本(税后),R_S表示权益资本成本。公式中的B和S分别代表债务资本和权益资本的金额。

公式（9-13）帮助投资者和公司管理者评估公司整体资本成本，从而可以用于投资决策和公司价值评估。

加权平均资本成本的计算简单，但非常有用。例如，在讨论资本结构的时候，就会涉及这个问题。资本结构涉及的是企业在融资时，债务和权益的比重问题。这个比重反映了企业的资本结构，是第10章关注的议题。

9.4 风险与杠杆

9.4.1 风险、杠杆与资本成本

当企业引入不同类型的资本，尤其是债务资本时，便涉及了杠杆效应。债务融资是指企业从外部借入资金，这些资金的使用权归企业所有，但未来需要按照约定还本付息。相对地，股权融资则是让外部投资者成为企业的股东，分享企业的成长和利润，而无须承担还本付息的义务。因此，债务融资存在杠杆效应，而股权融资则没有。

债务和股权是金融创新的两大支柱。戈兹曼（2017）指出，债务融资的历史可以追溯到1 000多年前的欧洲，当时的威尼斯王国为了筹集战争资金，首次向全体居民发行国债。尽管这一尝试最终未能使其在那场战争中获胜，但它却展示了金融创新的巨大潜力。在中国历史上，也能找到相似的案例。据《明季北略》和《明史》记载，明朝末年，崇祯皇帝面临军费短缺，试图从王公大臣中募集资金，但效果有限。然而，当李自成攻入北京后，通过抄家获取了大量白银。这些历史事件凸显了在关键时刻，金融筹资能力对国家的生存和发展产生重大影响。

无论是债务融资还是股权融资，它们都是通过不断地创新，逐渐成为筹集资金的重要手段。虽然债券融资工具在今天看来可能较为基础，但在其诞生之初，对金融市场产生了深远的影响。如今，这两种融资方式已经成为金融市场中最广泛使用的融资工具。

在金融市场上，债务融资和股权融资具有不同的属性和风险。从宏观经济的角度来看，债务问题往往比股权问题更为关键，尤其是在面临系统性金融风险或经济危机时。股权融资的风险主要由投资者自己承担，而债务问题则涉及企业与外部债权人之间的关系，影响更广泛的经济领域，如2007年美国次贷危机。当债务规模过大诱发系统性风险时，可能造成连锁反应，引发经济危机。因此，无论是从宏观经济还是企业层面来看，债务和股权融资方式的潜在风险都是不同的。企业在进行融资决策时，需要仔细权衡这两种融资方式，以降低潜在风险并优化资本结构。

公司的资本成本主要由两大部分构成：无风险利率和风险报酬。无风险利率通常由宏观经济和金融系统所决定，这是公司层面无法直接控制的因素。无论是通过股权还是债权

融资，公司都不可避免地要承担风险。风险报酬则是对投资者承担公司风险的额外补偿。从企业的角度来看，公司的经营风险和财务风险是影响资本成本的关键因素。经营风险涉及企业日常运营的不确定性，如市场需求波动、生产成本变化等。而财务风险则与公司的资本结构和偿债能力相关。当这些风险中的任何一个增加时，都会影响公司的偿债能力和盈利能力，从而可能导致资本成本的上升。因此，公司在进行融资决策时，必须综合考虑经营风险和财务风险，以确保资本成本在可控范围内，同时保持企业的竞争力和可持续发展。

9.4.2 经营风险与经营杠杆

经营风险是指在生产经营过程中企业未来经营收益或息税前收益（earnings before interest and tax，EBIT）的不确定性。这种风险反映了企业收益的波动性，是企业在经营过程中面临的内在风险。

经营杠杆则是指在一定的固定成本比重下，销售量对利润产生的影响程度。它主要受固定成本和变动成本的影响。经营杠杆的存在意味着当销售收入发生变化时，税前利润的变动幅度会相应放大或缩小。这种效应可以通过杠杆系数（degree of operating leverage，DOL）来衡量，其计算公式为：

$$DOL = \frac{税前收益变动率}{销售收入变动率} = \frac{\Delta EBIT/EBIT}{\Delta S/S} = \frac{\Delta EBIT/EBIT}{\Delta Q/Q} \quad (9-14)$$

其中，$EBIT$ 表示原始的息税前收益，$\Delta EBIT$ 表示息税前收益的变化量，S 表示原始的销售收入，ΔS 表示销售收入的变化量，Q 表示原始的销售量，ΔQ 表示销售量的变化量。

经营杠杆系数反映了销售收入每变动一个百分比时，税前利润将变动百分之几。如果 DOL 大于1，说明企业具有较高的经营杠杆效应，销售收入的小幅变动可能导致税前利润的大幅变动。反之，如果 DOL 小于1，则经营杠杆效应较低。

进一步地，如果设定固定成本为 F，产品的单位变动成本为 V，产品单价为 P，那么息税前利润（$EBIT$）可以表示为：

$$EBIT = PQ - (VQ + F) \quad (9-15)$$

将这个表达式代入 DOL 的计算公式，可以得到：

$$DOL = \frac{\Delta EBIT/EBIT}{\Delta Q/Q} = \frac{(P-V)\Delta Q}{PQ-(VQ+F)} \frac{Q}{\Delta Q} = \frac{EBIT + F}{EBIT} \quad (9-16)$$

这个公式表明，固定成本 F 的大小对经营杠杆系数有显著影响。固定成本越大，经营杠杆系数越高，意味着销售量的变化对息税前利润的影响被放大的程度越大。

经营风险反映的是销售因素对最终息税前利润的影响，这反映了销售经营活动对收益的影响，这个收益是支付税款和利息之前的毛利润。经营风险本身来源于销售和生产的不确定性，而经营杠杆则放大了这些不确定性因素对息税前利润的影响。因此，企业在进行经营决策时，需要考虑固定成本和变动成本的结构，以合理控制经营杠杆，降低经营风险对企业利润的负面影响。

9.4.3 财务风险与财务杠杆

财务风险是指由于企业采用负债经营模式而给股东带来的风险。在这种模式下，债权人在投资权益的分配上享有优先权，位于公司股东之前。这意味着，当企业分配利润时，债权人首先获得固定的利息回报，而股东收益的不确定性因此增加。财务风险是因负债经营而新增的风险，它反映了企业使用债务资金对股东收益稳定性的影响。

财务杠杆是企业在负债经营时的一种效应，表现为无论企业的税前利润如何变化，债务利息通常是固定的。因此，当税前利润增加时，每一元利润所负担的债务比例会相对减少，从而提高每股收益；相反，如果税前利润减少，每股收益也会受到更大的影响。这种税前利润变动对每股净收益（earnings per share，EPS）产生的影响称为财务杠杆效应。

财务杠杆通常通过财务杠杆系数（degree of financial leverage，DFL）来衡量。财务杠杆系数的含义是每股盈余或每股净收益变动率相对于税前收益变动率的比率。其计算公式为：

$$DFL = \frac{每股净收益变动率}{税前收益变动率} = \frac{\Delta EPS/EPS}{\Delta EBIT/EBIT} \qquad (9-17)$$

其中，ΔEPS 表示每股净收益的变化量，EPS 表示原始的每股净收益，$\Delta EBIT$ 表示税前利润的变化量，$EBIT$ 表示原始的税前利润。

财务杠杆系数反映了企业使用债务资金对利润变动的放大作用。如果 DFL 大于 1，说明企业具有较高的财务杠杆效应，税前利润的小幅变动可能导致每股收益的大幅变动。企业在进行财务决策时，需要权衡财务杠杆的利弊，以优化资本结构并控制财务风险。

进一步地，如果设定公司所得税税率为 T_c，利息支付为 I，股票数量为 N，那么每股净收益（EPS）可以表示为：

$$EPS = \frac{1}{N} \times (1 - T_c) \times (EBIT - I) \qquad (9-18)$$

每股净收益的变化量 ΔEPS 可以表示为：

$$\Delta EPS = \frac{1}{N} \times (1 - T_c) \times \Delta EBIT \qquad (9-19)$$

将这些表达式代入 DFL 的计算公式，可以得到：

$$DFL = \frac{\Delta EPS/EPS}{\Delta EBIT/EBIT} = \frac{EBIT}{EBIT - I} \qquad (9-20)$$

从上述公式可以看出，如果公司没有负债，即利息支付 I 为零，无论税前收益 $EBIT$ 为多少，财务杠杆系数始终为1，这意味着没有财务杠杆效应。然而，如果公司存在负债，即利息支付 I 大于零，财务杠杆系数必然大于1，表明财务杠杆效应存在。在资本总额和税前收益相同的情况下，负债比率越高，财务杠杆系数越高，表明财务风险也越大。企业在进行财务决策时，需要考虑财务杠杆的影响，以平衡风险和收益。

9.4.4 复合杠杆

将经营杠杆和财务杠杆公式合并，可以得到复合杠杆，这是对企业经营活动如何影响股东回报的全面判断。复合杠杆反映了销售量变动对股东每股净资产回报的影响，它是经营杠杆和财务杠杆的复合效应，体现了销售量的变动通过两个杠杆放大后对每股净收益产生的更大影响。

复合杠杆是指经营杠杆和财务杠杆共同作用于企业时所产生的综合放大效应。经营杠杆是由于固定成本的存在，导致税前利润变动率大于销售量变动率的现象。而财务杠杆则是在负债经营情况下，由于固定债务成本的存在，使得普通股每股净收益（EPS）的变动率大于税前利润变动率。

复合杠杆结合了这两种杠杆效应，销售量的变动率通过两级杠杆放大效应，对每股净收益产生更大的影响。这种销售量变动对每股净收益所产生的作用，称为复合杠杆或综合杠杆。

复合杠杆系数（DCL）的计算公式如下：

$$DCL = \frac{\Delta EPS/EPS}{\Delta S/S} = \frac{\Delta EBIT/EBIT}{\Delta S/S} \cdot \frac{\Delta EPS/EPS}{\Delta EBIT/EBIT} = DOL \times DFL \quad (9-21)$$

复合杠杆系数 DCL 反映了销售量每变动一个单位百分比时，每股净收益将如何变动。如果 DCL 大于1，说明企业具有较高的复合杠杆效应，销售量的小幅变动可能导致每股收益的大幅变动。企业在进行经营和财务决策时，需要考虑复合杠杆的影响，以合理控制风险并优化收益。通过掌握这个概念，可以更好地理解企业经营和财务风险，制定更有效的经营策略。

思考与练习

围绕本章议题，试思考和练习下列问题。

9.1 A 公司没有债务，但是可以以 5% 的利率借款。公司目前的 WACC 是 11%，税率是 30%，请问：

（1）A 公司的权益成本是多少？

(2) 如果公司通过借债，使得债务资产比达到25%，那么权益资本是多少？

(3) 在第（2）题的情形下，该公司的WACC是多少？

9.2 某公司从银行取得长期借款1 000万元，年利率为6%，期限为2年，每年付息一次，到期还本。筹资费用率为1%，所得税税率为25%。在不考虑资金时间价值的情况下，公司长期借款的资本成本是多少？

9.3 某公司有2 000万流通股，每股20元，同时债务面值为2.5亿元，债务的市价是面值的80%，（税前）债务资本成本为10%，若无风险利率为5%，市场风险溢价为10%，公司的β值为1.5，公司所得税税率为40%，请计算该公司加权平均资本成本。

9.4 某集团正在考虑一个初始投资为1 500万元的项目。未来3年项目每年年末产生650万元税后现金流，公司负债权益比为1，权益资本成本为15%，（税前）债务资本成本为7.69%，公司所得税税率为35%，项目的风险和公司整体风险相同。那么，该集团是否应接受该项目？

9.5 某企业目标负债权益比为0.6，（税前）债务资本成本为15.15%，权益资本成本为20%，公司所得税税率为34%。该公司正在考虑一个仓库改造项目，需要投资5 000万元，预计仓库改造后每年将节约费用800万元。请问：

(1) 企业加权平均资本成本是多少？

(2) 仓库改造项目是否可行？

9.6 分析杠杆效应如何影响企业的资本成本和股东的潜在回报。

第10章 资本结构

10.1 概　　要

本章的主题聚焦于资本结构，这是一个至关重要的议题，因为它不仅承前启后，衔接了前面章节探讨的内容，还在公司金融领域中占据了核心地位。资本结构的研究在学术界极为活跃，成为公司金融学领域文献中不可或缺的一部分。莫迪利亚尼 – 米勒（MM）理论作为资本结构的理论基石，是诺贝尔经济学奖级别的成果，标志着金融领域早期获得此项殊荣的里程碑。

在第9章中，深入剖析了资本成本与杠杆效应，这两个概念紧密联系着企业的两大融资工具——债务与权益。企业的资本结构，实质上是债务与权益的融合体。通过对权益与债务在投资决策中的成本进行详尽分析，为本章的议题——资本结构的探讨打下了坚实的理论基础。本章将聚焦于债务与权益在企业资本构成中的比重问题。理论上，企业可以采取完全依赖债务或完全依赖权益的融资模式，但这两种极端情形在实际商业运作中相对罕见。实际上，大多数企业会倾向于选择债务与权益的某种混合模式，这样的策略不仅反映了市场机制的普遍性，也符合商业运作的内在规律性。

在本章中，将集中精力探讨企业如何在债务和权益之间平衡，以确定一个最优的资本结构。这一议题与第9章深入探讨的资本成本概念息息相关。本章的讨论将围绕最优资本结构的构建，这不仅关乎不同资本类型的成本，还涉及这些成本的加权平均计算。

我们追求的最优资本结构旨在最小化加权平均资本成本（WACC），因为只有在资本成本降至最低时，企业价值才能实现最大化。寻找债务与权益之间的平衡点，对于降低企业的 WACC 至关重要。在本章的深入讨论中，将重点分析资本结构的关键原则，尤其是第9章所介绍的资本成本概念。

本章将运用资本结构理论来探索和解决这一问题，特别关注两个具有里程碑意义的模型：经典的莫迪利亚尼 – 米勒（MM）理论及其后续的扩展。这些理论不仅为我们提供了分析资本结构的框架，也为理解企业如何通过优化债务与权益的组合来提升企业价值提供了理论支持。通过本章的学习，期望能够更深入地理解资本结构对企业财务健康和长期发展的重要作用。

本章主要分为两个部分。第一部分将回顾早期的资本结构理论。在这个阶段，研究者们提出了一些初步的观点和假设,但尚未形成一个完整的理论分析框架。这些早期观点通常以故事或猜想的形式存在,尚未经过严格的数学证明。第二部分将深入探讨现代资本结构理论的基石——MM理论,这将是本章讨论的重点。当提到MM理论时,重要的是要理解其核心观点和深远影响。MM理论包含两个关键结论。第一个结论是,在最理想化的条件下(例如,不考虑公司税收),公司的资本结构与其市场价值无关。第二个结论则是,在考虑了市场现实因素(如公司税收)后,资本结构确实会对公司价值产生影响。尽管这两个结论在表面上看似矛盾,但经济学界已经接受了它们并存的现实。

需要注意的是,经济学理论框架的解释力,根本上植根于其所依托假设的具体设定。构建这些框架,本质上是一种将现实抽象化、简化的分析手段。首先,设想一系列理想化的情景,以此作为描述和理解世界运作的基础,捕捉那些关键的经济特征。其次,借助数学模型和逻辑推理,从这些理想化的起点出发,推导出具有深远意义的结论。这是经典理论模型的分析精髓——始于简化假设,终于深刻洞见。

随着对市场运行的深入洞察,我们对这些理论模型不断地进行修正和完善,逐步放宽那些过于简化的假设,使模型更贴近市场的真实复杂性。这种调整让我们能够得出更贴近现实的结论,从而更有效地解释和预测经济行为及其现象。经济学的这种分析方法,展现了一种由浅入深、由理想趋近现实的研究轨迹,通过不断的理论创新,我们对经济世界的理解和认识得以逐步深化和升华。

10.2 早期资本结构理论

在1952年,大卫·杜兰特的研究为资本结构理论的早期发展提供了坚实的基础。他的工作将当时流行的关于资本结构的见解归纳为三种主要理论框架。

(1)净收益理论(net income approach)。该理论主张,公司的资本结构对其净收益,即扣除所有成本和费用后的公司利润有直接影响。资本结构的调整通过改变公司的税务负担,进而影响净收益。

(2)营业净收入理论(net operating income approach)。营业净收入理论着眼于公司的营业净收入,这是由公司主营业务产生的收益。该理论认为,资本结构的变动,特别是通过债务融资,可以利用税前利润中的利息支出来减少税务负担,从而可能增加营业净收入。

(3)传统折中理论。这一理论融合了前两种理论的观点,认为资本结构对公司价值的影响是多维度的。它强调需要同时考虑净收益和营业净收入,以全面评估资本结构对公司价值的影响。

大卫·杜兰特的分类不但为资本结构的学术研究提供了重要的理论基础,而且促进了对资本结构影响因素的深入分析和理解。他的工作帮助学术界和实践界更好地认识到资本结构决策对于公司价值和股东财富的重要性。

10.2.1 净收益理论

净收益理论提出了一种观点：不论企业选择债务融资还是权益融资，其资本成本保持不变。根据这一理论，企业可以无限制地利用债务融资，而不会对其资本成本产生影响。如果债务的成本低于权益成本，那么企业就有动机尽可能多地使用债务。

在这种理论框架下，加权平均资本成本（WACC）由固定不变的债务和权益成本构成。由于债务通常具有比权益更低的成本，企业被鼓励增加债务的使用。这意味着杠杆的增加，即债务融资在资本结构中所占的比重增加，并不会改变债务和权益的成本。因此，随着财务杠杆的提升，加权平均资本成本预计会降低，这反过来又能够提升股票价格和公司价值。这清晰地阐释了财务杠杆对资本成本和企业价值的影响，并支持了企业应尽可能多地使用债务融资的观点。

这种理论在特定条件下是合理的，尤其是在债务成本在一定阶段内保持稳定的情况下。例如，在过去几十年中，一些企业集团如恒大、宝能等，尽管承担了数万亿元的债务，但其融资成本并未显著上升。

然而，净收益理论只是理解资本结构的一个视角。为了全面掌握最优资本结构的构成，还需要考虑其他理论，如营业净收入理论和传统折中理论，它们提供了不同的视角来分析资本结构的影响。

10.2.2 营业净收入理论

营业净收入理论提出了一种不同于净收益理论的观点。该理论认为，无论企业的负债水平如何变化，加权平均资本成本（WACC）都保持不变。这是因为，尽管债务的变化可能会影响债务和权益的成本，但从总体上看，WACC不受资本结构的影响。在这种观点下，公司的总价值被认为与资本结构无关。

在营业净收入理论中，债务成本被视为固定的，而权益成本则随着负债比重的增加而上升。这是因为随着企业负债的增加，企业的总体风险水平也会提高。这种增加的风险最终由股东承担，因为在偿还顺序上，债务优先于权益。因此，随着财务杠杆的增加，股权资本的成本上升，以补偿股东承担的更高风险。这种理论在分析风险与资本成本的关系时具有一定的合理性。

在营业净收入理论的框架下，由于WACC保持不变，股票价格和公司价值也被认为不会因资本结构的变化而改变。这意味着，从理论上讲，任何资本结构对企业来说都是可行的，资本结构的选择不会影响企业价值和综合资本成本。

净收益理论和营业净收入理论提供了不同角度的解释，以理解最优资本结构的形成。

在实际操作中，企业需要综合考虑多种因素，包括市场条件、融资成本、风险承受能力等，以确定最适合自身情况的资本结构。

然而，营业净收入理论与净收益理论存在一定的冲突。净收益理论倾向于鼓励企业使用更多的债务融资，因为债务成本较低，而营业净收入理论则指出，随着债务的增加，权益的资本成本上升，从而使得 WACC 保持不变，暗示增加债务并没有带来额外的好处。

10.2.3　传统折中理论

为了解决净收益理论和营业净收入理论之间的分歧，学术界发展出了第三种理论——传统折中理论。折中理论提出，权益资本成本和债务成本并非在所有情况下都保持恒定或单向变动。实际上，当企业的债务水平超过某一阈值时，两种资本的成本都有可能上升。这种变化导致加权平均资本成本（WACC）经历一个先降低后增加的过程。与此相对应，股票价格也将遵循先上升后下降的趋势。在这一拐点上，存在一个最优资本结构，此时 WACC 达到最低，股票价格达到峰值。这一拐点即为企业追求的最优资本结构。

在早期资本结构理论研究中，三种不同观点的差异主要体现在投资者如何基于不同的假设条件来确定企业的负债和股本价值。大卫·杜兰特对这些观点进行了归纳，这些归纳主要基于对投资者行为的假设推断和经验判断，而不是基于大量的统计数据分析得出的结论。

总体来说，这三种理论提供了不同的视角来解释和分析最优资本结构的形成。它们不仅加深了我们对资本结构影响因素的理解，还为企业在实际操作中选择资本结构提供了理论指导和实践参考。

10.3　现代资本结构理论

10.3.1　MM 理论（不存在公司税收）

1958 年，金融学家弗兰科·莫迪利亚尼（Franco Modigliani）和梅顿·米勒（Merton Miller）共同发表了一篇题为《资本成本、公司金融和投资理论》的开创性论文。在这篇论文中，他们深入分析了资本结构与企业价值之间的联系，并提出了具有划时代意义的 MM 理论。这一理论不但成功地解决了早期资本结构理论中的诸多矛盾，而且为现代资本结构理论的建立和发展打下了坚实的基础。

MM 理论对公司金融领域产生了深远的影响，其至今仍被视为学术界和实务界在资本结构决策中的权威参考。他们的理论不仅推动了学术研究的深入，还对企业财务管理实践产生了积极的指导作用。

在阐述 MM 理论时,莫迪利亚尼和米勒构建了一个理想化的假设模型,并用一个形象的比喻来阐释其核心观点:如果将企业的价值比作一块馅饼,那么馅饼的总量并不取决于你如何去切分它。这个比喻生动地传达了他们的观点,即在某些条件下,企业的资本结构不会影响其总价值,这一观点对资本结构理论的发展产生了深远的影响。

1. 基本假设与符号说明

MM 模型是现代资本结构理论的基础,其核心假设如下。

(1) 相同的预期。投资者对公司未来的息税前利润(EBIT)及其风险的估计相同。这意味着所有市场参与者对公司未来盈利能力和风险的看法一致。

(2) 相同的经营风险。公司的经营风险通过 EBIT 的方差来衡量,所有公司具有相同的经营风险。这假设了不同公司在经营上的不确定性是一致的。

(3) 永久现金流量。投资者估计公司未来的 EBIT 相同,且为永久年金。这假设公司的现金流入是稳定且永久的,类似于一个无限期的年金。

(4) 完美的资本市场设定。包括:资本市场是完全竞争的;公司和投资者的借贷利率相同,这是一个关键假设,意味着资本的供给和需求在市场中是完全弹性的;所有市场参与者都能够同等地获取并使用所有相关信息;在资本市场中进行交易没有成本,不存在任何交易费用;不存在税收,企业不需要支付任何税款。

这些假设为 MM 理论提供了一个理想化的分析框架,使其能够推导出在这些理想条件下资本结构对企业价值的影响。尽管这些假设在现实世界中可能不完全成立,但它们为理解资本结构的基本原理提供了重要的理论基础。

在此,描述两种类型的公司及其相关符号。一种类型是有负债的公司:公司价值 V_L 由债务 B 和权益 E_L 构成,即 $V_L = B + E_L$;息税前利润为 $EBIT$;债务利息 I 是债务 B 与税前债务成本 R_B 的乘积,即 $I = B \times R_B$;权益成本为 R_S;加权平均资本成本为 $WACC$。另一种类型是无负债的公司:公司价值 V_U 全部由权益构成;权益成本为 R_U。

这些定义和符号帮助理解和计算公司的资本成本和价值。在这些假设下,可以进一步探讨公司是否应该负债,以及负债比例为多少是最优的。

2. 基本关系式

在这里,可以得到三个关键的关系式,它们可以帮助我们理解和计算公司的价值和资本成本。这三个关系式如下所述。

(1) 对于有负债的公司,其息税前利润 $EBIT$ 可以表示为权益 E 乘以权益成本 R_S 加上债务 B 乘以债务成本 R_B,即:

$$EBIT = E_L \times R_S + B \times R_B \quad (10-1)$$

这个公式度量了公司的总回报,它是由权益的回报和债务的回报组成的。其中,权益的回报,即公司通过其股东投入的资本获得的回报,按照股东所期望的权益成本计算。债务的回报,即公司通过其债务融资获得的资金所必须支付的回报,按照债权人所期望的债务成本计算。

(2)公司的总价值V_L乘以其加权平均资本成本 WACC 等于 EBIT,即:

$$V_L \times WACC = EBIT \qquad (10-2)$$

这个公式表示,公司的总价值乘以其资本成本等于其期望回报。

(3)对于无负债的公司,其价值V_U乘以权益成本R_U等于 EBIT,即:

$$V_U \times R_U = EBIT \qquad (10-3)$$

这个公式表示,无负债公司的总价值乘以其权益成本等于其期望回报。

这三个关系式提供了对公司价值和资本成本的深入理解。特别是,最后两个公式说明了,无论公司是否有负债,其总价值乘以其资本成本都等于其期望回报。这些关系式为我们提供了理解和计算公司的价值和资本成本的基础。在这些公式的基础上,可以进一步探讨公司的最优资本结构,以及公司是否应该负债,负债多少是最优的。

3. MM 理论命题1(不存在税收)

MM 理论的两个核心结论是在一系列理想化市场条件下得出的。这些条件包括不存在税收、交易成本、破产成本和信息不对称等因素。在这种理想化的环境下,无论公司的资本结构如何,即无论公司选择多少债务和权益,公司的总价值和资本成本都不会受到影响。

MM 理论命题1(不存在税收):

(1)无论公司是否负债,其价值都保持不变。即$V_L = V_U$。

(2)无论公司是否负债,其总体资本成本都保持不变。即 $WACC = R_U$。

这些结论可能会让人感到意外,因为通常认为公司的资本结构会影响其价值和资本成本。然而,在 MM 理论的框架下,得出的结论是,公司的价值和资本成本实际上与其资本结构无关。

这个结果意味着,从理论上讲,公司在确定资本结构时,无论选择多少债务和权益,其价值和资本成本都不会受到影响。这也意味着,对于公司来说,选择任何资本结构都是可行的,因为这不会影响其价值和资本成本。

然而,这些结论在现实世界中可能并不完全适用。现实世界的市场条件充满了税收、交易成本、破产成本和信息不对称等因素。这些因素可能会影响公司的资本结构对其价值和资本成本的影响。因此,尽管 MM 理论提供了一个有用的理论框架,但在实际应用中,公司需要考虑更多现实因素来优化其资本结构。

接下来详细说明如何通过一个简化过程来证明 MM 定理。这个证明过程主要通过比较投资无负债公司和投资有负债公司的收益来进行。

(1)投资无负债公司(U)。

假设购买了无负债公司 U 的α比例的股权。投资金额为$\alpha \times V_U$。投资者最终的收益是

$\alpha \times EBIT$,因为公司无负债,收益全部属于股东。

(2)投资有负债公司(L)。

购买了有负债公司 L 的 α 比例的股权,同时还购买了 α 比例的债券。投资金额为 $\alpha \times E_L$(股权部分)$+ \alpha \times B$(债券部分)。对于股东的收益部分为 $\alpha \times (EBIT - R_B \times B)$,对于债券的收益部分为 $\alpha \times R_B \times B$。总收益为 $\alpha \times (EBIT - R_B \times B) + \alpha \times R_B \times B = \alpha \times EBIT$。

通过比较两种投资方式的收益,发现它们是相同的。因此,如果市场没有套利机会,两种投资方式的初始投资金额应相等,即 $\alpha \times V_U = \alpha \times E_L + \alpha \times B$,从而得出 $V_U = E_L + B = V_L$。这表明,无论公司是否有负债,其总价值保持不变。

同样地,由于收益相等,且投资金额相等,这意味着不同公司资本成本也是相等的,即 $WACC = R_U$。

通过无套利原则,证明了公司无论如何选择其资本结构,其加权平均资本成本(WACC)和市场价值都不会受到影响。这一证明过程巧妙地利用了无套利机会的思想,通过比较无负债和有负债公司的投资收益,清晰地展示了 MM 定理的核心结论。

虽然这是一个理想化的证明,在现实世界中可能会有一些偏差,但它为理解资本结构对公司价值和资本成本的影响提供了重要的理论基础。这个证明过程展示了无论公司是否有负债,其价值和资本成本都保持不变的结论,这是 MM 理论的核心。

这个证明过程的巧妙之处在于,它通过构造一个无套利的环境来展示这一结论。具体来说,通过精巧的构造使得投资无负债公司和投资有负债公司的收益相等。由此得出,它们的投资额也应该相等。否则,它们的股票价格就不会处于均衡状态,市场会进行调整,从而消除套利机会。

这种方法类似于解决许多数学问题时采用的精巧构造方法。在这个证明中,通过精巧的构造使得投资无负债公司和投资有负债公司的收益相等,从而得出它们的投资额应该相等。否则,市场会通过价格调整来消除任何套利机会。

最终,得出了两个关键结论:无论公司是否有负债,其市场价值($V_U = V_L$)和资本成本($WACC = R_U$)都保持不变。这就是 MM 定理的两个主要命题,它们为公司金融领域提供了深远的理论洞见。

4. MM 理论命题 2(不存在税收)

接下来讨论 MM 定理的第二个命题,即有负债公司和无负债公司的权益资本成本之间的关系。

通过简单的推导,可以得到 MM 理论命题 2(不存在税收):

不存在公司所得税税率,有负债公司的权益资本成本(R_S)与无负债公司的权益资本成本(R_U)之间存在如下关系:

$$R_S = R_U + \frac{B}{E_L}(R_U - R_B) \quad (10-4)$$

其中，R_S是有负债公司的权益资本成本，R_U是无负债公司的权益资本成本，R_B是债务成本，B是负债，E_L是负债公司的权益。

图 10-1 展示了不存在公司所得税情形下的资本成本关系。

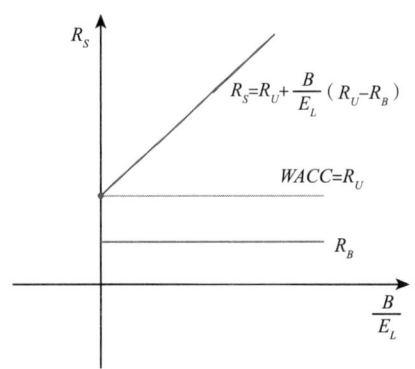

图 10-1　不存在公司所得税情形下资本成本关系

当公司负债降低为零时，即 $B=0$，R_S就等于R_U。然而，随着负债比重的逐渐增加，权益资本成本也会逐渐增加。而加权平均资本成本（WACC）保持不变，等于无负债公司的资本成本R_U。无负债公司的资本成本在图 10-1 中表现为一个固定点，位于纵坐标轴上，表示无负债情况下的资本成本，将其表示为无杠杆权益成本（R_U）。

图 10-1 展示了公司在有无负债情况下资本成本之间的动态关系。对于有负债公司，图中展示了三条线，分别代表债务成本（R_B）、加权平均资本成本（WACC）和有杠杆权益资本成本（R_S）。这三条线随着公司负债比重的增加而变化，但 WACC 和R_B保持恒定，而R_S随着负债的增加而上升。

这个命题进一步证实了在理想条件下，企业资本结构的调整不会影响公司的整体价值。无论企业如何配置其权益和债务的比例，公司的价值和总体资本成本都保持不变。随着负债比重的增加，有负债公司的权益资本成本R_S相应上升，这是 MM 定理的第二个结论，与第一个命题共同强调了在理想状态下资本结构对公司价值的中立性。这三个关系式概括了 MM 定理的核心理念，理解这些关系对于全面掌握公司资本结构理论至关重要。

通过讨论，得出以下关键性的结论。首先，MM 定理揭示了在无税、无破产成本、市场完全有效等理想条件下，公司的资本结构不会影响其价值。这意味着，不论公司如何平衡负债与权益的比例，其市场总体价值维持不变。其次，尽管公司的总体价值不受资本结构的影响，但有负债公司的权益资本成本会随着负债比重的增加而上升。这一点在图 10-1 上表现为：随着负债比重的提高，权益资本成本曲线呈现上升趋势，而加权平均资本成本（WACC）保持恒定，等同于无负债公司的资本成本。这一理论可以形象地比作切馅饼的过程：不论馅饼如何被切分，其总体大小——相当于公司的总体价值——保持不变。

MM 定理在理论上显得精妙且完美，但现实世界中的观察往往与其存在偏差。例如，我们注意到，不同行业的公司在负债与权益的比重上展现出相对稳定的趋势，这可能与现实中的税收、破产成本、市场不完全有效等因素的影响有关。因此，尽管 MM 定理可能与现实情况有所冲突，但它在经济学领域中的重要性不容置疑。它提供了一个理想化的分析框架，帮助我们理解在特定条件下资本结构如何影响公司价值和资本成本。这种理解对于指导实际的财务决策是非常宝贵的，尽管在应用时，我们可能需要综合考虑更多的现实因素。

10.3.2　MM 理论（存在公司税收）

在公司金融领域，企业选择的资本结构对公司价值和所承担的税负具有深远的影响。资本结构中的有负债和无负债选择，直接影响到公司面临的税收状况，进而影响公司价值。

（1）无负债公司。在没有债务融资的情况下，公司无法享受由利息支出带来的税收抵扣优势。因此，其税负是基于全部利润计算的，缺乏通过债务融资降低税负的机制。

（2）有负债公司。引入债务融资后，公司支付的利息可以抵扣税前利润，从而减少应缴的税款。这种利息支出的税收抵扣效应被称为税盾，它通过降低公司的应缴税款，间接提高了公司的净值。

具体来说，有负债企业的税负比例低于无负债企业，这意味着通过增加财务杠杆，公司可以利用税盾效应来减轻税负，这可能会提升公司价值。

在财务决策中，管理者应考虑税收优化，选择能够带来税收节省的资本结构。如果两种资本结构下的公司总价值相同，那么能够支付较少税收的资本结构因其税盾效应而具有更高的价值。管理者可能会倾向于选择这样的结构。

税盾的价值可以通过以下公式计算：

$$税盾价值 = 利息额 \times 公司所得税税率 \tag{10-5}$$

此外，永久税盾的现值，作为债务融资税收节省的评估指标，可以通过以下公式计算：

$$永久税盾的现值 = 债务金额 \times 公司所得税税率 \tag{10-6}$$

最后，负债公司的价值可以通过加上永久税盾的现值来与无负债公司的价值进行比较：

$$有负债公司的价值 = 无负债公司价值 + 永久税盾的现值 \tag{10-7}$$

这些概念强调了在考虑公司资本结构时，税收是一个不可忽视的因素。债务融资通过提供税收节省的机会，可能增加公司的价值，这是财务决策中必须考虑的关键要素。

1. MM 理论命题 1（存在税收）

在考虑税收的情况下，MM 理论的结论需要进行调整。具体来说，负债公司的价值会因为税收抵免而增加。这是因为负债公司可以通过利息支出来减少应纳税所得额,从而减少税负。

MM 理论命题 1（存在税收）：

有负债公司的价值 V_L 与无负债公司的价值 V_U 之间的关系可以表示为：

$$V_L = V_U + T \times B \quad (10-8)$$

其中,T 是公司所得税税率,B 是负债金额。这个公式表明,有负债公司的价值等于无负债公司的价值加上税收抵免额 $T \times B$。

这意味着在存在税收的情况下,公司应尽可能多地负债,因为负债越大,公司的价值就越高。理论上,最佳的资本结构是 100% 的负债。然而,在现实中,过多的负债会带来破产风险和信用风险。因此,公司在实际操作中需要在追求税收优势和控制风险之间找到平衡点。

在考虑公司所得税的条件下,MM 定理命题 1（存在税收）通过不同投资决策的收益表来展示其证明过程。

(1) 投资决策 1：购买负债公司的股权。投资金额为 $\alpha \times E_L$,则投资收益为：

$$\alpha \times (EBIT - R_B \times B) \times (1-T) \quad (10-9)$$

(2) 投资决策 2：借款并购买无负债公司的股票。负债借款金额为 $\alpha \times B \times (1-T)$,投资股票金额为 $\alpha \times V_U$,则净投资金额为：

$$\alpha \times V_U - \alpha \times B \times (1-T) \quad (10-10)$$

则投资收益为：

$$\alpha \times EBIT \times (1-T) - \alpha \times R_B \times B \times (1-T) \quad (10-11)$$

可以发现上述两个投资决策的收益是相等的。根据无套利的原则,投资金额也应该是相等的。即：

$$E_L = V_U - B \times (1-T) \quad (10-12)$$

变形后有：

$$V_L = E_L + B = V_U + B \times T \quad (10-13)$$

这个证明进一步强化了本命题的核心观点,公司的资本结构选择可能会影响不同融资方式下的公司税收负担。这一理论对于理解公司金融和资本结构决策具有重要意义。

2. MM 理论命题 2（存在税收）

在考虑公司税收的情况下,MM 定理阐述了资本结构对公司价值和资本成本的影响。以下是该情境下的基本关系式。

(1) 有负债公司的普通股权益价值公式：

$$E_L \times R_S = (EBIT - B \times R_B) \times (1-T) \tag{10-14}$$

(2) 有负债公司价值公式：

$$V_L \times WACC = E_L \times R_S + B \times R_B \times (1-T) = EBIT \times (1-T) \tag{10-15}$$

(3) 无负债公司价值公式：

$$V_U \times R_U = E_U \times R_U = EBIT \times (1-T) \tag{10-16}$$

(4) 有无负债公司价值关系：

$$V_L = V_U + T \times B \tag{10-17}$$

通过上述基本关系式的推导，可以得到 MM 理论命题 2（存在税收）：

在存在公司所得税情形下，有负债公司的权益资本成本（R_S）与无负债公司的权益资本成本（R_U）之间存在如下关系：

$$R_S = R_U + \frac{B}{E_L}(R_U - R_B) \times (1-T) \tag{10-18}$$

其中，R_S 是有负债公司的权益资本成本，R_U 是无负债公司的权益资本成本，R_B 是税前债务成本，B 是负债，E_L 是有负债公司的权益，T 是公司所得税税率。可以看到在存在税收的情况下，权益资本成本（R_S）会随着负债比率（杠杆）的增加而增加。

图 10-2 展示了存在公司所得税情形下的资本成本关系。

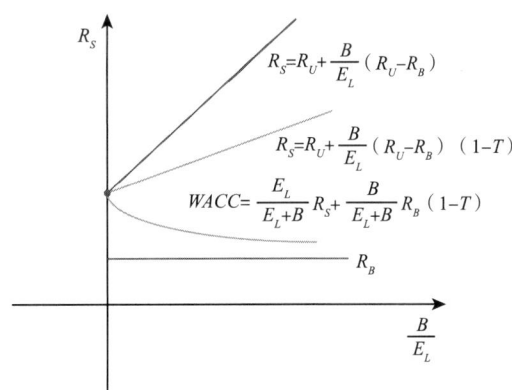

图 10-2　存在公司所得税情形下资本成本关系

命题公式和图 10-2 均显示了负债公司的权益资本成本 R_S 会随着负债比率（杠杆）的增加而上升，这与我们先前的理解相符。同时，公式中还体现了税收的存在对债务资本成本和权益资本成本的影响，税收会降低权益资本成本，因为利息支出是在税前利润中扣除的。

通过深入理解这些公式，可以认识到，在考虑公司所得税的情况下，加权平均资本成本 WACC 并非一个固定值，而是随着负债比率的提高而逐渐降低。这表明，在理论上，一个完全由负债构成的资本结构（100%负债）可能是最优的。

总的来说，理解这些理论和公式的含义至关重要。这不仅涉及记忆公式本身，更重要的是要领会其背后的经济逻辑和含义。

10.3.3 米勒模型——引入个人所得税

1976 年，著名经济学家梅顿·米勒（Merton Miller）提出了一个综合考虑公司所得税和个人所得税影响的模型，用以阐释负债对公司价值的影响，这一理论被称为米勒模型。米勒模型的核心观点是，公司价值不仅受到公司所得税税率（T_C）的影响，还受到个人投资者从股票和债券投资中获得收益时所需缴纳的所得税税率的影响。即：

$$V_L = V_U + \left[1 - \frac{(1-T_C)(1-T_S)}{1-T_B}\right] \times B \qquad (10-19)$$

其中，公司所得税税率 T_C，代表公司在其利润中所需缴纳的税额比例；个人股票所得税税率 T_S，代表个人投资者从股票投资中获得的股息和资本利得所需缴纳的税额比例；个人债券所得税税率 T_B，代表个人投资者从债券投资中获得的利息收入所需缴纳的税额比例。

米勒模型通过这些变量来分析不同税收条件下的资本结构对公司价值的影响。该模型认为，当考虑个人所得税时，公司资本结构的选择将变得更加复杂，因为不同融资方式下的税后收益会直接影响投资者的决策和公司价值。

米勒模型的提出，为理解资本结构决策在更广泛税收环境下的影响提供了新的视角，丰富了公司金融理论，并为公司在不同税收政策下做出资本结构决策提供了理论依据。

这是米勒模型的一个重要发现：当考虑市场中更多的重要因素时，结论会不断调整，从而使我们的理解逐渐接近市场的真实情况。

思考与练习

围绕本章议题，试思考和练习下列问题。

10.1 U 公司是一家无负债公司，它拥有持续的息税前收益（EBIT）为每年 125 万元。该公司的权益资本成本为 12.5%。L 公司是一家与 U 公司在所有其他方面都相同的公司，但它有 500 万元的债务资本，且债务的利息率为 8%。假设 MM 命题中的各项理想化市场条件都成立，我们需要计算以下几项：（1）U 公司的价值（V_U）；（2）L 公司的价值（V_L）；（3）U 公司的权益价值（E_U）；（4）L 公司的权益价值（E_L）；（5）U 公司的权益资本成本（R_U）；（6）L 公司的权益资本成本（R_S）；（7）L 公司的加权平均资本成本（WACC）。

10.2 某公司股票市场价值为 32 000 万元，债务价值为 9 000 万元，预期的 EBIT 是不变常数，公司的所得税税率为 25%，根据 MM 定理，计算公司在无负债时的市场价值。

10.3 什么是税盾效应？

10.4 B 公司目前全部用权益资本来满足其资金需求，权益资本成本为 12%。现在公司打算以 8% 的利率发行债券，在新的资本结构下，债券市场价值为公司价值的 45%，若公司所得税税率为 25%，请计算该公司新的权益资本成本和加权平均资本成本。

10.5 简要阐释（MM 定理框架下的）馅饼模型的概念。

第 11 章　信息不对称与委托代理关系

11.1　概　要

本章深入探讨了信息不对称问题，这一议题对公司金融学研究主题构成了重要的补充和扩展。理解和掌握这些基础概念与核心模型，尤其是委托代理理论模型，对于深入理解相关文献和全面把握公司金融领域的研究议题至关重要。信息不对称的研究标志着经济学发展的一个重要转折点。在这一议题被广泛探讨之前，经济学研究大多建立在古典视域的理想化假设之上。信息不对称的探讨不但拓宽了我们的研究视野，而且在深层次上推动了经济理论的进一步开拓和发展。

在投资学领域，最为经典的假设为所有投资者都是理性的，并且对信息有着准确无误的理解。然而，随着行为金融学的兴起，我们开始认识到投资者的行为并不总是理性的，他们对信息的解读可能存在偏差。这揭示了信息的不对称性，需要进一步关注、探索和理解。

侧重于信息不对称视角下契约理论的基础逻辑在于：在经济学中，任何交易或行为都可以被视作双方签订了一份契约。在古典经济学的框架中，由于假设交易双方信息完全透明，不存在信息不对称，引入契约的视角显得有些累赘。然而，在现实世界中，信息不对称是一个普遍现象，这使得契约的引入、设计与分析变得至关重要。作为契约理论中的一个经典模型，委托代理理论通过明确双方的权利和义务，探讨在信息不对称的情况下如何合理划分这些权责。这一过程实质上是在描述双方应如何签订契约，确保交易的均衡状态和经济效率。

契约理论（或合同理论、合约理论）揭示了在信息不对称情况下，经济现象的最优结果形态，解释了交易双方如何安排合约以适应这一环境。例如，对赌协议和双重股权结构的存在，都是应对信息不对称的策略。这些安排帮助交易双方在信息不对称的情况下，尽可能促成经济交易行为的发生以及实现更有经济效率的均衡状态。

作为契约理论的一种重要工具与分析框架，机制设计理论的核心目标是在信息不对称的环境中，设计出能够促进双方合作或组织有效运作的机制。机制设计理论旨在解决信息不对称条件下的交易行为和绩效问题，通过构建和设计制度、法律和规范安排，以期在尊重经济规律的基础上，引导结果向可控或半可控的方向发展。

回顾第 10 章中资本结构问题，尤其是经典的 MM 理论，它告诉我们在理想情况下，资本结构不影响企业价值。然而，在现实世界中，我们经常观察到不同行业展现出相似的负债比例或资本结构状态。这种现实表现如何解释？信息不对称的视角为我们提供了另一种解释途径。在信息不对称的分析框架下，资本结构问题呈现出与信息对称世界下的 MM 理论不同的面貌。

在契约理论的视角下，我们不是试图消除信息不对称——这往往成本过高——而是在承认并尊重信息不对称这一客观现象的基础上，探讨交易双方如何设计契约关系以优化结果。契约理论为我们提供了一个分析、理解和解释经济现象的有力框架。

契约理论研究的核心在于，在信息不对称的环境中，如何设计和实施有效的契约。委托代理分析框架作为这一领域的一个关键工具，被广泛应用于解决各种信息不对称问题，如劳动合同、公司治理、金融市场等。这些问题的共同点在于，代理人的行为对委托人的福利有重大影响，而这些行为往往难以被委托人完全观察或验证，因此需要通过契约设计来激励代理人采取对委托人有利的行动。通过这种方式，契约理论不仅帮助我们理解经济活动中的复杂性，还为我们提供了一种工具，用以设计和实施更有效的经济契约，从而提高经济交易的效率和公平性。

11.2 三个经典案例

信息不对称是经济学中的一个核心问题，它描述了交易双方在交易过程中对某些关键信息了解程度的不同。我们将通过三个经典案例来深入探讨信息不对称问题。

11.2.1 第一个案例：阿克洛夫的二手车市场中的逆向选择

这个案例由经济学家乔治·阿克洛夫提出，它研究了信息不对称如何导致市场失灵。在美国的二手车市场中，存在两种类型的车辆：一种是维护良好、质量较高的；另一种是维护不当、质量较低的。这两种车在市场上可能外观相似，但车主对车辆的真实质量了如指掌，而消费者却难以辨别。

假设高质量和低质量二手车在市场上各占一半。消费者在购买时有 50% 的概率买到高质量车，也有 50% 的概率买到低质量车。如果高质量车的价值是 10 万元，而低质量车的价值是 5 万元，消费者可能愿意支付的平均价格是 7.5 万元。然而，这个价格对高质量车的车主来说太低，而对低质量车的车主来说却显得过高。最终，高质量车的车主可能选择不在市场上出售他们的车辆，导致市场上只剩下质量较低的车辆。

这种现象称为逆向选择。逆向选择发生时，由于信息不对称，高质量的商品或服务逐渐退出市场，而低质量的商品或服务则占据主导地位，导致整体市场质量下降。阿克洛夫的研究创造性地提出了信息不对称的概念,并阐释了它如何影响市场效率和结果。

信息不对称的存在意味着市场无法仅通过价格机制达到理想的均衡状态。当交易一方对商品或服务的质量拥有更多信息时,市场可能无法有效地分配资源,导致资源配置的效率降低。

通过阿克洛夫的二手车市场模型,可以看到信息不对称如何在实际市场中导致逆向选择,进而影响市场的健康发展。这一理论不仅在二手车市场适用,在劳动市场、保险市场以及其他多种交易场景中都有广泛的应用。

11.2.2 第二个案例:斯蒂格利茨的保险市场中的道德风险

第二个案例来自保险市场,由经济学家约瑟夫·斯蒂格利茨提出,揭示了信息不对称在保险领域中的另一个重要表现形式——道德风险。

在美国的高校中,许多学生拥有自行车,而这些自行车在校园内停放时存在被盗风险。一些学生通过观察发现自行车被盗的概率大约为10%,于是设计了一个保险产品,计划以自行车价值的15%作为保费,并预期从中获得5%的利润。

然而,在保险产品运行一段时间后,他们发现自行车被盗的概率意外地提高了,导致保险产品开始出现亏损。这一现象背后的原因是道德风险的产生。道德风险描述了个体在购买保险后可能发生的一个行为变化,这种变化增加了风险发生的概率。在这个例子中,一些学生因为购买了保险,可能在停放自行车时不再采取严格的安全措施,如不锁车或使用简易锁具,从而增加了自行车被盗的风险。

道德风险与逆向选择不同,它是事后的行为改变。逆向选择发生在交易前,由于信息不对称导致高质量商品或服务退出市场。而道德风险发生在交易后,即保险合约签订后,个体的行为可能会因购买了保险而发生改变。

在经济学中,道德风险是一个中性的术语,它没有道德批判的含义。我们的目标是研究在存在道德风险的情况下,如何通过合约关系的设定,实现相对较好的结果。

为了应对道德风险,保险公司可能需要设计更为复杂的合约,以激励保险持有人采取合理的预防措施。这可能包括提高保费、引入免赔额,或在合约中明确规定投保人的责任和义务。

通过这个案例,可以看到信息不对称如何影响保险市场的有效运作,以及如何通过合约设计来缓解由道德风险带来的问题。

11.2.3 第三个案例:斯宾塞的劳动市场中的信号模型

第三个案例来自劳动市场,由经济学家迈克尔·斯宾塞提出,进一步发展了信息不对称理论。斯宾塞的信号模型解释了在没有明显信号区分求职者能力的情况下,劳动市场如何运作。

在劳动市场中,如果缺乏区分高能力和低能力求职者的明显信号,雇主可能只能根据市场平均水平来设定工资。这可能导致高能力者感到报酬不足,从而选择其他机会,如创业或其他更高报酬的工作,而不是接受现有工作。

斯宾塞观察到教育在劳动市场中扮演的信号角色。以哈佛大学 MBA 学生为例,许多学生在入学前的表现并不突出,但通过几年的严格教育和学习,毕业后的薪资甚至超过了他们在学校时的老师。这一现象表明,教育过程为雇主提供了一个区分求职者能力的信号。高能力者通过完成具有挑战性的教育课程,向潜在雇主传递出他们具备高能力的信号。

斯宾塞的模型指出,通过教育和其他形式的信号传递,雇主可以更有效地识别高能力者,并据此给予相应的高工资。这种机制解决了劳动市场中高能力和低能力求职者无法区分的问题,提高了市场效率。

同样的逻辑也适用于二手车市场。车主可以通过提供质量保证,如两周内无理由退货等,向消费者传递车辆质量高的信号。这种信号的传递有助于缓解逆向选择问题,使得高质量车辆更有可能留在市场中。

斯宾塞的信号模型强调了在信息不对称环境中,信号传递的重要性。它不仅解释了教育和其他资格认证在劳动市场中的作用,也为解决其他市场中的信息不对称问题提供了洞见。

11.2.4 小结

斯宾塞、阿克洛夫和斯蒂格利茨的开创性研究不仅推动了经济学的发展,也深刻改变了我们对市场现象和问题的认知。他们的理论工作,特别是在信息不对称领域的贡献,赢得了 2001 年诺贝尔经济学奖的殊荣。

这三个经典模型生动地展示了信息不对称如何深刻影响市场的运行机制。从阿克洛夫的二手车市场逆向选择,到斯蒂格利茨的保险市场中的道德风险,再到斯宾塞的劳动市场信号模型,每一个案例都揭示了信息不对称对市场效率的潜在影响。

这些模型还提供了解决信息不对称问题的思路。通过设计有效的信号机制和合约关系,可以缓解信息不对称带来的市场失灵。例如,教育作为劳动市场中的一种信号,帮助雇主区分求职者的能力;在二手车市场中,车主可以通过提供质量保证来传递车辆质量的信号。

这些案例不仅丰富了我们的经济学理论,还为分析现实世界中的问题提供了有益的参考。了解信息不对称、逆向选择和道德风险等概念,对于我们理解经济现象至关重要,同时也帮助我们在实际生活中做出更明智的决策。

斯宾塞、阿克洛夫和斯蒂格利茨的工作强调了在信息不对称的环境中,设计合理的机制和信号的重要性。他们的理论不仅增进了我们对市场如何运作的理解，还为政策制定者、商业领袖和普通消费者提供了宝贵的工具，以更有效地应对信息不对称带来的挑战。

11.3 信息不对称的划分

11.3.1 信息经济学基础

信息经济学主要研究在信息不对称的情况下，交易双方如何通过设计交易关系和权利义务安排来促进经济关系的良性发展。这种理论本质上是在不对称信息条件下的博弈论在经济学中的应用。由于交易双方存在信息不对称，不可避免地会涉及博弈问题，这些问题可以通过合作博弈和非合作博弈两种类型来分析。

信息不对称意味着一方拥有另一方不知道的信息，这种信息可能是事前的或事后的。信息经济学的研究重点在于，在给定这种情境条件下，如何设计最优的交易契约，即最优的权利义务安排，以约束双方并推动交易关系的良性发展。这种最优的权利义务安排构成了契约理论或机制设计理论的核心内容。

信息经济学和契约理论的研究不仅有助于我们理解市场中的信息不对称问题，还为设计有效的交易机制和政策提供了理论基础。通过深入理解这些概念和理论，可以更准确地分析和解决实际经济活动中的信息不对称问题，从而促进经济的健康发展。

11.3.2 信息不对称划分的视角

信息不对称可以从发生的时间和内容两个角度进行划分。

首先，从时间角度看，信息不对称可以发生在交易之前或之后。例如，在二手车市场，信息不对称（关于车辆质量的信息）发生在交易之前，因为卖方已经知道车辆的质量。而在保险市场，信息不对称（关于保险购买者行为的信息）发生在交易之后，因为保险购买者可能在购买保险后改变他们的行为。

其次，从内容角度看，信息不对称可以涉及信息或行为。例如，在二手车市场，信息不对称涉及车辆质量的信息，这是一个客观的信息。而在保险市场，信息不对称涉及保险购买者是否会改变他们的行为，这是一个主观的行为。

这两种划分方式揭示了信息不对称的特点，并为我们理解和解决信息不对称问题提供了理论框架。阿克洛夫的逆向选择模型和斯蒂格利茨的道德风险模型就是基于这两种划分方式提出的。这两个模型虽然都涉及信息不对称，但内容和时间角度不同，因此是两个不同的概念。理解这两个概念的区别和联系，对于理解信息经济学和契约理论的诸多方面至关重要。

11.3.3 信息不对称划分的内容

具体来看,信息不对称的划分涉及以下四个方面。

(1) 事前信息不对称。在交易发生之前,一方拥有另一方不知道的信息,如二手车市场中卖方对车辆真实质量是了解的,但是买方不了解。

(2) 事后信息不对称。在交易发生后,一方可能拥有另一方不知道的信息,例如保险市场中投保人的行为悄然改变,这可能导致风险发生的可能性增加。

(3) 信号传递。在某些情况下,信息丰富的一方可以通过传递信号来减少信息不对称,如高能力的求职者通过教育背景向雇主传递能力的信号。

(4) 信息甄别。信息较少的一方可以通过设计筛选机制来识别信息,例如保险公司通过不同的保险产品设计来筛选风险水平不同的客户。

11.4 信息不对称的基本分类

11.4.1 道德风险

在保险市场中,道德风险是一个典型的信息不对称问题。在保险公司与购买保险的消费者签订合同前,自行车被盗的概率是相对恒定的。但在购买保险后,消费者的行为可能发生改变,他们可能不再像以前那样努力保护自己的自行车。这种行为改变可能加速随机事件(如自行车被盗)的发生概率。然而,保险公司无法完全监控消费者的行为,这导致了信息不对称。

从契约理论的视角来看,需要设计一种合同,使得购买保险的每一个人都能从自己的利益出发,尽量减少道德风险的产生。这样的合同可能包括一定的免赔额、保费折扣等激励措施,以鼓励消费者保持良好的行为。通过设计这样的合同,可以在一定程度上解决道德风险带来的信息不对称问题,从而促进保险市场的良性发展。

道德风险不仅存在于保险市场,还广泛存在于其他领域。例如,雇佣市场中雇员和雇主之间,雇员是否努力工作;承包市场中承包商和委托方之间,承包商是否偷工减料;上市公司中管理层和股东之间,管理层是否尽责管理公司;公共服务领域中公务员和民众之间,公务员是否认真履行职责。所有这些情形中,行为的一方因缺乏充分监督可能会有机会行为懈怠,从而产生道德风险。

在这些例子中,通过设计合理的激励机制和监督措施,可以在一定程度上缓解道德风险问题。例如，雇主可以通过绩效考核和激励措施鼓励雇员努力工作；股东可以通过设置监督委员会和提供股份激励来确保管理层尽责管理公司。这些措施都有助于减少信息不对称导致的道德风险，促进各类市场的健康发展。

11.4.2 逆向选择、信号传递与信息甄别

1. 逆向选择

逆向选择是信息经济学中的一个重要概念，主要涉及信息不对称的问题。例如，在二手车市场上，车辆的质量可能存在很大差异，而卖家可能比买家更了解车辆的实际质量。这种情况下，买家难以准确判断车辆的质量，导致信息不对称的存在。逆向选择理论认为，在这种情况下，市场上更可能出现质量较低的车辆，因为质量较高的车辆往往会被排挤出市场，而较低质量的车辆则更容易进入市场。

在逆向选择的情境下，卖家对车辆质量有更多信息，而买家则面临着信息不对称的挑战。这种不对称的信息可能导致市场中买家更容易买到质量较低的车辆，从而影响市场的效率和公平性。

2. 信号传递

信号传递模型，是对信息不对称问题的另一种解决方案。在劳动市场上，个体的能力和素质往往是难以直接观察到的。雇主希望雇用那些具有高能力的员工，而个体可能会通过获取教育、培训等方式来展示自己的能力水平。例如，一个求职者通过获得高难度学位或经历严格的培训，来向雇主传递自己具有高能力的信号。

通过这种信号传递，个体能够在信息不对称的环境中，通过自己的行动来提供额外的信息，从而增加雇主对其能力的信任度。这种方式有助于减少逆向选择问题带来的负面影响，并且能够更有效地匹配市场中的供需关系。

总体而言，信息不对称和逆向选择是经济学中重要的概念，它们揭示了市场中信息不对称所带来的挑战，同时也促使了各种解决方案的提出，以优化市场效率和公平性。通过理解这些概念，能够更好地设计政策和制度，来应对现实世界中复杂的经济交易和决策环境。

3. 信息甄别

信息甄别是一种由信息弱势的一方设计机制，以便自动筛选不同类型的参与者的策略。例如，在劳动市场上，雇主可以设计两种薪资方案：一种是基本工资较低但绩效奖金较高的方案；另一种是基本工资较高但绩效奖金较低的方案。高能力的员工更有可能选择第一种方案，因为他们有信心通过绩效奖金获得更高的收入；而低能力的员工则更可能选择第二种方案，以确保基本工资的稳定性。这种设计能够让雇主通过雇员的选择来识别他们的能力，从而进行信息甄别。

同样，在保险市场中，保险公司可以设计不同的保险合同来吸引不同风险偏好的客户。例如，提供高免赔额但低保费的保险合同以及低免赔额但高保费的保险合同。风险低

的消费者更可能选择前者,因为他们认为自己发生事故的概率较低;而风险高的消费者则更可能选择后者。通过这种方式,保险公司能够根据客户选择的合同类型来判断他们的风险水平。

信息甄别与信号传递是两个相对的概念。信号传递是信息强势的一方(例如雇员)通过某种方式主动发送信息,让另一方(例如雇主)了解自己的真实情况;而信息甄别则是信息弱势的一方(例如雇主)设计机制,让对方在选择过程中自动暴露其真实情况。

11.4.3 基本分类的案例分析

首先,信号传递与信息甄别在市场中的作用,可以通过简单的案例来阐述。

(1) 信号传递。在劳动市场中,雇员通过获得高难度学位来向雇主传递自己具备高能力的信号。在二手车市场中,车主通过提供详尽的维修记录作为质量保证来向潜在买家展示车辆的高质量。

(2) 信息甄别。在劳动市场中,雇主可能会设计两种薪资方案:一种包含较高的绩效奖金,吸引高能力雇员;另一种提供较高的基本工资,吸引低能力雇员。在保险市场中,保险公司可能会提供不同的保险合同,让高风险客户选择低免赔额但高保费的合同,而低风险客户则选择高免赔额但低保费的合同。

通过这些机制,市场参与者能够更有效地匹配资源,减少信息不对称带来的负面影响,从而提升整体经济效率。

其次,可以采用雇佣关系的简单案例来阐述上述基本关系。

(1) 道德风险。雇主可能了解雇员的能力,但无法完全监控雇员在受聘后的工作努力程度。为此,可以设计绩效考核制度,以激励雇员持续展现出高水平的工作表现。

(2) 逆向选择。雇员清楚自己的能力水平,但雇主在雇用时可能难以准确评估。

(3) 信号传递。解决逆向选择问题的方法之一是,雇员通过学历、工作经验等信号来彰显自己是合适的雇员。

(4) 信息甄别。解决逆向选择问题的方法之二是,雇主可以设计多种薪资和奖励方案,允许雇员根据自己的能力和偏好进行选择,从而实现自动筛选的效果。

通过精心设计信号传递、信息甄别和激励机制,可以显著提高市场运作的效率和公平性。这些机制不仅有助于解决信息不对称问题,还能够促进经济资源的合理配置和利用。

11.4.4 金融实务中的典型案例

信息不对称在金融实务中扮演着核心角色,特别是在企业融资决策分析中。以下是四个关键理论的具体应用。

1. 优序融资理论（pecking order theory）

企业在筹集资金时倾向于遵循一个优先顺序，首选内部融资，如利用留存收益，其次是通过债务融资，最后才会考虑股权融资。这一顺序背后的逻辑是，内部融资不涉及外部投资者，信息不对称问题最小；债务融资相比股权融资涉及的信息披露较少，因此在信息不对称的情况下更受偏好。只有在内部融资和债务融资都无法满足时，公司才会选择股权融资，这样可能向市场传递公司价值被高估的负面信号，导致股价下跌。

2. 代理成本理论（agency cost theory）

代理成本理论探讨了因信息不对称导致的股东与管理层之间或企业与债权人之间的利益冲突。管理层可能采取不符合股东最大利益的行为，导致代理成本的产生。这些成本包括监督成本、契约成本和潜在的损失。

3. 信号传递模型（signaling model）

信号传递模型认为，企业可以通过其财务决策向市场传递有关其内部质量的信号。例如，企业的负债水平可以作为其财务健康状况的指标。低负债可能被视为企业具有良好前景的信号，而高负债可能表明企业面临较高的财务风险。

4. 契约（合同）理论（contract theory）

契约理论进一步深化了代理成本理论，专注于设计能够缓解信息不对称问题的合同条款。通过精心设计的合同，可以对激励机制进行调整，确保各方的利益一致，减少潜在的代理问题。

这些理论为金融实务提供了深刻的洞察，帮助企业和投资者理解市场行为背后的动因。通过应用这些理论，企业可以优化其融资结构，降低因信息不对称产生的成本，并提高资本配置的效率。同时，投资者可以更好地评估企业的价值和风险，做出更明智的投资决策。

11.5 委托代理关系

11.5.1 委托人与代理人

1. 委托代理的概念

委托与代理概念来源于法律。在法律上，委托人和代理律师的关系反映了利益相关程度的差异。委托人更关注案件结果，而代理律师虽然也关注结果，但关注程度没有委托人那么强烈。这种权责义务关系在经济学中也有广泛的应用，不同文献和研究可能会对委托人和代理人的定义有所不同。理解这些概念有助于我们更好地应对实际经济活动中的信息不对称问题，提高市场效率和公平性。委托人和代理人的概念在经济学中具有重要意义，尤其是在解决信息不对称问题时。理解这些概念有助于我们更有效地设计合同和激励机制，提高交易效率，降低信息不对称带来的成本。

2. 委托人与代理人的定义

在经济学中，委托人和代理人的角色界定需要明晰。有一种容易产生的错误倾向是：将有信息优势的一方定义为代理人，而将不知情的一方定义为委托人。这种划分方式在二手车市场和保险市场中得到了应用。在二手车市场中，拥有私人信息的车主是代理人，而消费者是委托人；在保险市场中，购买保险的个人是代理人，保险公司是委托人。这种关系的基本假设是，代理人掌握的私人信息可能会影响委托人的利益，或者委托人可能需要为代理人承担一定的风险。

但是，博尔顿和德瓦特里庞的《合同理论》一书中明确指出："合同（契约）问题中最基本的概念创新是：合同的一方（委托人）控制着合同的另一方（代理人）的决策问题。"在合同问题中，委托人是控制着合同的一方，而代理人则是受其控制的另一方。这种定义并非完全依赖于谁拥有私人信息或谁有信息优势，而是关注谁设计了合同。

在设计合同时，委托人需要考虑如何通过合同条款来影响代理人的行为，以保护自己的利益，代理人则选择接受还是拒绝委托人的交易合约。比如，在信号发送模型中，高能力者为了享受高工资，主动接受更好的教育并取得证书，作为证明其高能力的信号，即拥有私人信息的一方（委托人）负责设计合同，旨在通过合同传递信息，以减少信息不对称。此外，在梯若尔（Tirole，2001，2006）的不变投资模型（fixed-investment model）中，具有道德风险问题的企业家，作为委托人设计合同，以激励代理人（投资者）愿意提供投资资金。

3. 委托人与代理人关系的本质

我们更倾向于将委托代理关系视为一个最为经典的分蛋糕的合作博弈过程。在这个过程中，委托人是分蛋糕的一方，代理人则可以选择接受或拒绝。如果代理人接受，那么就按照委托人的分法进行分配（双方达成交易）；如果代理人拒绝，那么蛋糕就会被丢弃，双方都无法获得任何蛋糕份额（双方交易失败）。

这个分蛋糕的案例揭示了委托代理关系的本质：在合作博弈中，双方需要就如何分配利益达成共识。虽然在现实中，可能会觉得这样的案例有些浪费，但它有助于我们理解委托代理关系的核心问题，即如何在信息不对称的情况下实现公平的利益分配。

在经济交易中，双方是否合作及其利益分配的过程，本质上是一个博弈过程。如果双方无法达成合作，那么交易就无法进行，双方也无法从中获得任何好处。在这种情况下，之前存在的利益（比如"蛋糕"）可能就会被浪费掉。因此，委托人负责分配这个"蛋糕"，而代理人只能选择接受或拒绝。如果代理人接受，那么就按照委托人的分配方式进行分配；如果代理人拒绝，那么"蛋糕"就会被浪费掉。

在这种情况下，可以得出一个更准确的关于委托人和代理人的概念界定。在后续的学习中会发现，在梯若尔的不变投资模型中，即使企业家存在道德风险问题（也就是他有私人信息），但实际上，他也是委托人。因此，应该从这个新的理解出发，结合分蛋糕的合作博弈模型，来理解委托代理关系。

如果从绝对理性的角度出发，那么在分蛋糕的过程中，委托人应该只给代理人极小部分，然后自己拿走绝大部分。在这种情况下，代理人不太可能拒绝，因为即使得到的只是一小部分，也总比什么都没有好。因此，最终的结果就是，整块蛋糕或者整个社会剩余，基本上都被委托人拿走，而代理人只是获得了机会成本的补偿。

11.5.2 委托代理问题

1. 委托代理问题产生的条件

在涉及信息不对称问题的情况下，可以使用这样一个一般的理论分析框架。这个框架是非常重要的，以现代企业治理中，所有权与经营权分离为例，它帮助我们理解了委托代理问题产生的条件。

（1）目标不一致。委托人和代理人追求的目标可能不同。委托人主要关注项目收益的最大化，而代理人则更倾向于实现自身效用的最大化。

（2）责任不对等。在许多情况下，代理人掌握着企业的经营控制权，但并不直接承担盈亏的责任。相反，委托人虽然失去了经营控制权，但却需要最终为经营结果承担责任。

（3）无法有效监督。代理人的业绩不仅受到其个人活动和努力程度的影响，还可能受到一些不可预测和不可抗拒的外部因素的影响。由于信息不对称，委托人很难有效地监督代理人的行为，或者监督的成本过高。

在现代企业中，所有权和经营权的分离是导致委托代理问题出现的主要原因。这种分离使得委托人和代理人之间的利益关系变得复杂，增加了管理的难度和风险。

基于这些因素，我们看到了委托代理问题的产生。对于这样的问题，我们有一个基本的分析框架，这个框架对于理解和解决委托代理问题非常重要。

2. 委托代理问题解决办法与机制

委托代理问题的解决办法与机制主要围绕以下核心目标和约束条件。

（1）目标。在满足以下两个约束条件的情况下，最大化委托人的期望效用。

（2）参与约束（个人理性约束）。代理人在委托人设计的方案或机制中所得到的期望效用必须大于或等于他们不接受该委托时的最大期望效用。这确保了代理人有动机参与到委托人的方案中。

（3）激励相容约束。在委托人不知道代理人的真实信息（或类型）的情况下，代理人在所设计的机制下必须有积极性选择委托人希望他们选择的行动。更准确地说，这种机制应该激励代理人不伪装行动或不隐藏信息，即激励他们说真话、不偷懒。如果是委托人有私人信息，则激励约束同样要施于委托人。

通过这些机制，委托人可以设计出既能吸引代理人参与，又能激励他们按照委托人的利益行事的方案，从而解决委托代理问题。一个具体的例子是股东给予经理人的股票期权报酬。这种方式可以激励经理人提高公司业绩，因为其个人收益与公司表现挂钩。

解决委托代理问题的目标是在满足参与约束和激励相容约束的条件下，最大化委托人的效用。参与约束意味着代理人愿意参与进来，因为参与总比不参与要好。例如，在分蛋糕的游戏中，即使委托人只给代理人极小部分份额，代理人也可能愿意接受，因为这总比什么都没有来得好。激励相容约束则意味着需要激励拥有私人信息的一方做出对双方都有利的选择。

在委托代理关系中，激励相容约束是确保双方行为符合各自利益的关键机制。需要注意的是，激励相容约束并不仅仅针对代理人，因为在某些情况下，委托人也可能拥有私人信息。因此，无论哪一方拥有私人信息，都需要通过激励相容约束来促使他们做出有利于合作的选择。只有这样，参与约束才能真正发挥效果。

委托代理分析框架对于理解合同理论等相关内容非常有帮助。这个框架实际上是对信息不对称情景的一种一般化描述。委托人的任务是设计一个合同，以最大化他的效用。在风险中性假设下，委托人和代理人的效用函数可以分别表示为总产出减去总成本和代理人的收益减去自身的成本。

参与约束要求代理人参与的好处至少等于他不参与的好处。激励相容约束要求激励有私人信息的一方尽可能努力工作。具体来说，希望有私人信息的一方选择那些使他得到的好处最大的行动。这就是激励相容约束的基本逻辑。

这个一般化的模型在形式上可以是多变的，但其基本逻辑始终聚焦于目标函数、参与约束和激励相容约束三个方面。这是理解和解决委托代理问题的关键。通过这个框架，可以更好地理解在信息不对称的情况下，如何设计合同和激励机制，以确保委托人和代理人的利益得到最大化，同时减少潜在的利益冲突。

思考与练习

围绕本章议题，试思考和练习下列问题。

11.1 逆向选择与道德风险的比较辨析。

11.2 逆向选择分别与信号传递、信息甄别模型的比较辨析。

11.3 "拥有私人信息一方是代理人""没有私人信息一方是委托人"的说法正确吗？

11.4 如何判定委托代理关系中的委托人和代理人？

11.5 概括委托代理问题中的典型冲突焦点。

11.6 信息不对称问题的解决方案主要有哪些？

第 12 章 普通企业融资模型

12.1 概　　要

在本章中,将深入探讨普通企业融资问题,并引入诺贝尔经济学奖得主让·梯若尔(Jean Tirole)的不变投资模型(Tirole,2001,2006)来分析这一问题。该模型不仅适用于项目选择、道德风险、信号选择和信号传递等委托代理问题的分析,还为我们提供了一个理解和解决企业融资难题的理论框架。

中小企业融资难题是一个典型的道德风险问题。尽管这些企业具有盈利潜力,但常常因为传统金融机构的贷款限制而面临资金短缺,形成了信贷配给现象。这种现象在信息不对称的环境下尤为显著,一些优质项目因信息不透明而难以获得外部融资。

传统上,信贷配给被归咎于利率上限的管制,认为这种管制限制了贷款供给,导致市场需求得不到满足。然而,这种解释忽略了市场更深层次的原因。

信息经济学提供了更深刻的视角,认为信贷配给是由于投资者与借款人之间的信息不对称,导致市场达到一种特殊的均衡状态。在这种状态下,即使存在资金供给,但由于缺乏对项目质量的了解,投资者可能会犹豫不决,导致资金的有效配置不足。

梯若尔的不变投资模型强调,为了避免企业家采取事后的机会主义行为,必须确保他们在项目成功后能获得足够的回报。这意味着在项目收益分配中,企业家应获得较大的份额。然而,这种分配机制可能导致即使项目质量高,也可能因资金分配不均等而面临融资难题,引发信贷配给现象。

梯若尔的模型深入分析了信息不对称对企业融资过程的影响,并提出了建立有效激励机制的策略,包括提高信息透明度、优化风险评估机制和设计合理的收益分配方案等。这些措施有助于缓解信息不对称带来的负面影响,促进资金更有效地流向有潜力的项目。

总的来说,梯若尔的模型为我们提供了理解和改善企业融资环境的理论框架。通过认识到信息不对称的影响,并采取相应的激励措施,我们可以朝着构建更公平、高效的金融市场迈进。这不仅有助于推动经济的整体发展,也为企业家和投资者提供了更多的机遇和保障。

12.2 不变投资模型的简单叙事

12.2.1 基本背景

在深入研究梯若尔不变投资模型之前,有必要先对该模型的基本背景进行一番梳理。在这个模型中,聚焦于两类参与者:企业家和投资者,他们在传统企业的融资过程中扮演着至关重要的角色。普通企业,尤其是具有一定资质的普通企业,往往拥有一定的初始资产,这与那些仅凭商业计划书和创新理念吸引投资的科技创业企业形成鲜明对比。

这些普通企业在发展过程中,常常需要向传统金融机构寻求资金支持。例如,如果一个项目需要的总资金为 I,而企业已有资产为 A,那么它们向金融机构申请的融资额将是 $I-A$。项目成功将带来收益,而失败可能导致企业破产,资产归零。而传统金融机构对企业内部管理的干预能力几乎可以忽略。

获得投资后,企业在项目推进中将面临道德风险,企业家可能选择全力以赴以提高成功率,也可能选择懈怠或其他自利行为,即便这样会降低成功概率,但有时却能为企业家带来私人收益。

在模型的假设中,考虑到了企业家可能存在的道德风险。在完全竞争的资本市场中,企业家设计合约条款,扮演着分配利益的角色。投资者作为资金的提供者,面对企业家的合约条款,只能选择接受或拒绝。

在这一模型中,假设双方都是风险中性的,这简化了效用函数的形式。虽然在投资学中经常讨论风险厌恶的投资者和相应的效用函数形式,但在这里,为了简化模型,选择了风险中性的假设。当然,现实世界中的模型可能更为复杂,考虑投资者的风险厌恶特性,可能会为我们提供更丰富的视角来理解投资决策。

12.2.2 核心要义

在梯若尔不变投资模型的分析框架下,首先确立了企业家的目标函数,旨在实现其效用值的最大化。为达到此目标,必须考虑两个基本约束条件:参与约束和激励约束。

(1) 激励约束。鼓励企业家投身项目,以期通过勤奋工作获得更高的收益。这一约束基于一个简单的认识:相较于不劳而获,勤奋工作能够为企业家带来更显著的收益。因此,通过激励机制设置,预期企业家将选择投入必要的努力,而放弃不劳而获的想法。

(2) 参与约束。参与约束确保了投资者的参与意愿。为了吸引投资者加入合作,必须向其提供足够的激励,使其参与合作的预期收益高于不参与的情形。这一约束体现了参与合作是有利的。

这两个约束条件虽然存在潜在冲突，但必须同时满足，以确保合作的可能性。如果无法找到满足上述两个约束条件的解决方案，合作将无法达成，可能导致投资者拒绝投资，从而引发信贷配给问题。

在满足这两个约束条件的基础上，可以推导出关于企业家自有资产 A 的条件：A 必须达到或超过某个特定值。这一条件确保了两个约束能够同时满足，为合作的实现提供了基础。

在这些条件满足的前提下，最优合约的存在性得以确立。进一步地，可以确定合约中投资者和企业家的各自回报。在这一模型的特定情况下，发现所有的净收益，即"蛋糕"，都被分配给了企业家。这一结果揭示了企业家在讨价还价过程中的优势地位，投资者在此过程中的决策简化为接受或拒绝企业家的分配方案。

如果投资者接受，合约便按照企业家提出的方案执行；如果不接受，即拒绝投资，双方均无法获得任何收益。这一模型的核心思想体现了在委托代理关系中信息不对称对交易双方合作结果的影响，为理解现实世界中的企业融资难题提供了深刻的洞见。

12.3　不变投资模型

12.3.1　假设情境

梯若尔不变投资模型提供了一个分析企业融资过程中委托代理问题的框架。在这个模型中，主要的参与者是企业家和投资者。以下是该模型情境的详细描述。

（1）参与者：企业家和投资者。

（2）企业家的初始资产：A。

（3）项目启动资金需求：项目的总资金需求为 I，企业家需要向投资者融资的金额为 $I-A$。

（4）项目结果的不确定性：项目可能成功或失败。成功时，项目将产生可验证的收入 R；失败时，由于企业的有限责任特性，项目不产生收入，双方的投资归零。

（5）道德风险问题：企业家在项目进行期间面临努力工作与否的选择。如果企业家尽职，项目成功的概率为 P_H；如果企业家卸责，成功的概率降低为 P_L（$P_L < P_H$），但企业家可能获得私人收益 B。

（6）风险中性：企业家和投资者都是风险中性的，这意味着他们的效用函数是线性的，他们的效用值等于社会剩余。

（7）资本市场的竞争性：资本市场是完全竞争的，投资者是无差异的，企业家可以从不同的投资者那里获得融资。

(8) 企业家的讨价还价能力：假设企业家具有完全的讨价还价能力，这意味着企业家在与投资者的合同谈判中占据主导地位。

(9) 合同设定：在这种设定下，企业家相当于委托人，负责设定合同条款，包括收益分配；投资者则相当于代理人，可以选择接受或拒绝企业家提出的合同。

(10) 收益共享与拒绝的后果：如果投资者同意投资，双方将根据合同条款共享项目的收益；如果投资者拒绝投资，项目可能无法启动，导致双方均无法获得收益。

这个模型强调了在信息不对称的情况下，如何设计合同以激励企业家尽职工作，并确保投资者能够获得合理的回报。通过理解这些基本要素，可以更好地分析和解决企业融资中的委托代理问题。

在梯若尔不变投资模型中，企业家和投资者构成了一个典型的委托代理关系。企业家作为委托人，拥有初始资产 A，并需要为启动项目向投资者融资 $I-A$。项目成功时，可产生可验证收入 R；若失败，则由于企业的有限责任，双方投资归零。企业家在项目进行中可能面临努力工作或卸责的选择，这直接影响项目的成功概率。

投资者作为代理人，基于契约条件决定是否投资。他们面临的主要风险是企业家可能不努力工作，从而降低项目成功概率，同时获得私人收益 B。一旦项目启动后，企业家可能努力工作或不努力工作，这存在潜在的道德风险问题。而投资者无法有效监督企业家的行为，处于被动地位。因此，契约设计必须考虑道德风险问题，确保激励企业家尽职尽责，同时保护投资者的利益。

在风险中性的前提下，融资契约需要明确收益分配方案：项目成功时，企业家获得 R_B，投资者获得 $R-R_B$；项目失败时，双方均无收益。这样的契约安排旨在通过合理的收益分配激励企业家努力工作，提高项目成功率，同时确保投资者在项目成功获得应有回报。

此外，完全竞争的资本市场和企业家的完全讨价还价能力为契约谈判提供了有利条件。企业家可以与不同投资者协商，以达成双方都认为公平合理的融资条件。这种契约设计不仅平衡了双方的利益，降低了信息不对称带来的风险，而且促进了项目的顺利进行和成功，为构建公平高效的金融市场提供了理论支持。

12.3.2 模型设定

在这个模型中，我们的目标是最大化企业家的期望效用。而企业家的期望效用取决于他是否努力工作。如果企业家不努力工作，投资者将不愿投资，因为这将提高项目失败的概率。因此，我们的目标函数应在企业家努力工作的情况下进行最大化其期望效用。

具体来说，企业家的目标函数为：成功的概率（P_H）乘以成功时的收益（R_B），加上失败的概率（$1-P_H$）乘以失败时的收益（0），然后再减去初始投资（A）。我们的目标是找到这个函数 $P_H \times R_B + (1-P_H) \times 0 - A$ 的最大值，即找到使这个函数最大的 R_B，则目标函数为：

$$\max_{R_B} U_B = P_H \times R_B + (1 - P_H) \times 0 - A \qquad (12-1)$$

然而，必须满足两个约束条件。第一个约束条件是激励约束，也就是说，企业家只有在努力工作的收益大于不努力工作的收益时，才会愿意努力工作。具体来说，努力工作时的期望收益 $P_H \times R_B + (1-P_H) \times 0$ 不低于不努力工作时的期望收益 $P_L \times R_B + (1-P_L) \times 0$ 加上私人收益（B）之和。即激励约束条件为：

$$P_H \times R_B + (1-P_H) \times 0 \geq P_L \times R_B + (1-P_L) \times 0 + B \qquad (12-2)$$

第二个是参与约束，也就是说，投资者只有在参与项目后的期望收益大于不参与时的收益时，才会愿意投资。同时企业家是努力工作的。具体来说，参与项目时的收益（$P_H \times (R-R_B) + (1-P_H) \times 0$）必须大于或等于投资成本（$I-A$）。即参与约束条件为：

$$P_H \times (R - R_B) + (1 - P_H) \times 0 \geq I - A \qquad (12-3)$$

12.3.3 可行集合

为了求解这个优化问题，首先找到满足这两个约束条件的 R_B 可行集合。即满足：

$$\frac{B}{P_H - P_L} \leq R_B \leq R - \frac{I-A}{P_H} \qquad (12-4)$$

这个结果表示，企业家的收益分配 R_B 在一个可行集合区间范围内，这个范围由投资者的参与约束和企业家的激励约束决定。这样的收益分配可以激励企业家努力工作，同时保证投资者愿意投资。

在这个模型中，两个约束条件必须同时满足，以保证企业家愿意努力工作且投资者愿意投资。如果任何一个约束条件不满足，交易就不会发生，即使企业有很好的盈利前景。这两个约束条件形成了一个可行集合的区间范围，即 R_B 的取值范围。在这个范围内，企业家的收益足够激励他努力工作，同时投资者的收益也足够吸引他投资。然而，这个范围并不总是存在的。如果这两个约束条件不能同时满足，那么 R_B 的取值范围就会是一个空集，这意味着投资者不会投资。即 R_B 不能为空集，由式（12-4），则下式成立：

$$\frac{B}{(P_H - P_L)} \leq R - \frac{I-A}{P_H} \qquad (12-5)$$

由此求得：

$$A \geq P_H \frac{B}{(P_H - P_L)} - (P_H R - I) \qquad (12-6)$$

由式（12-6），发现只有当企业的初始资产 A 大于或等于某个值时，参与约束和激励约束条件才能同时满足。

这两个约束条件要求企业的初始资产 A 必须大于或等于某个值。这就解释了为什么很多小微企业和创业企业难以从传统金融机构获得融资,因为信息不对称的客观现实下企业无法提供足够的可供抵押的资产。

这个模型虽然推导过程相对简单,但需要我们理解其逻辑。当存在信息不对称,也就是说企业家可能存在道德风险问题的时候,容易发生信贷配给,对企业家的自有资金 A 有要求,必须有一定的资质才有可能获得融资。

然而,如果处于一个信息对称的理想世界,假设企业的行为可观测可证实,那么可以在合约中约定企业家要努力工作,不允许卸责,那么就不需要不变投资模型中的激励约束条件,只需要针对投资者的参与约束条件。此时,就不存在 R_B 的取值范围是空集的可能,自然也就对企业的初始资产 A 无所要求了。所以,中小企业融资难的最根本原因,表面看起来是 A 的大小问题,实际上是信息不对称的问题。这也表明,只要企业有足够的自有资产,都能获得融资。

12.3.4 最优解

当 A 满足式(12-6)所示的条件时,R_B 的取值范围不再是空集,企业就能获得融资。此时,R_B 应取这个范围内的最大值,以最大化企业家的期望效用。即:

$$R_B^* = R - \frac{I-A}{P_H} \tag{12-7}$$

由此,求解出了不变投资模型的最优解。此时,投资者的收益为:

$$R_I^* = R - R_B^* = \frac{I-A}{P_H} \tag{12-8}$$

在这个情况下,可以计算出企业家和投资者分别获得的社会剩余份额。社会剩余是收益减去投资成本,它反映了这个交易对社会的净贡献。企业家获得的社会剩余是:

$$U_B^* = P_H \times R_B^* + (1-P_H) \times 0 - A = P_H \times R - I \tag{12-9}$$

投资者获得的社会剩余是:

$$U_I^* = P_H \times R_I^* + (1-P_H) \times 0 - (I-A) = 0 \tag{12-10}$$

整个社会剩余被企业家所独享,投资者并未得到任何份额的社会剩余。

在不变投资模型中,企业家能够获得整个社会剩余。这意味着,企业家在扣除初始投资后,能获得的期望收益是正的,即使项目有可能失败。这就是企业家和投资者共享"蛋糕"的结果:企业家拿到全部的净份额,投资者则没有分得任何净份额[1]。

---

[1] 虽然在本章的合约中并未明确企业家和投资者之间是债权关系还是股权关系,但是整个"蛋糕"份额为企业家所独有,显然不具备股权的特性。因此,在本质上梯若尔固定投资模型反映了债权融资关系。

因此，不变投资模型描述了一个典型的委托代理关系。在这个关系中，我们考虑了投资者的参与约束和企业家的激励约束。当这两个约束条件同时得到满足时，企业家便致力于最大化其期望效用，而社会剩余即扣除成本后的净收益，则完全归企业家所有，投资者在此分配中未能获得份额。这一模型深刻揭示了委托代理关系的核心：它本质上是一个关于如何分配"蛋糕"的问题。在这个过程中，委托人（企业家）掌握着分配权，而代理人（投资者）在满足特定条件后，其应得的社会剩余份额却为零。这强调了企业家努力工作的重要性，因为正是他们的努力直接影响了"蛋糕"的大小。

在理解这个模型时，可以将社会剩余理解为净利润或最终的净回报。因为在模型中，所有人都是风险中性的，所以他们的收益就是他们的效用函数。因此，可以直接讨论他们的收益。在项目成功的情况下，投资者的最终收益是 $(I-A)/P_H$，但是由于项目有成功概率，只有在成功的情况下，投资者才能从中获得收益。

需要指出的是，在经典的委托代理分析框架中，通常存在信息不对称的情况，这导致激励约束可能适用于任何一方——无论是委托人还是代理人，只要他们掌握了私人信息。然而，参与约束则专门针对代理人，因为合同条款是由委托人设计的，目的是吸引代理人参与合作。

思考与练习

围绕本章议题，试思考和练习下列问题。

12.1 企业家尽职或者卸责对投资者的影响差异是什么？

12.2 如何让投资者相信企业家不会卸责而会尽职工作？

12.3 企业家可以获得投资者融资的重要前提是什么？

12.4 哪些假设条件构成了企业家的道德风险情境？

12.5 企业家的自有资金 A 的重要作用是什么？

12.6 使用讨价还价博弈思想来概括梯若尔不变投资模型精髓。

第 13 章　风险投资合约模型

13.1　概　　要

13.1.1　背景概况

银行资本一直是近几个世纪以来企业发展的重要融资力量，为企业提供资金流动性，扮演着资本提供者或中介的角色。20 世纪 40 年代，风险投资在美国萌芽，经过数十年的发展，形成了一种以股权投资为主导的新型初创企业融资模式，并在全球范围内得到推广。自 2000 年左右，中国的风险投资市场也迎来了蓬勃发展的时期，形成了由国有资本、民间资本和外资三方共同参与的多元化格局，根据《中国风险投资发展年度报告 (2023)》的介绍，中国风险投资市场规模已攀升至全球第二位。

2023 年 10 月，中央金融工作会议提出了加快建设金融强国的宏伟目标，并强调要将更多的金融资源投向科技创新、先进制造、绿色发展以及支持中小微企业等领域。2024 年的《政府工作报告》进一步强调了发展新质生产力的重要性，并鼓励创业投资和股权投资的发展。党的二十届三中全会《中共中央关于进一步全面深化改革　推进中国式现代化的决定》明确指出，鼓励和规范发展天使投资、风险投资、私募股权投资，更好发挥政府投资基金作用，发展耐心资本。由此可见，风险投资已经成为金融支持实体经济、推动科技创新、实现金融强国战略的关键力量。

创业企业作为中小微企业中的新兴力量，虽然是推动创新和创业的核心力量，但往往面临着难以从传统金融机构获得融资的困局。风险投资在此发挥着至关重要的角色，不仅为创业企业提供了资金支持，还依赖专业的投资眼光甄别筛选那些具有巨大发展潜力的初创企业。风险投资的参与不仅限于资金层面，它们还深入企业管理，提供专业的增值服务，从而激发企业的创新活力和成长潜力。典型案例包括阿里巴巴、京东、拼多多、谷歌和脸书等全球知名公司，它们在早期发展阶段都曾受益于风险投资的关键性投资。这些成功案例展示了风险投资与创业企业之间的紧密合作，为初创期的企业打下了坚实的成长基础。

在当前百年未有之大变局形势下,科技发展与创新的加速,推动着风险投资发挥着越来越重要的角色与职能。风险投资通过向初创企业注入资金、持有股份,并参与企业成长的各个关键阶段,有力助推了创业企业的创新活动与发展成长。风险投资与创业企业的多元化和深层次经济关系,已经成为一个值得深入研究的重要议题。

13.1.2 与第 12 章的逻辑关系

在第 12 章中,企业家之间的主要差异在于他们初始资产 A 的规模,而其他条件则保持相对一致。在这种背景下,由于投资者的条件大体相似,研究的议题主要关注信贷配给问题,即企业家是否能够获得必要的融资。当企业家的初始资产 A 较低时,信贷配给问题尤为显著,这可能导致企业难以获得融资,进而难以吸引合适的投资者。第 12 章研究重点在于解决这一信贷配给问题,以促进对企业融资议题的深入理解,特别是在存在单边道德风险的情况下。

创业企业与风险投资机构之间的合作关系,首先体现为一种投融资关系。风险投资机构投资于创业企业的风险项目,而创业企业则获得风险投资机构的融资资本。这种投融资关系与普通企业通过银行贷款融资具有相似的特征。梯若尔(Tirole,2001,2006)不变投资模型为普通企业在一般融资渠道中的信贷配给现象提供了合理的解释,并成为公司金融研究中关于普通企业融资问题的理论框架。然而,在风险投资项目中,除了投融资关系之外,还存在着超出普通企业投融资关系的特征,风险投资机构还参与创业企业的发展,并为创业企业提供专业化的增值服务。具体来说,风险投资机构能够提供专业化的服务,帮助创业企业降低成本、提高市场价值和改善公司治理水平等。因此,在创业企业与风险投资机构的合作中,由于双方都可能采取只利于自己的机会主义行动,故存在双边道德风险问题;而普通企业融资的显著特征是仅存在单边道德风险问题(Tirole,2001,2006)。因此,创业企业家与风险投资机构之间的投融资关系是普通企业融资情境的一种广义化和延伸,是本章的关注重点。

需要指出的是,梯若尔(2001,2006)不变投资模型是建立在单边道德风险情境之上的公司金融理论模型,这是经典的委托代理分析框架,但并不完全适用于具有双边道德风险特征的风险投资项目情境。本章尝试在梯若尔的不变投资模型的基础上进行适当的拓展(Fu et al.,2019a;付辉,2023),以适应双边道德风险的特征:(1)将模型中只有委托人(企业家)具有单边道德风险的假设扩展到创业企业和风险投资机构均可能存在道德风险的情况,这种拓展适应了风险投资的显著特征;(2)将模型中的"努力""偷懒"两种状态转化为以努力水平表征的连续变量形式,这种扩充在下文关于最优努力水平的博弈均衡解中尤为必要。这些假设条件将不变投资模型的框架扩展到风险投资合约模型问题中。

13.2 模型设计

13.2.1 基本假设

在本章中,基于创业企业与风险投资机构之间的特征关系,对梯若尔(2001,2006)提出的具有单边道德风险的普通企业融资不变投资模型进行了扩展,构建了一个考虑双边道德风险的风险投资合约模型(Fu et al., 2019a)。本模型特别关注两个关键因素:一是双方存在的双边道德风险;二是交易双方均具备一定的讨价还价能力。风险投资合约设计的假设情境如下:

- 参与者:创业企业(家)[①]和风险投资机构。
- 创业企业拥有一个风险项目而没有初始资金,项目需要固定投入资金 F。为了项目实施,创业企业必须向风险投资机构融资 F。
- 项目的产出 R 取决于创业企业的努力水平 L 和风险投资机构的努力水平 K,以及自然状态[②] ε。具体地,产出[③] $R = R_\varepsilon + c\sqrt{LK}$,记 $R_\varepsilon = \bar{R} + \varepsilon$,其中 $\bar{R}$ 为某一确定的产出水平,$\varepsilon \sim N(0, \sigma^2)$,$c$ 为双方努力的合作互补系数,努力水平 L、K 都是不可观察、不可证实的,但是最终的产出 R 是可验证和可观测的。
- 努力成本采用经典的凸函数形式[④],设企业家的努力成本为 $g_{en}(L) = \dfrac{L^2}{2\eta}$,风险投资机构的努力成本为 $g_{vc}(K) = \dfrac{K^2}{2\theta}$,其中,$\eta$、$\theta$ 分别为企业家和风险投资机构的努力效率系数。
- 企业家和风险投资机构的讨价还价能力(bargaining power),分别记为 α、$1-\alpha$。其中,$\alpha \in (0,1)$[⑤]。
- 其他假设条件包括:企业家和风险投资机构都是风险中性的;企业家受有限责任

---

① 在本章中"创业企业""创业企业家""企业家"均不作严格区分,都代表与风险投资机构签署合作契约的代表方。

② 严格地讲,自然状态发生于整个创业项目进展过程中,并体现在项目最终产出中,有些文献将自然状态局限在发生于交易双方作出努力水平决策之前(Casamatta, 2003)。

③ 这里的产出函数形式借鉴陈逢文等(2013)的简单处理形式,若根据问题需要也可以考虑进一步探讨更为丰富的产出函数形式:$R = R_\varepsilon + cL^{\lambda_1}K^{\lambda_2}$。

④ 比较经典的努力成本函数形式,其经济学含义是:随着付出的努力水平的提高,努力的成本递增,即 $g'(\cdot) > 0$;努力的边际成本递增,即 $g''(\cdot) > 0$。

⑤ 本章考察的是交易双方均具有一定的讨价还价能力的情形,并不包含 $\alpha = 1$ 或者 0 的经典委托代理情形,比如单边道德风险情形。

保护；不考虑政府对创业企业的征税以及相应的政策补贴；项目投资过程中不考虑时间贴现因子，即跨期贴现率为 1。

本章的风险投资假设情境是对梯若尔（2001，2006）经典企业融资情境的继承与发展，适应了风险投资特有的双边道德风险情境。创业企业与风险投资机构的融资过程包括签订合约、共同参与企业创业、付出努力并根据合约分配收益。具体的博弈时序如图 13-1 所示。

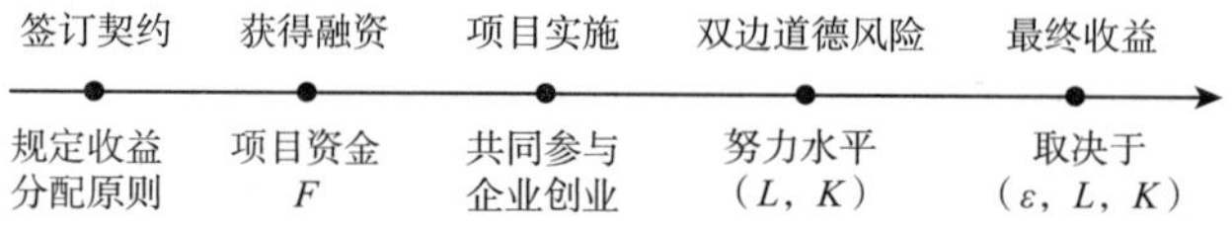

```
签订契约      获得融资      项目实施      双边道德风险      最终收益
———•———————•———————•———————•———————•———→
规定收益      项目资金      共同参与      努力水平        取决于
分配原则        F         企业创业       (L, K)       (ε, L, K)
```

图 13-1　风险投资的时序

在创业企业与风险投资机构之间的融资合约中，首要任务是确立收益分配原则。具体来说，合约应明确在项目成功时，企业家和风险投资机构如何分配总收入 R。假设在项目成功时，企业家获得 R_{en}，而风险投资机构则获得 $R_{vc} = R - R_{en}$。在此，有两个关键点需要阐明。

（1）最优合约设计的核心问题。在项目启动之初，双方必须首先就项目结束时的收益分配达成一致。然而，由于风险投资项目中双方的努力水平往往是不可观察和不可证实的，合约设计还必须考虑双方在项目实施过程中可能产生的双边道德风险。不同的收益分配原则将影响双方的努力投入，进而影响合约设计的经济效率。因此，如何设计一个既能激励双方努力又能合理分配收益的合约，是风险投资领域中一个值得探讨的问题。

（2）有限责任与项目产出。根据企业家受有限责任保护的原则，项目产出 $R = R_\varepsilon + c\sqrt{LK}$ 服从正态分布。若 $R \leq 0$，则项目失败，企业家和风险投资机构均无收益。进一步地，若 $R \leq F + g_{en}(L) + g_{vc}(K)$，即社会剩余 $S \leq 0$，项目同样被视为失败。本章聚焦于那些具有盈利潜力的风险投资项目（项目成功），即当 $R > F + g_{en}(L) + g_{vc}(K)$ 时，探讨创业企业家和风险投资机构之间的最优合约设计，尤其是项目成功时的收益分配问题。这不仅是项目初期双方需要明确的核心议题，也是合作谈判中的关键点。

此外，自然状态作为影响项目产出的随机因素，除了双方的努力水平外，它还构成了创业企业和风险投资者之间存在双边道德风险情境的基础。因此，在接下来的分析中，本章将重点关注在项目成功情境下，双方如何设计关于收益分配的最优合约，这是创业企业和风险投资者在项目合作谈判中需要明确的核心问题。

本章在风险投资的假设情境中，对梯若尔（2001，2006）关于普通企业融资的不变投资模型进行了深入的延续与扩展。特别强调了创业企业与风险投资机构之间两个关键的显著性特征：首先，双方存在双边道德风险的问题；其次，无论是创业企业还是风险投资机构，都具备一定的讨价还价能力。正是基于对这些特征的考虑，本章进一步尝试引入纳什程序的讨价还价合作博弈模型，以此来构建和解析风险投资中的合约设计问题。

13.2.2 融资的讨价还价模型

由于假设创业企业是风险中性的，则其在付出努力水平 L，按照合约在项目结束后分得收益 R_{en} 时，得到的效用为：

$$U_1(R_{en}) = R_{en} - g_{en}(L) \tag{13-1}$$

而创业企业的保留效用（或者谈判威胁点）为：

$$\bar{U}_1 = 0$$

风险中性的风险投资机构在付出努力水平 K，依据合约在项目结束后分得收益 R_{vc} 时，获得的效用为：

$$U_2(R_{vc}) = R - R_{en} - g_{vc}(K) \tag{13-2}$$

而风险投资机构的保留效用为：

$$\bar{U}_2 = F$$

综上，创业企业获得的剩余（净效用）S_{en} 为：

$$S_{en} = U_1(R_{en}) - \bar{U}_1 = R_{en} - g_{en}(L)$$

风险投资机构获得的剩余（净效用）S_{vc} 为：

$$S_{vc} = U_2(R_{vc}) - \bar{U}_2 = R - R_{en} - g_{vc}(K) - F$$

总的社会剩余 S 为：

$$S = R - g_{en}(L) - g_{vc}(K) - F$$

由于创业企业和风险投资机构的讨价还价能力分别为 α、$1-\alpha$，从而得到纳什程序的讨价还价博弈模型：

$$\max_{R_{en}\mid(L,K)} [U_1(R_{en}) - \bar{U}_1]^{\alpha} [U_2(R_{vc}) - \bar{U}_2]^{1-\alpha} \tag{13-3}$$

将式（13-1）和式（13-2）代入式（13-3），即有：

$$\max_{R_{en}\mid(L,K)} [R_{en} - g_{en}(L)]^{\alpha} [R - R_{en} - g_{vc}(K) - F]^{1-\alpha} \tag{13-4}$$

在式（13-3）中，通过最大化纳什积联合效用[1]，构建了纳什程序的讨价还价博弈

---

[1] 奥斯本和鲁宾斯坦（Osborne and Rubinstein，1994）关于纳什程序的讨价还价博弈模型为什么用"积"来表示联合效用函数，给出了三点阐述：首先，经济学家将其视为一种技术手段；其次，把"局中人的利益均等"和"整体利益"达到帕累托最优这两个看似对立的事情自然地融合在一起；最后，从确定解的唯一性方面具有更好的性质。

模型。通过逆向归纳法的应用，该模型提供了一种解决方案，它基于实际的努力水平(L,K)和项目最终可观测的产出结果R，确定了企业家和风险投资机构的收益分配。具体来说，企业家获得的收益为R_{en}，而风险投资机构的收益则为$R_{vc}=R-R_{en}$。这种分配方式直接源于讨价还价解，为融资合约提供了一种明确的分配机制。进一步地，利用讨价还价解，可以深入分析创业企业和风险投资机构在实际付出努力水平上的博弈均衡。这不仅有助于我们理解双方在合作过程中的行为动机，还为风险投资的基本融资合约形式提供了理论基础。因此，基于讨价还价模型，可以设定风险投资的基本融资合约形式，确保合约设计既能够激励双方的努力，又能够合理地分配项目成功的收益。

本章专注于分析$0<\alpha<1$的情况，这表明交易双方——创业企业和风险投资机构，都拥有一定的讨价还价能力。这种情形与存在双边道德风险的创业投资环境相吻合。值得注意的是，讨价还价博弈模型本质上是在双方均有讨价还价能力的情况下对社会剩余进行分配的机制。具体来说，本章的模型专注于项目成功时（即社会剩余为正）的收益分配方式。当α达到0或1的极端值时，意味着交易中的一方拥有全部的讨价还价能力，此时模型转变为经典委托代理模型，其目标是最大化委托人的期望效用。此外，本章采用的纳什讨价还价模型并没有对企业家和风险投资机构的净效用分别取期望值，这种直观的建模方式，是因为项目最终产出由自然状态和双方的努力水平共同决定，并且是可观测的。以可观测的产出作为合约分配的基础，使得模型更直观且贴近实际。当然，即使在后文中对双方的净效用分别取期望值，也不会改变博弈均衡的结果。但这样做会使得收益分配具有统计学上的期望意义，即基于对自然状态的期望产出进行分配。特别地，当$\alpha=0.5$时，原本非对称的讨价还价博弈转变为对称的讨价还价博弈，这反映了双方在讨价还价过程中的平等地位。

13.2.3 融资合约的基本形式

融资合约的基本形式可以通过应用讨价还价模型来推导和设定。具体而言，对于任意的努力水平组合(L,K)，需要确定最优的企业家收益R_{en}，使得以下目标函数最大化：

$$\max_{R_{en}}[R_{en}-g_{en}(L)]^{\alpha}[R-R_{en}-g_{vc}(K)-F]^{1-\alpha}$$

通过求解上述最优化问题，可以得到纳什讨价还价解。根据目标函数的一阶条件，得到以下结果：

$$\begin{cases} R_{en}=\alpha S_T(L,K)+g_{en}(L) \\ R_{vc}=R-R_{en}=(1-\alpha)S_T(L,K)+F+g_{vc}(K) \end{cases} \quad (13-5)$$

其中，$S(L,K)=R-F-g_{en}(L)-g_{vc}(K)$表示项目结束后的总社会剩余，计算公式为$R_\varepsilon+c\sqrt{LK}-F-\dfrac{L^2}{2\eta}-\dfrac{K^2}{2\theta}$。

根据式（13-5）的结论，企业家和风险投资机构的最终收益由两部分组成：努力成本补偿和社会剩余的分配份额。具体来说，企业家的收益由以下两部分组成：

(1) 努力成本补偿 $g_{en}(L) = \dfrac{L^2}{2\eta}$；

(2) 按照其讨价还价能力获得的社会剩余份额 $\alpha S(L,K)$。

同样，风险投资机构的收益包括：

(1) 初始资金投入的补偿 F；

(2) 努力成本补偿 $g_{vc}(K) = \dfrac{K^2}{2\theta}$；

(3) 按照其讨价还价能力获得的社会剩余份额 $(1-\alpha)S(L,K)$。

在风险投资领域，企业家与风险投资机构之间存在一种特殊的挑战：双方的努力水平都是不可观测且不可证实的，这构成了所谓的双边道德风险问题。尽管项目的最终产出和交易双方的初始投入是可以被观测和证实的，但核心问题在于：如何在无法直接观测努力水平的情况下，合理补偿双方的努力成本并公平分配社会剩余？

为了解决这一问题，本章引入了"条件社会剩余"的概念。具体而言，我们提出在合约中设定固定的努力水平 $\hat{L}$ 和 $\hat{K}$，分别对应企业家和风险投资机构的努力成本补偿 $g_{en}(\hat{L})$ 和 $g_{vc}(\hat{K})$。在项目最终产出中，首先扣除企业家的固定成本补偿 $g_{en}(\hat{L})$、风险投资机构的初始资金投入 F 以及风险投资机构的固定成本补偿 $g_{vc}(\hat{K})$。剩余的部分，即在扣除了这些固定成本之后的产出，将按照预先约定的比例进行分配。这一剩余部分被称为条件社会剩余，它为我们提供了一种在信息不对称条件下，合理分配收益和成本的机制。

通过这种方式，合约设计不仅考虑了双方的努力成本，还确保了社会剩余的公平分配，从而激励双方在项目中投入适当的努力，推动项目的成功。

定义1 条件社会剩余

条件社会剩余是指在最终产出中扣除了企业家和风险投资机构的初始资金投入以及在约定的努力水平 $(\hat{L}, \hat{K})$ 下的努力成本之后的净剩余。数学表达式定义为：

$$S[(L,K) \mid (\hat{L}, \hat{K})] = R - F - g_{en}(\hat{L}) - g_{vc}(\hat{K})$$

当双方的实际努力水平与合约中设定的努力水平相匹配，即 $L = \hat{L}$ 和 $K = \hat{K}$ 时，实际社会剩余 $S(L,K)$ 与条件社会剩余 $S[(L,K) \mid (\hat{L}, \hat{K})]$ 相等。

推论1 融资合约的基本形式

基于讨价还价分析框架和条件社会剩余的定义，得出以下推论，表述了企业家与风险投资机构之间的融资合约的基本形式：

$$\begin{cases} R_{en} = g_{en}(\hat{L}) + \alpha S[(L,K) \mid (\hat{L}, \hat{K})] \\ R_{vc} = R - R_{en} = F + g_{vc}(\hat{K}) + (1-\alpha) S[(L,K) \mid (\hat{L}, \hat{K})] \end{cases}$$

其中，$g_{en}(\hat{L})$ 和 $g_{vc}(\hat{K})$ 分别是合约中约定的对企业家和风险投资机构的努力成本补偿。

推论1指出，企业家的收益R_{en}由两部分组成：固定努力水平$\hat{L}$下的成本补偿$g_{en}(\hat{L})$，以及根据其讨价还价能力所获得的条件社会剩余份额$\alpha S[(L,K)|(\hat{L},\hat{K})]$。风险投资机构的收益则由三部分组成：初始资金投入$F$、固定努力水平$\hat{K}$下的成本补偿$g_{vc}(\hat{K})$，以及其讨价还价能力所对应的条件社会剩余份额$(1-\alpha)S[(L,K)|(\hat{L},\hat{K})]$。这里，$L$和$K$分别表示企业家和风险投资机构的实际努力水平。

根据推论1所展示的合约形式，可以进一步推导出一种更直观的等价表述形式，以便于理解和应用。

命题1 融资合约的基本形式

企业家与风险投资机构之间的融资合约可以表示为以下形式：

$$\begin{cases} R_{en}(R,\hat{L},\hat{K}) = -T(\hat{L},\hat{K}) + \alpha R \\ R_{vc}(R,\hat{L},\hat{K}) = T(\hat{L},\hat{K}) + (1-\alpha)R \end{cases}$$

其中，$T(\hat{L},\hat{K}) = \alpha F - (1-\alpha)g_{en}(\hat{L}) + \alpha g_{vc}(\hat{K})$，$g_{en}(\hat{L})$和$g_{vc}(\hat{K})$分别代表合约中约定的对企业家和风险投资机构的努力成本补偿。

命题1揭示了融资合约的两个主要组成部分：第一部分是固定的转移支付$T(\hat{L},\hat{K})$，企业家获得$-T(\hat{L},\hat{K})$，而风险投资机构获得$T(\hat{L},\hat{K})$；第二部分是收益分成，即对最终产出R的分配，企业家获得的份额为αR，风险投资机构获得的份额为$(1-\alpha)R$。

项目产出R取决于自然状态ε以及创业企业和风险投资机构在创业过程中的实际努力水平L和K，这些因素通过影响产出进而影响分配结果。因此，ε、L、K是合约分配结果的条件变量。风险投资合约的基本形式可以表示为：

$$[(R_{en}(R,\hat{L},\hat{K});R_{vc}(R,\hat{L},\hat{K}))|(\varepsilon,L,K)]$$

融资合约提出了一种基于最终可观测产出结果R的收益分配模式。这种分配模式包括对创业企业和风险投资机构在设定的固定努力水平$(\hat{L},\hat{K})$下的成本补偿$g_{en}(\hat{L})$、$g_{vc}(\hat{K})$。考虑到自然状态ε的不可观测性及其对努力行为的外生性，这也反映在固定转移支付$T(\hat{L},\hat{K})$中。因此，风险投资合约[1]可以简化表示为：

$$[(R_{en}(R,\hat{L},\hat{K});R_{vc}(R,\hat{L},\hat{K}))|(L,K)]$$

13.3 博弈均衡与最优合约

命题1提供了风险投资合约的基本框架，它不但涉及基于项目可观测产出R的固定比

---

[1] 实际上自然状态ε的主要作用就是提供了产出不可观测的有效随机冲击。在后文中可以看出，通过最优合约结果，包括实际的最优努力水平以及最终的产出，可以计算出随机冲击ε。因此，在融资合约中可以不关注自然状态ε。

例分配，而且还包括了一方对另一方的固定转移支付。然而，这一基本形式引出了关于创业企业和风险投资机构行为及其对双边道德风险问题影响的探讨，即问题1。

问题1 在命题1所描述的融资合约基本形式下，是否存在一个博弈均衡，使得创业企业和风险投资机构的实际努力水平（L, K）达到最优解？

命题1的影响还扩展到项目产出效益，进而影响双方的收益分配。即便在产出确定的情况下，融资合约中的固定转移支付 $T(\hat{L}, \hat{K})$ 的不同约定也会影响收益分配结果，这引出了问题2。

问题2 在合约协议中，应如何设定转移支付 $T(\hat{L}, \hat{K})$，以及确定其边界范围？

在命题1的框架下，问题1和问题2分别聚焦于项目产出结果和转移支付的设定，它们是对最优合约结果的关键性回答。随后，需要进一步探讨涉及最优合约性质的问题3。

问题3 在风险投资中存在的双边道德风险问题背景下，如何探讨命题1的融资合约基本形式的最优合约及其性质与经济含义？

这三个问题构成了本节对最优合约求解及其性质分析的核心议题。

13.3.1 参照点：信息对称下的均衡

在深入探讨上述问题之前，首先考察信息对称情形，这为分析本章中的双边道德风险提供了一个对比基准。

在信息对称的设定下，由于努力水平是可观测的，合约可以直接规定实际努力水平与约定补偿的努力水平相一致，即 $L = \hat{L}$ 和 $K = \hat{K}$。在这种情况下，融资合约进一步简化为：

$$[(R_{en}(R, \hat{L}, \hat{K}); R_{vc}(R, \hat{L}, \hat{K})) | (\hat{L}, \hat{K})] \qquad (13-6)$$

最优合约的确定可以直接通过应用讨价还价模型式（13-4）来推导。求解过程可以分为两个阶段。

第一阶段：在给定任意的努力水平（$\hat{L}, \hat{K}$）的条件下，确定最优的企业家收益 $R_{en}^*(\hat{L}, \hat{K})$，以最大化目标函数，即求解纳什讨价还价解。

第二阶段：确定最优努力水平 L^* 和 K^*，这些最优水平由交易双方在博弈中的纳什均衡所决定，确保最优值 $R_{en}^*(\hat{L}, \hat{K})$ 得以实现。

通过这两个阶段的分析，可以在信息对称的假设下，为风险投资合约提供一个清晰的最优解框架。

第一阶段：在信息对称下，对于任何给定的努力水平 $\hat{L}$ 和 $\hat{K}$，需要求解 R_{en} 以满足以下最优化问题：

$$\max_{R_{en}} \left[R_{en} - \frac{\hat{L}^2}{2\eta} \right]^\alpha \left[R_\varepsilon + c\sqrt{\hat{L}\hat{K}} - R_{en} - F - \frac{\hat{K}^2}{2\theta} \right]^{1-\alpha} \qquad (13-7)$$

根据目标函数的一阶条件，R_{en}^* 应满足以下关系：

$$R_{en}^* - \frac{\hat{L}^2}{2\eta} = \alpha\left(R_\varepsilon - F + c\sqrt{\hat{L}\hat{K}} - \frac{\hat{L}^2}{2\eta} - \frac{\hat{K}^2}{2\theta}\right) \tag{13-8}$$

$$R - R_{en}^* - F - \frac{\hat{K}^2}{2\theta} = (1-\alpha)\left(R_\varepsilon - F + c\sqrt{\hat{L}\hat{K}} - \frac{\hat{L}^2}{2\eta} - \frac{\hat{K}^2}{2\theta}\right) \tag{13-9}$$

第二阶段：接下来，需要求解最优的努力水平。将式（13-8）和式（13-9）代入式（13-7），最优化问题转化为：

$$\max_{\hat{L},\hat{K}} \gamma\Gamma = \gamma\left(R_\varepsilon - F + c\sqrt{\hat{L}\hat{K}} - \frac{\hat{L}^2}{2\eta} - \frac{\hat{K}^2}{2\theta}\right) \tag{13-10}$$

其中，$\gamma = \alpha^\alpha(1-\alpha)^{(1-\alpha)}$ 为常数。Γ 代表扣除双方初始投资和努力成本后的社会总剩余，我们的目标是找到最大化这一剩余的努力水平。

根据一阶条件，上述最优化问题可转化为以下联立方程组：

$$\begin{cases} \dfrac{\partial \Gamma}{\partial \hat{L}} = \dfrac{c}{2}\sqrt{\dfrac{\hat{K}}{\hat{L}}} - \dfrac{\hat{L}}{\eta} = 0 \\ \dfrac{\partial \Gamma}{\partial \hat{K}} = \dfrac{c}{2}\sqrt{\dfrac{\hat{L}}{\hat{K}}} - \dfrac{\hat{K}}{\theta} = 0 \end{cases} \tag{13-11}$$

解得最优努力水平 L^* 和 K^* 为：

$$\begin{cases} L^* = \dfrac{c}{2}\theta^{\frac{1}{4}}\eta^{\frac{3}{4}} \\ K^* = \dfrac{c}{2}\theta^{\frac{3}{4}}\eta^{\frac{1}{4}} \end{cases} \tag{13-12}$$

此时，创业企业和风险投资机构获得的社会剩余 S_{en} 和 S_{vc} 分别为：

$$S_{en}(L^*, K^*) = R_{en}^* - \frac{L^{*2}}{2\eta} = \alpha\left(R_\varepsilon + c\sqrt{L^* K^*} - F - \frac{L^{*2}}{2\eta} - \frac{K^{*2}}{2\theta}\right) \tag{13-13}$$

$$S_{vc}(L^*, K^*) = R_{vc}^* - F - \frac{K^{*2}}{2\theta} = (1-\alpha)\left(R_\varepsilon + c\sqrt{L^* K^*} - F - \frac{L^{*2}}{2\eta} - \frac{K^{*2}}{2\theta}\right) \tag{13-14}$$

这意味着，在信息对称的情况下，当创业企业和风险投资机构采取最优努力水平 L^* 和 K^* 时，社会总剩余达到最大化。最优融资合约是在补偿双方的初始投资和努力成本后，按照比例分配社会总剩余，其中创业企业和风险投资机构分别获得比例为 α 和 $1-\alpha$ 的社会总剩余。这样的融资合约是帕累托有效的。此时，社会总剩余为：$S_T(L^*, K^*) = R_\varepsilon + c\sqrt{L^* K^*} - F - \dfrac{L^{*2}}{2\eta} - \dfrac{K^{*2}}{2\theta} = R_\varepsilon - F + \dfrac{c^2}{4}\theta^{\frac{1}{2}}\eta^{\frac{1}{2}}$；创业企业得到的社会剩余为：$S_{en}(L^*, K^*) = \alpha S_T(L^*, K^*)$；风险投资家得到的社会剩余为：$S_{vc}(L^*, K^*) = (1-\alpha)S_T(L^*, K^*)$。

最终，最优融资合约可以表示为：

$$[(R_{en}(R, L^*, K^*); R_{vc}(R, L^*, K^*)) | (L^*, K^*)] \tag{13-15}$$

其中，R_{en}^* 和 R_{vc}^* 的具体表达式为：

$$\begin{cases} R_{en}^* = \alpha S_T(L^*, K^*) + \dfrac{L^{*2}}{2\eta} \\ \qquad = \alpha R_e + \left(\dfrac{1}{8} + \dfrac{\alpha}{4}\right)\theta^{\frac{1}{2}}\eta^{\frac{1}{2}}c^2 - \alpha F \\ R_{vc}^* = (1-\alpha) S_T(L^*, K^*) + F + \dfrac{K^{*2}}{2\theta} \\ \qquad = (1-\alpha) R_e + \left(\dfrac{3}{8} - \dfrac{\alpha}{4}\right)\theta^{\frac{1}{2}}\eta^{\frac{1}{2}}c^2 + \alpha F \\ L^* = \dfrac{c}{2}\theta^{\frac{1}{4}}\eta^{\frac{3}{4}} \\ K^* = \dfrac{c}{2}\theta^{\frac{3}{4}}\eta^{\frac{1}{4}} \end{cases} \quad (13-16)$$

在信息对称的情况下，最优融资合约确保了创业企业和风险投资机构的收益由成本补偿和按比例分配社会总剩余两部分组成，最终实现了项目收益的公平分配。

13.3.2 关注点：双边道德风险下的均衡

现在，将专注于具有双边道德风险的风险投资合约设计的博弈均衡问题。问题1探讨：创业企业和风险投资机构在合约中约定的努力水平（L, K）的博弈均衡问题，以及这些均衡与合约中努力成本补偿 $g_{en}(\hat{L})$ 和 $g_{vc}(\hat{K})$ 的关系。

命题2 在双边道德风险情境下，根据命题1的融资合约基本形式，创业企业与风险投资机构的最优努力水平（$\tilde{L}, \tilde{K}$）为：

$$\begin{cases} \tilde{L} = \dfrac{c}{2}[(1-\alpha)\theta]^{\frac{1}{4}}(\alpha\eta)^{\frac{3}{4}} = (1-\alpha)^{\frac{1}{4}}(\alpha)^{\frac{3}{4}} L^* \\ \tilde{K} = \dfrac{c}{2}[(1-\alpha)\theta]^{\frac{3}{4}}(\alpha\eta)^{\frac{1}{4}} = (1-\alpha)^{\frac{3}{4}}(\alpha)^{\frac{1}{4}} K^* \end{cases}$$

其中，L^* 和 K^* 分别代表信息对称情境下的最优努力水平。

为了证明上述命题，可以采用两种方法。

证明方法之一：借鉴古诺模型的均衡思想，分别为交易双方构建反应函数，并求解各自的最优努力水平。证明过程如下。

证明 根据命题1所示的融资合约基本形式，合约设定的固定努力水平为（$\hat{L}, \hat{K}$）。对于任意的努力水平 L、K，创业企业将得到：

$$R_{en} = \alpha S[(L, K) \mid (\hat{L}, \hat{K})] + \dfrac{\hat{L}^2}{2\eta}$$

而创业企业的努力成本为：

$$g_{en}(L) = \frac{L^2}{2\eta}$$

因此，创业企业得到的社会剩余为：

$$R_{en} - g_{en}(L) = \alpha S[(L,K)|(\hat{L},\hat{K})] + \frac{\hat{L}^2}{2\eta} - \frac{L^2}{2\eta}$$

同理，风险投资机构在这种情况下获得的社会剩余为：

$$R_{vc} - F - g_{vc}(K) = (1-\alpha)S[(L,K)|(\hat{L},\hat{K})] + \frac{\hat{K}^2}{2\theta} - \frac{K^2}{2\theta}$$

因此，理性的创业企业和风险投资机构都会选取使自己所获得的社会剩余最大化的努力水平 $\tilde{L}$ 和 $\tilde{K}$，即：

$$\begin{cases} \tilde{L} = \mathop{\arg\max}\limits_{L} \alpha S[(L,K)|(\hat{L},\hat{K})] + \frac{\hat{L}^2}{2\eta} - \frac{L^2}{2\eta}, \forall K \\ \tilde{K} = \mathop{\arg\max}\limits_{K} (1-\alpha) S[(L,K)|(\hat{L},\hat{K})] + \frac{\hat{K}^2}{2\theta} - \frac{K^2}{2\theta}, \forall L \end{cases}$$

通过一阶条件，可以求得均衡解 $\tilde{L}$ 和 $\tilde{K}$，从而完成证明。

证明方法之二：这种方法基于经济学直觉，将交易双方努力的经济效应分解为收入效应和替代效应两部分。理性的参与者将寻求一个均衡努力水平，使得这两部分效应的总和最大化。

证明 在双边道德风险的情况下，如果创业企业或风险投资机构选择低于合约规定水平 $\hat{L}$ 和 $\hat{K}$ 的努力，会产生以下后果。

（1）共同影响：条件社会剩余 $S[(L,K)|(\hat{L},\hat{K})]$ 会减少，这是双方共同承担的损失。

（2）个体利益：努力成本降低，而减少努力的一方会获得额外的收益。

在努力水平不可观察的情况下，这可能导致"搭便车"行为，即创业企业和风险投资机构可能选择低于合约规定的努力水平 $\hat{L}$ 和 $\hat{K}$ 的努力。

根据推论1，对于任意努力水平 L，创业企业的收入为：

$$R_{en} = g_{en}(\hat{L}) + \alpha S[(L,K)|(\hat{L},\hat{K})] \tag{13-17}$$

权衡分析：（1）当创业企业选择低于 $\hat{L}$ 的努力水平 L 时，会降低社会剩余总额，这是偷懒的"惩罚"。然而，由于获得了基于 $\hat{L}$ 的努力成本补偿，实际上获得了偷懒的"补贴"。（2）当努力水平 L 高于 $\hat{L}$ 时，虽然增加了社会剩余总额，是勤奋的"补贴"，但较低的成本补偿则成为勤奋的"惩罚"。

实际努力与合约规定的偏离分析：创业企业和风险投资机构的实际努力水平 L 和 K 与合约规定的 $\hat{L}$ 和 $\hat{K}$ 之间的偏离，无论是努力不足还是过度，都会产生两种相反方向的效应。

(1) 收入效应 Δinc。

努力不足时，会减少条件社会剩余，降低各自所得份额；努力过度则增加剩余，提升份额。具体地，创业企业的收入效应为：

$$\Delta inc_{en} = \alpha c (\sqrt{LK} - \sqrt{\hat{L}K})$$

风险投资机构的收入效应为：

$$\Delta inc_{vc} = (1-\alpha) c (\sqrt{LK} - \sqrt{L\hat{K}})$$

(2) 替代效应 Δsub。

努力不足时获得超额成本补偿，而努力过度时补偿不足。创业企业的替代效应为：

$$\Delta sub_{en} = \frac{1}{2\eta}\hat{L}^2 - \frac{1}{2\eta}L^2$$

风险投资机构的替代效应为：

$$\Delta sub_{vc} = \frac{1}{2\theta}\hat{K}^2 - \frac{1}{2\theta}K^2$$

均衡努力水平的决策：创业企业和风险投资机构将综合考虑各自收入效应和替代效应之和 $\Delta inc_{en} + \Delta sub_{en}$、$\Delta inc_{vc} + \Delta sub_{vc}$，选择最大化总效应的努力水平 $\tilde{L}$ 和 $\tilde{K}$。这可以通过以下优化问题表达：

$$\begin{cases} \tilde{L} = \underset{L}{\arg\max} \alpha c (\sqrt{LK} - \sqrt{\hat{L}K}) + \frac{1}{2\eta}\hat{L}^2 - \frac{1}{2\eta}L^2, \forall K \\ \tilde{K} = \underset{K}{\arg\max} (1-\alpha) c (\sqrt{LK} - \sqrt{L\hat{K}}) + \frac{1}{2\theta}\hat{K}^2 - \frac{1}{2\theta}K^2, \forall L \end{cases} \quad (13-18)$$

通过解这些优化问题，可以得到博弈均衡解：

$$\begin{cases} \tilde{L} = \frac{c}{2}[(1-\alpha)\theta]^{\frac{1}{4}}(\alpha\eta)^{\frac{3}{4}} = (1-\alpha)^{\frac{1}{4}}(\alpha)^{\frac{3}{4}}L^* \\ \tilde{K} = \frac{c}{2}[(1-\alpha)\theta]^{\frac{3}{4}}(\alpha\eta)^{\frac{1}{4}} = (1-\alpha)^{\frac{3}{4}}(\alpha)^{\frac{1}{4}}K^* \end{cases}$$

在双边道德风险情境下，博弈均衡解表明，创业企业和风险投资机构采取的最优努力水平 $\tilde{L}$ 和 $\tilde{K}$ 与合约规定的固定努力水平（$\hat{L},\hat{K}$）无关。这意味着合约中关于努力成本补偿 $g_{en}(\hat{L})$ 和 $g_{vc}(\hat{k})$ 的设定，可以根据其他因素确定，并不会对博弈均衡下的最优努力水平产生影响。

推论 2 当创业企业和风险投资机构分别采取最优努力水平（$\tilde{L},\tilde{K}$）时，项目的产出和合约分配结果如下。

(1) 项目产出：

$$R = R(\tilde{L},\tilde{K}) = R_c + \frac{c^2}{2}[\theta\eta(1-\alpha)\alpha]^{\frac{1}{2}}$$

(2) 总社会剩余：

$$S(\tilde{L},\tilde{K}) = R_{\varepsilon} + \frac{3c^2}{8}[\theta\eta(1-\alpha)\alpha]^{\frac{1}{2}} - F$$

(3) 双方收益：

$$\begin{cases} R_{en}(R,\hat{L},\hat{K}) = -T(\hat{L},\hat{K}) + \alpha R(\tilde{L},\tilde{K}) \\ R_{vc}(R,\hat{L},\hat{K}) = T(\hat{L},\hat{K}) + (1-\alpha)R(\tilde{L},\tilde{K}) \end{cases}$$

(4) 双方社会剩余份额：

$$\begin{cases} S_{en}(R,\hat{L},\hat{K}) = \alpha S(\tilde{L},\tilde{K}) - T(\hat{L},\hat{K}) + T(\tilde{L},\tilde{K}) \\ S_{vc}(R,\hat{L},\hat{K}) = (1-\alpha)S(\tilde{L},\tilde{K}) + T(\hat{L},\hat{K}) - T(\tilde{L},\tilde{K}) \end{cases}$$

证明 根据命题2，可以推导出上述结论。

这些结论揭示了在最优努力水平下，项目产出的计算方式、总社会剩余的构成以及创业企业和风险投资机构的收益分配和社会剩余的具体计算方法。这些结果对于理解风险投资合约设计中的经济激励和分配机制至关重要。

13.3.3 可行合约的边界

问题2探讨：接下来，将讨论合约协议中转移支付 $T(\hat{L},\hat{K})$ 的边界问题。在深入探讨边界问题之前，首先分析几种特殊情形下的转移支付结果。

推论3 在合约协议中，如果设定 $(\hat{L},\hat{K}) = (\tilde{L},\tilde{K})$，即按照双边道德风险情境下的最优努力水平进行固定努力成本补偿，则转移支付 $T(\tilde{L},\tilde{K}) = \alpha F$；若设定 $(\hat{L},\hat{K}) = (0,0)$，即不给创业企业和风险投资机构固定成本补偿，则转移支付 $T(0,0) = \alpha F$；如果设定 $(\hat{L},\hat{K}) = (L^*,K^*)$，即按照信息对称情境下的最优努力水平进行固定成本补偿，则转移支付 $T(L^*,K^*) = \alpha F + (2\alpha-1)\frac{c^2}{8}\theta^{\frac{1}{2}}\eta^{\frac{1}{2}}$。

证明 根据命题1中对 $T(\tilde{L},\tilde{K})$ 表达式的定义，可以直接得出上述结论。

推论4 若在合约协议中转移支付 $T(\hat{L},\hat{K}) = \alpha F$，则创业企业和风险投资机构分别获得的社会剩余为：

$$\begin{cases} S_{en}(R,\hat{L},\hat{K}) = \alpha S(\tilde{L},\tilde{K}) \\ S_{vc}(R,\hat{L},\hat{K}) = (1-\alpha)S(\tilde{L},\tilde{K}) \end{cases}$$

其中，$S(\tilde{L},\tilde{K}) = R - F - g_{en}(\tilde{L}) - g_{vc}(\tilde{K})$ 为总社会剩余。

证明 结合命题1、命题2和推论2的结论，可以直接证明推论4。

实际上，如果合约协议中设定 $(\hat{L},\hat{K}) = (\tilde{L},\tilde{K})$，即按照最优努力水平进行成本补偿，则此时条件社会剩余与实际社会剩余相等，形成一种公平的合约形式。虽然合约的公平性并不直接影响合约的效率,但从推论2、推论3和推论4也可以看出,若合约协议中约定转移支付 $T(\hat{L},\hat{K})=\alpha F$,此时条件社会剩余与实际社会剩余相等,实现了公平合约的结果。

更为具体地,接下来将给出 $T(\hat{L},\hat{K})$ 的边界范围的命题。

命题 3 关于命题1所示的合约协议中,转移支付 $T(\hat{L},\hat{K})$ 的边界为:

$$\alpha F - (1-\alpha)S(\tilde{L},\tilde{K}) < T(\hat{L},\hat{K}) < \alpha F + \alpha S(\tilde{L},\tilde{K})$$

其中,总社会剩余 $S(\tilde{L},\tilde{K}) > 0$。

证明 由于 $S(\tilde{L},\tilde{K}) > 0$ 并且根据命题1所给出的融资合约基本形式,转移支付 $T(\hat{L},\hat{K})$ 必须保证创业企业和风险投资机构各自获得的社会剩余大于0。结合推论2和推论3,可以得出转移支付的边界范围。

13.3.4 最优合约集及其性质

问题3探讨:下面的命题和推论将回答问题3。基于命题1、命题2和推论2可以得出本章的最优合约结果,以命题的形式进行展示,而在此之前先给出合约集的定义。

定义 2 在风险投资领域,如果创业企业和风险投资机构之间签订的合约符合以下条件:

$$[(R_{en}(R,\hat{L},\hat{K});R_{vc}(R,\hat{L},\hat{K})) | (L,K)]$$

其中,收益分配和转移支付 $T(\hat{L},\hat{K})$ 由以下公式给出:

$$\begin{cases} R_{en}(R,\hat{L},\hat{K}) = -T(\hat{L},\hat{K}) + \alpha R \\ R_{vc}(R,\hat{L},\hat{K}) = T(\hat{L},\hat{K}) + (1-\alpha)R \\ T(\hat{L},\hat{K}) = \alpha F - (1-\alpha)g_{en}(\hat{L}) + \alpha g_{vc}(\hat{K}) \end{cases}$$

且 $\hat{L}$ 和 $\hat{K}$ 以及转移支付 $T(\hat{L},\hat{K})$ 满足以下条件:

$$H^* = \{(\hat{L},\hat{K}) | \alpha F - (1-\alpha)S(\tilde{L},\tilde{K}) < T(\hat{L},\hat{K}) < \alpha F + \alpha S(\tilde{L},\tilde{K})\}$$

则称这样的合约集合为"可行合约集",记为 $M(H^*)$。

命题 4 在风险投资中,根据命题1所示的合约协议,可行合约集 $M(H^*)$ 是最优合约集。任何属于 $M(H^*)$ 的合约 m 都是最优的,并都将实现命题2和推论2所示的社会次优状态。

证明 结合命题1、命题2、推论2的结论以及定义2的表述,可以证明命题4。

定义 3 基于定义2和命题4,最优合约集被进一步划分为四个最优合约子集:

(1) 子集 $M(H_1^*)$,当 $H_1^* \equiv \{(\hat{L},\hat{K}) | \alpha F < T(\hat{L},\hat{K}) < \alpha F + \alpha S(\tilde{L},\tilde{K})\}$。

(2) 子集 $M(H_2^*)$,当 $H_2^* \equiv \{(\hat{L},\hat{K}) | T(\hat{L},\hat{K}) = \alpha F\}$。

（3）子集$M(H_3^*)$，当$H_3^* \equiv \{(\hat{L},\hat{K}) | \alpha F - (1-\alpha)S(\tilde{L},\tilde{K}) < T(\hat{L},\hat{K}) < \alpha F, T(\hat{L},\hat{K}) \neq 0\}$。

（4）子集$M(H_4^*)$，当$H_4^* \equiv \{(\hat{L},\hat{K}) | T(\hat{L},\hat{K}) = 0 \cap H^*\}$。

推论5 集合$H^* = H_1^* \cup H_2^* \cup H_3^* \cup H_4^*$。

推论6 当且仅当$0 < S(\tilde{L},\tilde{K}) < \dfrac{\alpha F}{1-\alpha}$时，集合$H_4^*$为空集；而$H_1^*$、$H_2^*$、$H_3^*$均恒不为空集。

推论7 最优合约集与最优合约子集的关系是：

（1）当$0 < S(\tilde{L},\tilde{K}) < \dfrac{\alpha F}{1-\alpha}$时，$M(H^*) = M(H_1^*) \cup M(H_2^*) \cup M(H_3^*)$；

（2）当$S(\tilde{L},\tilde{K}) \geqslant \dfrac{\alpha F}{1-\alpha}$时，$M(H^*) = M(H_1^*) \cup M(H_2^*) \cup M(H_3^*) \cup M(H_4^*)$。

命题5 当合约$m \in M(H^*)$时，有以下情形：

（1）若$m \in M(H_4^*) \neq \emptyset$，则最优合约是完全的股权合约形式；

（2）若$m \in M(H_1^*) \cup M(H_2^*) \cup M(H_3^*)$，则最优合约是股权与债务的联合合约形式；

（3）若$m \in M(H_1^*)$，则最优合约对创业企业努力成本的补偿不足，而对风险投资机构的努力成本补偿过度；若$m \in M(H_2^*)$，则是一种公平最优合约；若$m \in M(H_3^*) \cup M(H_4^*)$，则最优合约对创业企业努力成本的补偿过度，而对风险投资机构的努力成本补偿不足。

证明 结合命题1、命题2、定义2和定义3，可以证明命题5。

在子集H_3^*中，转移支付$T(\hat{L},\hat{K})$可以是正数或负数。根据转移支付的符号，可以将H_3^*分为两个子集：一是H_{31}^*，其中$H_{31}^* \equiv \{(\hat{L},\hat{K}) | 0 < T(\hat{L},\hat{K}) < \alpha F\}$；二是$H_{32}^*$，其中$H_{32}^* \equiv \{(\hat{L},\hat{K}) | \alpha F - (1-\alpha)S(\tilde{L},\tilde{K}) < T(\hat{L},\hat{K}) < 0\}$。如果$H_{32}^* \neq \emptyset$，风险投资与创业企业之间可以签订一种状态依存合约$[(m_1, m_2) | R]$，其结构如下：

（1）当项目产出$R < R^*$时，执行合约m_1；

（2）当项目产出$R \geqslant R^*$时，执行合约m_2。

其中，合约$m_1 \in M(H_1^*) \cup M(H_2^*) \cup M(H_{31}^*)$，合约$m_2 \in M(H_{32}^*)$，$R^*$为合约协议中约定的项目产出水平对赌目标。

这种状态依存合约的经济学含义包括：

（1）当项目产出$R \geqslant R^*$，即项目产出结果理想时，执行的合约m_2中转移支付$T(\hat{L},\hat{K})$为负数，这可以视为风险投资机构基于估值调整机制（VAM）对企业家的奖励，体现为风险投资机构对创业企业家的补偿。

（2）当项目产出$R < R^*$，即项目产出结果不佳时，执行的合约m_1中转移支付为正数，这可以视为企业家对风险投资机构的补偿。

状态依存合约形式与私募股权投资中著名的估值调整机制（VAM，也称为对赌协议）一致，它是一种融资或并购合同中的或有准备预案，允许投资者在满足特定条件（如被投资公司的未来财务绩效指标）时行使调整估值的权利。VAM 实践中可能包含更广泛的内容，如企业控制权、企业发展状况及上市结果等。

状态依存合约 $[(m_1, m_2) | R^*]$ 与 VAM 一致。在良好状态下，合约 m_2 中的负转移支付可视为对企业家的奖励；在其他状态下，合约 m_1 中的正转移支付代表企业家对风险投资的补偿。这种结构不会改变双方最优努力水平和社会剩余的均衡结果，同时为风险投资实务提供了灵活的调整机制。

根据推论 7 和命题 5，可以得出以下结论：

（1）当 $0 < S(\tilde{L}, \tilde{K}) < \dfrac{\alpha F}{1-\alpha}$ 时，创业企业和风险投资机构之间倾向于签订股权与债务的联合合约形式。在这种合约中，如果债务部分相对于股权部分占有较大比重，该联合合约形式就接近于可转债的合约形式。

（2）当 $S(\tilde{L}, \tilde{K}) \geqslant \dfrac{\alpha F}{1-\alpha}$ 时，除了股权与债务的联合合约形式，创业企业与风险投资机构还可以选择签订完全的股权合约。

在产出结果 $R(L, K, \varepsilon)$ 的不同水平下，风险投资机构的收益 R_{vc} 可以用图 13-2 来表示，其中横轴代表项目产出结果，纵轴代表风险投资机构根据合约获得的收益。在完全股权合约中，风险投资机构的收益表示为线段 OA，而在特定的股权与债务联合合约中，收益表示为线段 EC。

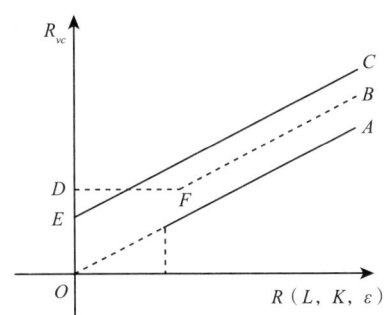

图 13-2　可转债合约对股权与债务联合合约的逼近

本章的最优合约集中，存在如 OA 和 EC 这样的最优合约。此外，在 EC 线段左侧的区域以及 OA 与 EC 之间的区域，也可能存在股权与债务的联合合约。线段 DFB 代表某个确定的可转债合约中风险投资机构在不同产出水平下的收益，它显然会与最优合约集中的不同最优合约相交，并可能逼近某一最优合约。然而，这种分段线型的可转债合约并不包含在本章所讨论的最优合约集中。状态依存的合约结构提供了灵活性，允许创业企业和风险投资机构根据项目的实际产出结果调整他们的收益分配，从而更好地应对风险和激励双方的努力。

13.3.5 最优合约集及其子集的几何表达

本节利用二维几何图形（见图13-3和图13-4）阐释最优合约集及其子集之间的关系。这种关系主要取决于转移支付 $T(\hat{L},\hat{K})$，其由公式 $T(\hat{L},\hat{K}) = \alpha F - (1-\alpha)g_{en}(\hat{L}) + \alpha g_{vc}(\hat{K})$ 定义。通过建立一个二维坐标系，以创业企业的固定成本补偿 $g(\hat{L})$ 为横轴，风险投资机构的固定成本补偿 $g(\hat{K})$ 为纵轴，可以可视化 $T(\hat{L},\hat{K})$ 的不同取值。

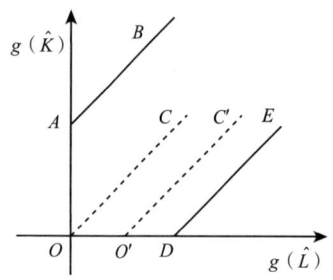
图13-3 $M(H_4^*) \neq \emptyset$ 的情形

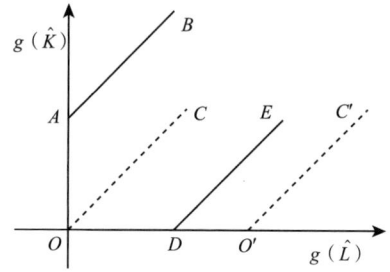
图13-4 $M(H_4^*) = \emptyset$ 的情形

如图13-3和图13-4所示，直线 AB 代表 $T(\hat{L},\hat{K}) = \alpha F - (1-\alpha)S(\tilde{L},\tilde{K})$ 的轨迹，其右下侧区域表示 $T(\hat{L},\hat{K}) > \alpha F - (1-\alpha)S(\tilde{L},\tilde{K})$，其中点 A 的坐标为 $(0, S(\tilde{L},\tilde{K}))$。直线 DE 表示 $T(\hat{L},\hat{K}) = \alpha F + \alpha S(\tilde{L},\tilde{K})$ 的轨迹，其左上侧区域表示 $T(\hat{L},\hat{K}) < \alpha F + \alpha S(\tilde{L},\tilde{K})$，点 D 的坐标为 $(S(\tilde{L},\tilde{K}),0)$。虚线 OC 表示 $T(\hat{L},\hat{K}) = \alpha F$ 的轨迹，而虚线 $O'C'$ 表示 $T(\hat{L},\hat{K}) = 0$ 的轨迹，其中点 O' 的坐标为 $\left(\dfrac{\alpha F}{1-\alpha}, 0\right)$。当社会剩余 $S(\tilde{L},\tilde{K}) > \dfrac{\alpha F}{1-\alpha}$ 时，虚线 $O'C'$ 位于直线 DE 的左侧，表明集合 $M(H_4^*) \neq \emptyset$。相反，当 $S(\tilde{L},\tilde{K}) \leq \dfrac{\alpha F}{1-\alpha}$ 时，虚线 $O'C'$ 与 DE 重合或位于其右侧，意味着集合 $M(H_4^*) = \emptyset$。通过图形表示可以清晰地识别不同最优合约子集的边界条件，以及它们如何随着社会剩余的变化而变化。

图13-3和图13-4通过二维图形清晰地展示了在不同条件下，最优合约集 $M(H^*)$ 及其子集之间的关系。这些条件基于社会剩余 $S(\tilde{L},\tilde{K})$ 与临界值 $\dfrac{\alpha F}{1-\alpha}$ 的相对大小。在这两幅图中：

(1) 区域 BAODE 表示最优合约集 $M(H^*)$。
(2) 区域 BAOC（不包括边界）表示最优合约子集 $M(H_1^*)$。
(3) 线段 OC 表示最优合约子集 $M(H_2^*)$。
(4) 线段 $O'C'$ 表示最优合约子集 $M(H_4^*)$。

当线段 $O'C'$ 位于区域 BAODE 内部时，子集 $M(H_4^*)$ 不为空集，并且区域 CODE（不包括边界）表示最优合约子集 $M(H_3^*)$。如果 $O'C'$ 位于 BAODE 区域外部或者与 DE 重合时，子集 $M(H_4^*)$ 为空集，区域 $CODE$ 内部（不包括边界）则代表 $M(H_3^*)$。

在最优合约集 $M(H^*)$ 内，射线 $O'C'$ 表示完全的股权合约。其他区域则代表股权与债务的联合合约形式。具体而言：

（1）区域 $BAOC$（不包括边界）可能意味着对创业企业努力成本的补偿不足，而对风险投资机构的补偿过度。

（2）线段 OC 上表示的合约是公平的，不存在补偿不足或过度。

（3）区域 $CODE$，包括图 13-3 中的射线 $O'C'$ 部分，可能意味着对创业企业努力成本的补贴过度，而对风险投资机构的补偿不足。

值得注意的是，当社会剩余 $S(\tilde{L},\tilde{K})$ 大于临界值 $\dfrac{\alpha F}{1-\alpha}$ 时，最优合约集中才会出现完全的股权合约形式。在本章的最优合约集中，风险投资机构的收益由固定转移支付 $T(\hat{L},\hat{K})$ 和股权收益 $(1-\alpha)R$ 构成。而可转换债券合约，作为一种分段线性的合约形式，在一定产出水平下表现为债权合约，并在达到较高产出水平时转换为股权。然而，这种形式的合约并不包含在本章讨论的最优合约集内。

13.4　总结与讨论

13.4.1　总　结

本章针对风险投资中的双边道德风险问题，提出了创业企业家与风险投资机构之间的融资合约模型，并阐明了合约的基本形式。研究揭示了风险投资最优合约集，该最优合约集中的不同最优合约子集均能实现社会次优状态[1]，但各自展现了不同的合约特性，包括纯粹的股权合约和股权与债务的联合合约。

在纯粹的股权合约中，对风险投资机构的初始投入和成本补偿不足，实质上存在着风险投资机构对创业企业的补贴。而在股权与债务的联合合约中，可能存在风险投资机构对创业企业的补贴，创业企业对风险投资机构的补贴，以及双方之间不存在补贴的公平合约

---

[1] 第一，最优合约集中的每一个具体合约，均会导致命题 2 所示的最优努力水平，这是博弈均衡的结果；而由推论 2 所示，总社会剩余由自然状态和交易双方的最优努力水平共同决定，在给定的自然状态下，社会剩余完全由交易双方的最优努力水平（博弈均衡的结果）决定。所以，最优合约集实现了相同的总社会剩余。第二，社会次优状态是相对于信息对称条件下的社会最优状态而言的。在双边道德风险情境下，交易双方最优努力水平实现的社会剩余是次优（second best）的；在信息对称情境下，交易双方的最优努力水平（不同于双边道德风险的情境）实现的社会剩余是最优（first best）的。本章第 13.3.1 节中也给出了信息对称情境下最优努力水平结果，命题 2 中也给出了这两种情境下最优努力水平之间的联系。第三，综上，最优合约集中任何具体一个合约，导致相同的最优努力水平，从而决定了总社会剩余是相同的（在给定的自然状态下），相比于信息对称情境，是社会次优状态，即实现相同的社会次优状态。

等情形。

此外，研究指出，反映纯粹股权合约的最优合约子集可能为空集，即最优合约集中可能不包含纯粹的股权合约形式。只有当项目产生的总社会剩余 $S(\tilde{L},\tilde{K})$ 大于项目投资额 F 的 $\frac{\alpha}{1-\alpha}$ 倍时，最优合约集才包含纯粹的股权合约形式。

研究还发现，最优合约集中并不包含完全的可转换债券合约形式。尽管可转换债券与最优合约集中的股权与债务联合合约有一定的相似性，但主要因为当 $S(\tilde{L},\tilde{K})<\frac{\alpha F}{1-\alpha}$ 时，即项目投资额相对较大或项目产出相对较小时，可转换债券更多地体现债券特性，可能导致风险投资机构的努力激励不足。

在实际风险投资市场中，常用的合约工具包括普通股和可转换证券等。特别是当项目产出远大于项目投资额，即 $S(\tilde{L},\tilde{K})>\frac{\alpha F}{1-\alpha}$ 时，可转换证券表现出股权分成特征，与本章讨论的最优合约集的性质基本一致。

13.4.2 讨论

1. 双边道德风险与分成制度

双边道德风险问题的概念最早源自瑞德（Reid，1977）对佃农地契承租合约的分析。佃农地契承租合约设计中的分成制、固定工资制、定额租金制等方案，本质上是对存在双边道德风险情境下的最优合约设计进行探讨。在信息对称的古典经济学边际分析框架下，分成制在效率上看似不如工资制和租金制。然而，张五常（Cheung，1969）在其分成佃农理论的研究中提出，在完全竞争和零交易成本的条件下，分成合约能够和其他形式的合约一样产生有效率的结果。

从委托代理的分析框架出发，通过激励与合约设计的角度，可以为分成制的经济效率提供更多支持与解释，这一点已在广泛的文献中得到共识。本章提出的风险投资最优合约集具有分成性质，这为双边道德风险情境下合约效率的分析提供了进一步的支持与证据。

需要指出的是，无论是古典分析框架、张五常的分成佃农理论，还是委托代理分析框架下的分成合约，它们都是对最终可观测产出按照固定比例进行分配的。这些框架下的分成合约属于严格的分成制，且分成比例是作为外生给定的假设条件。相较之下，本章的最优合约集中，不同的合约子集可能体现为纯粹的股权性质，或者是股权与债务的联合形式，使得分成性质更为多样化和丰富。

在现实风险投资领域，股权融资的特性非常明显。本章中融资合约的分成性质，为现实中风险投资普遍具有的股权融资特性提供了坚实的理论基础。

2. 与不变投资模型的逻辑关系

本章在现有企业融资模型的基础上进行了拓展，特别是将不变投资模型的分析框架拓展到风险投资领域，引入了双边道德风险的情境条件。这一扩展不仅是对梯若尔（Tirole，2001，2006）提出的单边道德风险不变投资模型的继承，也是对其的进一步发展和广义化。

在经典的委托代理分析视角下，现有文献对普通企业融资的研究已经形成了系统且成熟的理论体系。风险投资合约模型作为一种特殊的企业融资模式，具有其独有的新特征。将风险投资纳入普通企业融资的分析框架，不仅逻辑上合理，也符合科学范式发展的一般规律。

本章的分析不仅为风险投资领域提供了新的理论视角，也为理解风险投资中的合约设计和激励机制提供了坚实的基础。

3. 引入讨价还价博弈过程来拓展委托代理分析框架

不变投资模型，作为委托代理分析框架下的经典模型，通常考虑的是事后单边道德风险。本章在这一模型的基础上进行了扩展，以适应双方均可能存在道德风险的情境。双边道德风险对传统的委托代理分析框架提出了新的挑战。

本章通过引入讨价还价能力这一关键参数，基于讨价还价的合作博弈分析，尝试对传统的委托代理分析框架进行扩展。具体而言，假设创业企业和风险投资机构的讨价还价能力分别为 α 和 $1-\alpha$（其中 $0<\alpha<1$），并决定了双方在合约中的收益分配比例。当一方的讨价还价能力达到 1，即拥有完全的讨价还价能力时，该方在模型中扮演"委托人"角色，问题则回归到传统的委托代理分析框架。

本章的扩展在以下三个方面进行了创新。

（1）本章中的讨价还价模型对应于委托代理分析框架中的目标函数，是模型扩展的核心。

（2）对于委托代理框架中的参与约束条件，即确保交易双方都获得非负的社会剩余，本章中的讨价还价模型已自然包含这一约束。

（3）在本章的讨价还价模型中，实际努力水平的纳什均衡解内含了一种"自激励"机制，而在传统的委托代理分析框架中，通常需要通过激励约束来实现激励目标。

本章的模型自然蕴含或实现了参与约束和激励约束的要求，这对于分析存在双边道德风险的讨价还价模型至关重要。

4. 不足与展望

本章的研究建立在一系列相对简单且易于操作的假设之上，例如假设双方完全理性、风险中性、融资过程不考虑时间期限、讨价还价能力是外生确定的，以及创业企业和投资机构的努力产出弹性系数相等且生产规模报酬不变等。未来研究可以对这些假设进行适当放松，并构建更一般化的分析模型。

在本章的假设条件下，可以进一步验证当创业企业和风险投资机构的讨价还价能力完全对等，即 $\alpha=0.5$ 时，项目总收益和总社会剩余都能在社会次优状态下达到最大化。这表明，尽管双边道德风险问题可能导致社会福利的损失，但在 $\alpha=0.5$ 的情况下，这种损失可以被降至最低。

因此，未来的研究可以考虑在更宽松的假设条件下，例如在更一般化的产出函数下，探讨不同讨价还价能力分配对双方的影响，以及社会福利损失的情况。此外，还可以关注讨价还价能力的均衡配置问题，以及创业企业与风险投资机构之间的稳定匹配问题（Fu et al.，2019b）。

思考与练习

围绕本章的风险投资合约模型构建、求解与分析过程，试思考和练习下列问题。

13.1 讨论关于自然状态"$R_\varepsilon = \bar{R} + \varepsilon$，其中 $\bar{R}$ 为某一确定的产出水平，$\varepsilon \sim N(0, \sigma^2)$"假设情境的必要性。这一假设情境与第 12 章中梯若尔不变投资模型假设情境的差异是什么？

13.2 如何理解条件社会剩余在契约协议中的可执行性？

13.3 存在最优合约集的重要前提是什么？

13.4 哪些假设条件构成了创业企业与风险投资机构之间的双边道德风险情境？

13.5 本章的理论模型在哪些方面拓展和广义化了第 12 章中梯若尔的不变投资模型？

13.6 双边道德风险情境对委托代理分析框架形成冲击，体现在哪些方面？

13.7 使用讨价还价博弈思想来概括本章风险投资合约理论模型的精髓。

13.8 采用数值模拟方法来深入分析主要结果，相关基本参数设置如下：$\theta = \eta = 1$，$c = 1$，$R_\varepsilon = 1$，$F = 0.2$，α 的取值自 0.01 到 0.99 之间的 99 个数值。计算并使用图示直观地展示讨价还价能力（当 α 在 0.01 和 0.99 之间变化时）如何影响最优合约下的最优努力水平、项目产出、社会总剩余以及双方的收益和社会剩余份额等。

第14章 风险投资匹配模型

14.1 概　　要

在第12章中,梯若尔的普通企业融资模型主要基于以下假设:企业家存在单边道德风险,而投资者市场则是完全竞争的。在这一框架下,企业家和投资者被视为同质性个体。梯若尔的研究重点在于设计企业家与投资者之间的最优契约,而非探讨投资者群体与企业家群体之间的匹配问题。在第13章中,通过扩展梯若尔的不变投资分析框架,并结合讨价还价博弈的分析视角,提出了一个更具兼容性的新融资契约模型。该模型考虑了创业企业和风险投资机构之间存在的双边道德风险。通过这一模型,不仅求解出了双方努力水平的博弈均衡解,还详细阐述了双方签订的契约形式以及最优契约的结果。特别地,模型还分析了最终的社会剩余以及交易双方各自获得的社会剩余份额,从而回答了创业企业与风险投资机构之间如何设计最优契约的问题。需要指出的是,前两章的分析首先从单边道德风险情境扩展到了双边道德风险情境;其次,从假设投资者是同质性且不具有讨价还价能力的完全竞争市场,转变为考虑风险投资机构和创业企业项目都具有异质性个体特征且都具有一定讨价还价能力的情境。由此,本章进一步探讨了风险投资市场中创业企业融资项目与风险投资机构之间的最优匹配问题:如何解释拥有创业计划的企业家与资金雄厚的风险投资者之间的稳定匹配合作关系?具体来说,为什么特定的企业家会选择特定的风险投资者,反之亦然,而不是选择其他潜在的合作伙伴?本章将分析在双边道德风险情境下,风险投资市场中双边稳定匹配关系问题。

需要指出的是,梯若尔对"信贷配给"现象的分析实际上区分了两类企业:一类能够成功融资;另一类则因信贷配给问题而无法获得资金。在这个框架中,尽管投资者被视为一个同质性群体,实际上只有部分企业能与投资者成功匹配并获得资金,而具体的匹配机制并未也无须深入探讨。那些未能匹配成功的企业则被排除在融资市场之外。然而,在风险投资市场中,无论是创业企业还是风险投资机构,都表现出明显的个体差异,这与双边道德风险问题紧密相连。在这种市场环境下,我们面临的主要问题不仅包括如何在风险投资与创业企业之间设计出最优合约以达到个体均衡状态(第13章探讨的问题),还包括如何在这两个群体之间构建稳定的匹配关系,以实现群体层面的均衡状态。因此,本章将探讨风险投资市场中交易双方之间经济行为的群体均衡关系问题。

本章在分析风险投资与创业企业之间的群体均衡关系时，以双边道德风险情境为基础，构建了一个包含稳定匹配结构和讨价还价能力双重内生化的理论分析框架（Fu et al.，2019b）。在这个框架中，群体均衡关系表现为两个方面：一是创业企业与风险投资之间的稳定匹配关系；二是交易双方讨价还价能力的均衡配置。这种双重内生化的分析框架，一方面，推进了 Gale-Shapley 算法（Gale and Shapley，1962）在完全信息情境下的应用，并将其深化到双边道德风险情境下的稳定匹配问题；另一方面，它还探讨了在纳什讨价还价博弈分析中，交易双方的讨价还价能力是如何内生决定的。因此，本章不仅突破了传统完全信息情境下 Gale-Shapley 稳定匹配问题的研究范式，还将讨价还价合作博弈问题纳入考量，形成了一个更加全面且适应双边道德风险情境的匹配问题分析框架。

14.2　重要基础

14.2.1　Gale-Shapley 算法

盖尔（Gale）和沙普利（Shapley）在 1962 年提出了稳定婚姻问题的经典研究，探讨了在完全信息条件下，男女之间是否存在一种稳定的配对策略（Gale and Shapley，1962）。稳定配对意味着没有任何两个非伴侣的个体对彼此的偏好高于他们对各自当前伴侣的偏好，从而确保该市场中婚姻关系的稳定性。他们提出了一种算法来解决这个问题：在形成婚姻关系之前，单身男性向他们心仪的女性表白，无论她们是否单身。女性则选择她们最喜欢的男性作为男朋友，这个过程会一直持续到所有男性都找到伴侣。该算法在经济学、社会学、计算机科学等领域有着广泛的应用，特别是在需要进行一对一匹配的场景中，如学生与学校、医生与医院、求职者与公司等。

Gale-Shapley 算法的核心含义包括三个方面：

其一，信息对称。交易双方在结成匹配时，对净效用的大小有明确的认识，不存在任何一方拥有影响净效用大小的私人信息。

其二，帕累托最优。在这些匹配集合中，净效用总和（社会剩余总和）达到了最大化，不存在帕累托改进的机会。

其三，稳定性。不存在两个非伴侣的异性对彼此的评价高于对各自伴侣的评价，确保了匹配关系的稳定性。

Gale-Shapley 策略适用于完全信息条件下，具有异质性特质的交易个体之间的一对一匹配问题。Gale-Shapley 算法的一个简单介绍如下。

1. 问题

在稳定婚姻问题中，我们有两组参与者：一组男性和一组女性。每个男性和女性都有一个偏好列表，列出了他们对异性的偏好顺序。我们的目标是找到一个稳定的匹配，即不存在两个非伴侣个体（一个男性和一个女性），他们彼此更倾向于对方而不是他们各自当前的匹配对象。

2. 步骤

Gale-Shapley 算法通过以下步骤实现稳定匹配。

步骤一：初始化

所有男性和女性都是单身。

步骤二：男性提出

每个单身男性向他偏好列表中排名最高的女性提出。

步骤三：女性选择

每个女性从向她提出的男性中选择她最喜欢的男性，并拒绝其他男性。

步骤四：重复

被拒绝的男性将向下一个他最喜欢的女性提出。重复步骤二和步骤三，直到所有男性都找到了女朋友。

3. 特点

稳定性：算法确保最终的匹配是稳定的，即不存在两个个体更倾向于彼此而不是他们当前的匹配。

帕累托最优：在所有可能的匹配中，该算法找到的是社会福利（即所有参与者的偏好总和）最大化的匹配。

偏好与选择：男性按偏好顺序提出配对；女性择优选择，若已有伴侣则选择更喜欢的。

4. 示例

假设有 3 个男性（A、B、C）和 3 个女性（1、2、3），他们的偏好列表如下：

男性 A：1 > 2 > 3

男性 B：3 > 1 > 2

男性 C：2 > 3 > 1

女性 1：A > C > B

女性 2：B > A > C

女性 3：C > A > B

匹配过程：

(1) A 向 1 提出，B 向 3 提出，C 向 2 提出。

(2) 1 接受 A，3 拒绝 B，2 拒绝 C。

(3) B 向下一个偏好 1 提出，1 拒绝 B，坚持与 A 在一起。C 向下一个偏好 3 提出，3 接受 C。

(4) B 向下一个偏好 2 提出，2 接受 B。

(5) 所有男性都找到了女朋友，算法结束。

最终匹配结果：A-1，B-2，C-3。

14.2.2 纳什讨价还价博弈模型

讨价还价博弈的概念源自一个简单的分蛋糕博弈：假设交易者 1 和交易者 2 共同分割一块蛋糕。在这个博弈中，交易者 1（或者交易者 2）提出一个分配方案。如果交易者 2（或者交易者 1）接受这个方案，那么分配就按照提出的方案执行；如果不接受，交易就会失败，双方将一无所获。可以证明，在这种博弈中，任何帕累托有效的分配结果[①]（x_1, x_2）都是一个均衡解，并且存在无穷多个这样的均衡解。纳什（Nash，1950，1953）提出了纳什讨价还价解，这是在特定公理化条件下，讨价还价博弈的唯一均衡解。纳什讨价还价解是讨价还价博弈模型中最常用的均衡解，它为解决这类问题提供了一个理论基础。

讨价还价能力（bargaining power）的概念源自纳什（1950，1953）在合作博弈领域的开创性工作，他提出了对称的纳什讨价还价博弈模型及其对应的纳什讨价还价解（Nash bargaining solution）。这个模型基于一系列公理化的条件，通过最大化交易双方效用的乘积来表达，公式如下：

$$\max_{x \in [0,1]} [U_1(x) - \bar{U}_1][U_2(1-x) - \bar{U}_2]$$

其中，x 表示交易者 1 分得的份额，$U_1(\cdot)$、$U_2(\cdot)$ 分别表示二者的效用函数，$\bar{U}_1$、$\bar{U}_2$ 分别表示未达成交易时二者的保留效用或者谈判威胁点。对称的纳什讨价还价博弈模型也可以表示为以下等价形式：

$$\max_{x \in [0,1]} [U_1(x) - \bar{U}_1]^{\frac{1}{2}} [U_2(1-x) - \bar{U}_2]^{\frac{1}{2}}$$

此时，交易者 1、交易者 2 具有对等的讨价还价能力，即 $\left(\dfrac{1}{2}, \dfrac{1}{2}\right)$。如果二者都是风险中性且谈判威胁点是各自交易的成本，则意味着二者分得的社会剩余份额是相等的。

广义化的纳什讨价还价博弈模型（Roth，1979；Binmore et al.，1986），是对原始对称纳什讨价还价博弈模型的扩展，即：

$$\max_{x \in [0,1]} [U_1(x) - \bar{U}_1]^{\alpha} [U_2(1-x) - \bar{U}_2]^{1-\alpha}$$

其中，α、$1-\alpha$ 分别表示交易者 1、交易者 2 的讨价还价能力，且 $0 < \alpha < 1$。当 $\alpha = 1 - \alpha = 0.5$ 时，广义化讨价还价博弈变为对称的纳什讨价还价博弈模型。交易者的讨价还价能力配置（α, $1-\alpha$）在这里均是外生给定的参数。在交易者的效用函数 $U_1(\cdot)$、$U_2(\cdot)$ 是风险中性，$\bar{U}_1$、$\bar{U}_2$ 刚好是各自的成本时，纳什讨价还价解刚好反映了按照讨价还价能力配置（α, $1-\alpha$）的比例分享社会剩余。

[①] 分配结果满足：$x_1 + x_2 = 1$，其中 x_1、x_2 分别表示交易者 1、交易者 2 分得的份额。

14.2.3 与本章逻辑关系

在本章的分析框架中,讨价还价能力的确定和双边稳定匹配结果都是内生决定的。Gale-Shapley 算法和纳什讨价还价博弈模型是探讨风险投资与创业企业匹配问题的基础。

Gale-Shapley 匹配模型关注完全信息情境下两大群体之间的群体匹配均衡关系。在风险投资机构与创业企业的交易关系中,通常存在双边道德风险,这使得两大群体之间的匹配关系问题需要进一步探讨。

关于讨价还价博弈研究,纳什(1950,1953)提出了合作博弈中经典的对称讨价还价博弈模型及其纳什讨价还价解。随后,罗斯(Roth,1979)和宾默尔等(Binmore et al,1986)发展了广义化的讨价还价博弈模型,这些模型外生给定了交易双方的讨价还价能力,尤其是考虑到了双方讨价还价能力的不对等性。然而,关于讨价还价能力如何确定,即讨价还价能力的配置问题,目前还没有文献给出正式、明确的回应。鲁宾斯坦(Rubinstein,1982)的研究在某种意义上涉及了特殊情形下的讨价还价能力配置。他通过引入时间贴现因子,得出了轮流讨价还价博弈的子博弈精炼均衡解。鲁宾斯坦的分析基于交易双方对时间贴现的差异,探讨了讨价还价博弈双方分得的剩余份额,但并没有足够关注交易双方的讨价还价能力配置甚至内生决定问题。

14.3 风险投资匹配模型设定

14.3.1 竞争匹配情境与基本假设

在第 12 章中,梯若尔提出了普通企业融资的不变投资分析框架。第 13 章则在此基础上,进一步探讨了创业企业和风险投资之间的融资合约分析模型及其适用的情境条件。本章将在这些基础上,构建风险投资匹配模型的具体情境条件。

我们考虑一个由创业企业群体和风险投资机构群体组成的风险投资市场,并提出以下基本情境假设。

(1)市场参与者:有一组有限数量的创业企业,记为 $EN=\{EN_1,EN_2,\cdots,EN_N\}$,以及有限数量的风险投资机构,记为 $VC=\{VC_1,VC_2,\cdots,VC_N\}$。

(2)匹配机制:在自由竞争匹配组合中,每个创业企业均有一个创业项目并且只能与一个风险投资机构[①]匹配,每个风险投资机构也只能参与一个创业项目。如果创业企

[①] 在实务中非常典型地存在着多个风险投资机构联合投资一家企业的情形,此时我们可以选取一家风投领投者作为代表。

EN_i 和风险投资机构 VC_j 形成一个匹配组合 $\mu(i,j) \in M$,则他们的合作项目记为 P_{ij},其中,$i \in I = \{1,2,\cdots,N\}$,$j \in J = \{1,2,\cdots,N\}$。

(3) 投资与产出:当创业企业 EN_i 与风险投资机构 VC_j 匹配时,组成创业项目 P_{ij},风险投资机构 VC_j 向创业企业 EN_i 提供投资 F_i。项目 P_{ij} 最终产生的可验证产出 R_{ij} 取决于创业企业 EN_i 的努力水平 L_i、风险投资 VC_j 的努力水平 K_j,以及自然状态 ε_i。

(4) 产出函数:产出函数定义为 $R_{ij} = \bar{R} + \varepsilon_i + (e_i L_i)^\lambda (v_j K_j)^{1-\lambda}$,其中 $0 < \lambda < 1$,$\bar{R}$ 为一个确定的产出水平,$\varepsilon_i \sim N(0, \sigma^2)$,$e_i$、$v_j$ 分别为创业企业 EN_i 和风险投资 VC_j 的产出效率系数,λ、$1-\lambda$ 分别是创业企业 EN_i 和风险投资 VC_j 努力水平的产出弹性系数。创业企业和风险投资机构的努力水平是不可观察且不可证实的,但是最终的产出 R_{ij} 是可观察的。

(5) 异质性:创业企业和风险投资机构的努力效率系数具有绝对的异质性,即 $e_1 > e_2 > \cdots > e_N > 0$,$v_1 > v_2 > \cdots > v_N > 0$。

(6) 努力成本:采用经典的凸函数形式①,创业企业 EN_i 的努力成本为 $g(L_i) = \dfrac{L_i^2}{2\eta}$,风险投资 VC_j 的努力成本为 $g(K_j) = \dfrac{K_j^2}{2\theta}$,其中,$\eta$、$\theta$ 分别为创业企业和风险投资努力的成本系数。

(7) 其他假设:创业企业和风险投资都是风险中性的;创业企业受有限责任保护;不考虑政府对创业企业的征税以及政策补贴;项目投资过程中不考虑时间贴现因子,即跨期贴现率为1。

在本章中,我们基于第13章的风险投资合约设计理论框架,对创业企业 EN_i 和风险投资机构 VC_j 的讨价还价能力进行了内生化处理,并对其他大部分假设条件进行了延续。此外,我们还构建了一个包含创业企业和风险投资群体的双边竞争匹配的风险投资市场环境,这些情境条件对双方都是共同知识。

在竞争性风险投资市场环境中,我们可以得出以下逻辑性结论:如果创业企业 EN_i 与风险投资机构 VC_j 匹配并组成创业合作项目 P_{ij},在任意给定的讨价还价能力参数组合 (α_{ij},$1 - \alpha_{ij}$) 下,本章竞争性风险投资市场环境中的创业项目 P_{ij} 将与第13章讨论的风险投资情境相对应。因此,本章在第13章的基础上,以创业企业和风险投资机构之间的最优合约关系为前提,进一步分析了风险投资市场中创业企业群体和风险投资群体的双边稳定匹配问题,以及在稳定匹配项目中交易双方的讨价还价能力配置的竞争性均衡问题。具体的博弈时序如图14-1所示。

在风险投资市场中,创业企业与风险投资机构之间的匹配可以通过以下方式进行标记:

---

① 比较经典的努力成本函数形式,其经济学含义是:随着付出的努力水平的提高,努力的成本递增,即 $g'(\cdot) > 0$;努力的边际成本递增,即 $g''(\cdot) > 0$。

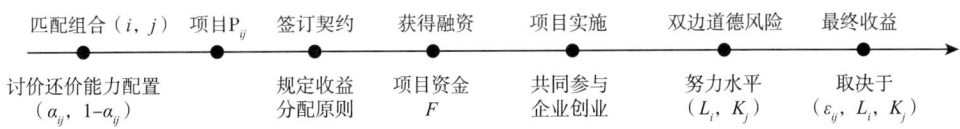

图 14-1 风险投资项目 P_{ij} 的博弈时序

(1) 集合定义：用 I 表示创业企业集合，J 表示风险投资集合。

(2) 潜在匹配集合：所有潜在的匹配组合的集合记为 $M = I \times J$，其中 $i \in I = \{1, 2, \cdots, N\}$，$j \in J = \{1, 2, \cdots, N\}$。

(3) 匹配结果：风险投资市场中最终的匹配结果记为 $\mu \subset M$。

(4) 匹配对象表示：创业企业 EN_i 的匹配对象记为 $\mu(i)$，风险投资机构 VC_j 的匹配对象记为 $\mu(j)$。

(5) 匹配描述方式：创业企业 EN_i 与风险投资机构 VC_j 之间的匹配可以通过三种等价的方式进行描述，即 $(i,j) \in \mu$，$j = \mu(i)$，$i = \mu(j)$。

对于创业企业 EN_i 与风险投资机构 VC_j 匹配组合形成的创业项目 P_{ij}，基于第 13 章的风险投资合约设计分析框架，以及对于任意给定的讨价还价能力参数配置 $(\alpha_{ij}, 1-\alpha_{ij})$，可以分别得出完全信息和双边道德风险情境下合作项目 P_{ij} 的博弈均衡与最优合约结果。

14.3.2 重要引理与基础结论

引理 1 对于风险投资市场中匹配组合 $(i,j) \in \mu$ 所对应的创业项目 P_{ij}，在完全信息情境下实现的社会剩余 $S_T(i,j)$ 为：

$$S_T(i,j) = R_\varepsilon - F + \frac{1}{2}(e_i^2 \eta \lambda)^\lambda [v_j^2 \theta (1-\lambda)]^{1-\lambda} \tag{14-1}$$

其中，创业企业 EN_i 和风险投资 VC_j 获得的社会剩余 $S_{en}(i)$、$S_{vc}(j)$ 分别为：

$$S_{en}(i) = \alpha_{ij} S_T(i,j) = \alpha_{ij}\left[R_\varepsilon - F + \frac{1}{2}(e_i^2 \eta \lambda)^\lambda [v_j^2 \theta (1-\lambda)]^{1-\lambda}\right]$$

$$S_{vc}(j) = (1-\alpha_{ij}) S_T(i,j) = (1-\alpha_{ij})\left[R_\varepsilon - F + \frac{1}{2}(e_i^2 \eta \lambda)^\lambda [v_j^2 \theta (1-\lambda)]^{1-\lambda}\right]$$

引理 2 对于风险投资市场中匹配组合 $(i,j) \in \mu$ 所对应的创业项目 P_{ij}，在双边道德风险情境下最优合约集实现相同的社会次优状态，即实现的社会剩余 $S_T(i,j)$ 为：

$$S_T(i,j) = R_\varepsilon - F + (e_i^2 \eta \lambda)^\lambda [v_j^2 \theta (1-\lambda)]^{1-\lambda} \phi(\alpha_{ij}) \tag{14-2}$$

其中，$\phi(\alpha_{ij}) = \alpha_{ij}^\lambda (1-\alpha_{ij})^{1-\lambda}\left[1 - \frac{\lambda \alpha_{ij}}{2} - \frac{(1-\lambda)(1-\alpha_{ij})}{2}\right]$。创业企业 EN_i 和风险投资 VC_j 获得的社会剩余 $S_{en}(i)$、$S_{vc}(j)$ 分别为：

$$S_{en}(i) = \alpha_{ij}[R_\varepsilon - F + (e_i^2 \eta \lambda)^\lambda [v_j^2 \theta(1-\lambda)]^{1-\lambda} \phi(\alpha_{ij})] - T_{ij}$$

$$S_{vc}(j) = (1-\alpha_{ij})[R_\varepsilon - F + (e_i^2 \eta \lambda)^\lambda [v_j^2 \theta(1-\lambda)]^{1-\lambda} \phi(\alpha_{ij})] + T_{ij}$$

其中，T_{ij}表示创业企业与风险投资之间的固定转移支付①。

引理 1 和引理 2 展示了社会剩余的差异，这在公式结果中体现为不同的值：一个是 $\frac{1}{2}$，另一个是 $\phi(\alpha_{ij})$。可以证明 $\phi(\alpha_{ij})$ 总是小于 $\frac{1}{2}$。因此，它们之间的差异反映了由道德风险导致的社会剩余损失。这一发现与霍姆斯特罗姆（Holmstrom，1982）在完全信息情况下得出的无社会福利损失的结论相一致。

在创业企业 EN_i 和风险投资机构 VC_j 完成匹配并签订合约之前，引理 2 的结果和风险投资市场的基本假设都是共同知识。在风险投资市场中，每个创业企业都有可能与任何一个风险投资机构匹配，反之亦然。无论是创业企业 EN_i 还是风险投资机构 VC_j，在考虑与不同潜在对象匹配时，都会评估他们所能获得的净收益（社会剩余份额）。这种评估促成了一个完全理性的风险投资市场匹配环境，如图 14-2 所示。

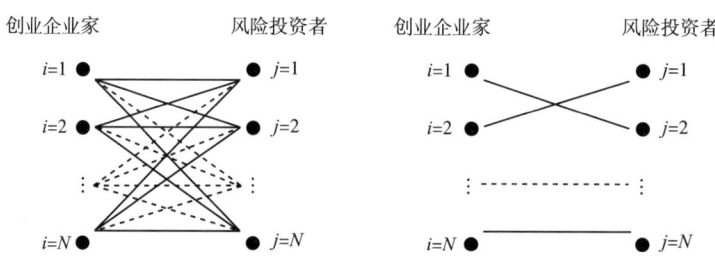

图 14-2 市场潜在匹配组合图（左）和市场匹配结果假想图（右）

创业企业 EN_i 和风险投资机构 VC_j 形成匹配 $(i,j) \in \mu \subset M$，其中 $M = I \times J$ 表示所有可能的匹配组合的集合。在这个集合 M 中，存在 $N!$（N 的阶乘，即 $N \times (N-1) \times \cdots \times 3 \times 2 \times 1$）种潜在的市场匹配组合方式，其中任意一种组合可以简记为 μ。在风险投资市场中，最终将形成 N 对风险投资机构与创业企业的匹配合作项目。

14.4 风险投资匹配模型均衡分析

根据引理 2 的结论，我们可以观察到，对于任何一个特定的创业企业 i（例如 $i=1$），当它与不同的风险投资机构 j（其中，$j \in J$）匹配时，他们共同创造的社会总剩余以及各

---

① 在第 13 章的风险投资合约模型中，讨论了最优合约集中不同最优合约子集 $M(H_1^*)$、$M(H_2^*)$、$M(H_3^*)$、$M(H_4^*)$ 的性质。在最优合约子集 $M(H_2^*)$ 中，创业企业与风险投资之间不存在转移支付，是一种公平的合约，即二者之间的固定支付 $T_{ij}=0$；而在最优合约子集 $M(H_1^*)$、$M(H_3^*)$、$M(H_4^*)$ 中均存在一方对另一方的固定支付，即 $T_{ij} \neq 0$。

自分得的社会剩余可能会有所不同。社会总剩余的多少受到以下因素的影响：创业企业和风险投资机构的产出效率系数（e_i，v_j）以及双方的讨价还价能力（α_{ij}，$1-\alpha_{ij}$）的具体配置。这些因素进而影响创业企业和风险投资分别获得的社会剩余的份额。社会剩余的分配则取决于总剩余的大小以及讨价还价能力的具体配置。从社会最优的角度来看，如果存在一个匹配组合集合 $\mu = \{(1,\mu(1)),(2,\mu(2)),\cdots,(N,\mu(N))\}$，使得这 N 个创业融资项目产生的社会剩余总和达到最大化：

$$\max \sum_{(i,\mu(i))\in \mu} S_T(i,\mu(i)) > \max \sum_{(i,j')\notin \mu} S_T(i,j') \qquad (14-3)$$

并且，这个匹配组合集合 μ 也是稳定的（Gale and Shapley，1962），即没有任何一个创业企业和风险投资机构愿意离开当前的匹配组合，并成功组成新匹配组合，那么就实现了竞争匹配的均衡结果。在这种情况下，μ 中的任何一对匹配组合都是有效率且稳定的，我们称之为"天生一对"的完美匹配。

如果存在一个匹配组合集合 μ 使得稳定匹配均衡结果得以实现，那么每一个创业企业都将成功融资并实施其创业项目，每一个风险投资机构也将找到合适的创业项目进行投资。在这种稳定匹配均衡状态下，每一项由创业企业和风险投资机构合作的风险投资项目中，双方的讨价还价能力（α_{ij}，$1-\alpha_{ij}$）的配置是否也是作为稳定匹配均衡结果的一部分而确定的？本章将关注的核心问题是：稳定匹配组合 $\mu = \{(1,\mu(1)),(2,\mu(2)),\cdots,(N,\mu(N))\} \subset M$ 及其相应的讨价还价能力组合 $\{(\alpha_{ij},1-\alpha_{ij}),i\in I,j\in J\}$ 是否存在，以及它们具体的形式如何。我们将探讨"天生一对"般的完美匹配集 μ 是否存在，以及在这种完美匹配下，讨价还价能力的内生性配置问题。

在风险投资市场中，如果存在一个匹配集 μ，它不仅使得匹配集中的所有项目的社会剩余总和达到最大化，而且相应的讨价还价能力配置 $\{(\alpha_{ij},1-\alpha_{ij}),i\in I,j\in J\}$ 也使得每个项目 P_{ij} 的社会剩余达到最大化，那么可以认为匹配集 μ 是一种理想的"天生一对"完美匹配，同时讨价还价能力配置也是最优的均衡配置。

基于之前的假设条件和情景设置，本章将重点关注风险投资市场中的两个内生性问题：双边稳定匹配及其相应的讨价还价能力配置。不同的匹配组合和讨价还价能力配置都会影响匹配项目的社会剩余，以及交易双方获得的社会剩余份额，从而可能导致 N 个创业融资项目产生的社会剩余总和发生变化。因此，在研究稳定匹配和讨价还价能力配置这两个内生性问题时，我们需要考虑它们是如何影响社会剩余的。由此，引申出以下三个问题。

问题1 对于任意给定的创业合作项目 P_{ij}（其中 $i, j = 1, 2, \cdots, N$），我们需要确定什么样的讨价还价能力配置组合 $(\alpha_{ij}, 1-\alpha_{ij})$ 能够使得该项目的社会剩余 $S_T(i,j)$ 最大化。

问题2 我们需要探究，对于所有的创业合作项目 P_{ij}，其中 $i\in I, j\in J$，是否存在一种讨价还价能力配置，使得每个项目的社会剩余 $S_T(i,j)$ 最大化，并且这种配置是否最终导致所有项目的社会剩余总和也达到最大化。

问题 3 如果我们找到了一组创业匹配组合项目 $P_{1\mu(1)}$、$P_{2\mu(2)}$、$\cdots$、$P_{N\mu(N)}$,它们使得这 N 个项目的社会剩余总和达到极大值,那么我们需要确定这是否意味着对于任何创业企业 EN_i 和风险投资机构 VC_j 都没有机会通过更换匹配对象来实现帕累托改进,即需要判断匹配集合 $\mu = \{(1,\mu(1)),(2,\mu(2)),\cdots,(N,\mu(N))\}$ 是否构成了一个稳定匹配。

根据引理 2,我们可以得出以下命题,它回答了问题 1。

命题 1 对于创业合作项目 P_{ij},在双边道德风险情境下,能使社会剩余 $S_T(i,j)$ 最大化的讨价还价能力配置 $(\alpha_{ij}, 1-\alpha_{ij})$ 满足下列条件:$\varphi(\alpha_{ij}) = \alpha_{ij}^{\lambda}(1-\alpha_{ij})^{1-\lambda}[1 - \dfrac{\lambda\,\alpha_{ij}}{2} - \dfrac{(1-\lambda)(1-\alpha_{ij})}{2}]$ 最大化。解这个方程,我们得到:当 $\lambda = \dfrac{1}{2}$ 时,$\alpha_{ij} = \alpha^* = \dfrac{1}{2}$;当 $\lambda \neq \dfrac{1}{2}$ 时①,$\alpha_{ij} = \alpha^* = \dfrac{\lambda - \sqrt{\lambda^4 - 2\lambda^3 - \lambda^2 + 2\lambda} + \lambda^2}{4\lambda - 2}$。

命题 1 指出,在创业合作项目 P_{ij} 中,创业企业和风险投资机构努力水平的产出弹性系数 λ 和 $1-\lambda$ 决定了最优的讨价还价能力配置 $(\alpha^*, 1-\alpha^*)$。图 14-3 给出了当 λ 从 0.01 变化到 0.99,步长为 0.01,共 99 种不同情形下的最优讨价还价能力配置结果。从图 14-3 中可以观察到,讨价还价博弈的非对称是由双边道德风险情境条件下产出弹性系数的非对等性引起的(即 $\lambda \neq 1-\lambda$),并且与双方的努力效率系数 e_i 和 v_j 无关。当产出弹性系数相等,即 $\lambda = 1-\lambda$ 时,双方的讨价还价能力是相等的(即 $\alpha^* = 1 - \alpha^* = 0.5$),这对应于标准的纳什讨价还价博弈情况(Nash,1950,1953)。

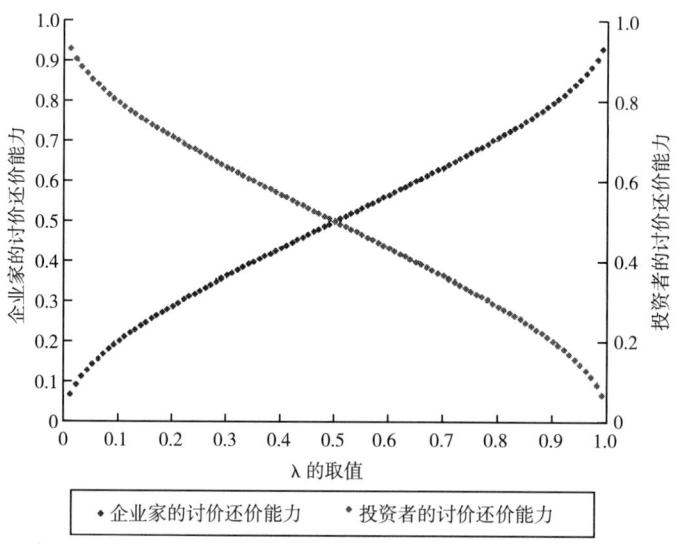

图 14-3 创业企业和风险投资的讨价还价能力配置

---

① 运用 Matlab 软件,通过 solve 命令求得显示解。

对于问题 2，可以由下面的命题给出回答。

命题 2 对于所有的创业合作项目P_{ij}，其中$i \in I$，$j \in J$，使得每个项目社会剩余$S_T(i,j)$最大化的讨价还价能力配置，也必然导致总的社会剩余最大化。

证明 对于任意的创业合作项目P_{ij}，若$\alpha_{ij} = \alpha^*$使得社会剩余$S_T(i,j)$最大化，即：

$$S_T(i,j|\alpha^*) = R_\varepsilon - F + (e_i^2 \eta \lambda)^\lambda [v_j^2 \theta(1-\lambda)]^{1-\lambda} \varphi(\alpha^*)$$

那么对于所有的创业合作项目P_{ij}，其中$i \in I$，$j \in J$，总的社会剩余$\max \sum_{(i,j) \in \mu} S_T(i,j|\alpha^*)$也必然达到最大化。

即得证。

命题 1 和命题 2 联合表明，使得创业合作项目P_{ij}的社会剩余最大化的讨价还价能力配置结果，独立于创业企业与风险投资机构之间的稳定匹配结果(i,j)。即对于任何匹配集μ'，都存在唯一的讨价还价能力配置$(\alpha^*, 1-\alpha^*)$，且这个配置与匹配结果μ'无关。这意味着，对于给定的匹配集μ'，使得总的社会剩余最大化的讨价还价能力配置恒为$(\alpha^*, 1-\alpha^*)$。

因此，接下来的工作是寻找在给定讨价还价能力配置$(\alpha^*, 1-\alpha^*)$时，是否存在某个稳定匹配集μ使得总的社会剩余最大化，这正是问题 3 所探讨的。

对于问题 3 的回答可以由下面的命题给出。

命题 3 如果存在一个匹配集$\mu = \{(1,\mu(1)), (2,\mu(2)), \cdots, (N,\mu(N))\}$，形成$N$个创业合作项目：$P_{1\mu(1)}$、$P_{2\mu(2)}$、$\cdots$、$P_{N\mu(N)}$，使得这些项目的社会剩余总和达到最大值，那么这个匹配集μ是稳定匹配集，匹配集中的任何一对匹配都是"天生一对"般的完美匹配。

证明 假设存在创业企业i^*和风险投资机构$\mu(i')$，且$i' \neq i^*$，它们愿意匹配组合在一起，而原来的匹配项目$P_{i^*\mu(i^*)}$、$P_{i'\mu(i')}$将被瓦解。这种情况发生的前提是，创业企业i^*和风险投资机构$\mu(i')$通过匹配实现了帕累托改进。然而，由于在原来的匹配组合$P_{i^*\mu(i^*)}$和$P_{i'\mu(i')}$下，社会剩余总和已经极大化，如果创业企业i^*和风险投资机构$\mu(i')$匹配在一起，则创业企业i'和风险投资机构$\mu(i^*)$获得的社会剩余总和必然降低，且此时社会剩余总和也低于$P_{i^*\mu(i^*)}$、$P_{i'\mu(i')}$组合下的社会剩余总和。这意味着，在新组合下，创业企业i^*和风险投资机构$\mu(i')$增加的社会剩余要小于创业企业i'和风险投资机构$\mu(i^*)$的福利损失。因此，如果创业企业i'给予风险投资机构$\mu(i')$某一固定的转移支付TF_1，风险投资机构$\mu(i^*)$给予创业企业i^*某一固定的转移支付TF_2，刚好弥补创业企业i^*和风险投资机构$\mu(i')$相互匹配带来的帕累托改进份额，那么原来的项目组合$P_{i^*\mu(i^*)}$、$P_{i'\mu(i')}$则不会发生瓦解。因此，满足社会剩余总和极大化的匹配集$\mu = \{(1,\mu(1)), (2,\mu(2)), \cdots, (N,\mu(N))\}$是稳定和有效率的，即匹配集中任何一对组合都是"天生一对"般的完美匹配。

即得证。

正如第 13 章研究所证实，风险投资机构与创业企业之间的转移支付不会影响项目效率和社会剩余。如果没有任何其他匹配组合能够实现更高的总社会剩余，那么当前的匹配就是稳定的。在大学入学模型中，一个匹配被认为是稳定的，当且仅当所有匹配组合都是稳定的（Roth and Sotomayor, 1992）。本章的模型遵循与大学入学模型相同的原则。因此，能够最大化总社会剩余的匹配情形不仅稳定，而且每一对匹配组合都是理想的完美匹配。

命题 1、命题 2 和命题 3 分别回答了本章开头提出的问题 1、问题 2 和问题 3。基于这些命题，我们的下一个任务是寻找能够使社会剩余总和最大化的匹配组合。命题 2 还指出，在项目 P_{ij} 中，影响总社会剩余 $S_T(i,j)$ 的因素包括创业企业和风险投资的努力效率系数 e_i 和 v_j。这些努力效率系数越大，总剩余 $S_T(i,j)$ 也越大，这进而影响创业企业和风险投资各自获得的社会剩余份额。在讨价还价能力配置 $(\alpha^*, 1-\alpha^*)$ 确定的情况下，我们需要从努力效率系数 e_i 和 v_j 的角度考察创业企业和风险投资的竞争性匹配及其匹配效率。因此，接下来的命题 4 将探讨在 $N \times N$ 风险投资市场中，如何找到使得社会剩余总和最大化的匹配组合。

命题 4 在 $N \times N$ 的风险投资市场中，匹配组合 $\mu^1 = \{(1,1),(2,2),\cdots,(N,N)\}$ 实现了所有项目社会剩余总和的极大化。

证明见本章附录。

因此，命题 4 在 $N \times N$ 风险投资市场中建立了竞争匹配模型，并证明了能够极大化社会剩余总和的匹配组合同样实现稳定匹配。此外，我们还发现稳定匹配呈现一种"门当户对"式的正向选择配对模式，即风险投资和创业企业按照各自市场中的排序位置进行对等匹配。根据命题 3，这种匹配不仅是稳定的，也是完美的。

本章的模型为索伦森（Sørensen, 2007）在完全信息情况下提出的关于风险投资机构排序选择的理论提供了新的洞见。索伦森（Sørensen, 2007）强调了风险投资机构对被投资企业成功 IPO 的重要性，并发现资质较高的风险投资机构更倾向于选择发展潜力较大的创业企业。然而，索伦森（Sørensen, 2007）忽略了创业企业在匹配过程中的作用。本章认为，风险投资机构和创业企业都具有选择行为，并在双边匹配中发挥重要作用，从而在市场层面上实现了正向选择匹配的效率和稳定性。这为理解创业企业在匹配过程中的角色提供了新的视角。我们的研究结果也有助于解释卡明和戴（Cumming and Dai, 2013）的实证发现，即高质量创业企业与低声誉风险投资机构的合作可能性较低。

由于资源的有限性和市场竞争，创业企业通常倾向于与声誉较高的风险投资机构匹配。然而，本章指出，创业企业根据自身在市场中的定位，寻找相匹配的风险投资机构可能更为实际。

我们的研究探讨了在市场竞争驱动下，双方最优讨价还价能力配置和稳定匹配的问题。最直接的政策启示是，建立规范有序市场和提高信息效率，有助于改善市场参与者在双边道德风险情境下的理性决策。总体而言，市场参与者的选择和决策最终将促进社会福利优化的市场均衡。

14.5　结论与讨论

本章在第 13 章关于风险投资机构与创业企业之间最优合约模型和讨价还价分析框架的基础上，构建了一个包含双边道德风险问题的风险投资市场匹配环境。我们提出了一个理论分析模型，探讨了风险投资市场中创业企业家群体与风险投资群体之间的相互匹配与讨价还价能力配置问题。本章回答了以下问题：众多拥有创业计划的创业企业家和具有雄厚资金实力的风险投资机构之间如何完成匹配，以及双方在匹配过程中的讨价还价能力如何配置。

在交易匹配问题上，我们得出的基本结论是，风险投资机构与创业企业家之间的竞争匹配均衡结果遵循"门当户对"式正向选择匹配（positive assortative matching）原则，即强者与强者匹配、弱者与弱者结合。这意味着高资质的风险投资机构与高质量的创业企业家匹配，而资质较弱的风险投资机构则与质量较低的创业企业匹配。

在讨价还价能力配置问题上，本章的基本结论是，讨价还价能力配置由风险投资机构与创业企业家努力的产出弹性系数共同决定。当二者的弹性系数相等时，二者的讨价还价能力也是对等的；产出弹性系数相对更大的一方，对应着更强的讨价还价能力。

本章的研究扩展了第 13 章的最优融资合约模型，进一步讨论了具有有限匹配对象的风险投资市场群体均衡问题。这种扩展体现在两个方面：一是构建了风险投资市场环境并回答了市场中的交易匹配问题；二是在回答市场交易匹配问题的同时，也基于双边道德风险情境回答了讨价还价能力配置问题。对匹配问题与讨价还价能力配置问题的研究是本章的核心内容，具有重要的理论意义。

本章在双边道德风险情境下探讨了风险投资市场中的竞争匹配和讨价还价能力配置问题。我们发现，决定对称与非对称讨价还价能力配置的边界条件是双方的努力水平产出弹性是否对等。如果退化到单边道德风险情境，讨价还价能力配置则可能为（1，0）或（0，1），即其中一方具有完全的讨价还价能力。

本章的分析框架表明，只有在双边道德风险情境下，才会涉及对称与非对称的讨价还价能力的唯一最优配置问题。在完全信息下，Gale-Shapley 算法可以解决匹配问题，但不涉及讨价还价能力配置问题；在单边道德风险情境下，具有私人信息的一方具有完全的讨价还价能力，而并不涉及匹配关系问题。

本章的研究结果为理解纳什（1950，1953）、罗斯（1979）、宾默尔等（1986）的讨价还价博弈分析框架提供了新的视角。这些研究注重对既定的产出剩余结果并存在外部选择权条件下的剩余份额分配问题，而并不涉及交易双方所在市场的竞争匹配问题。在本章的风险投资市场中,由于双方的匹配存在市场竞争性,且还是在双边道德风险情境下,匹配结果与讨价还价能力配置均会相互内生决定,进而影响总社会剩余以及双方分得的社会剩余份额。这也是本章能够正面、直接回应纳什程序的讨价还价能力配置问题的原因所在。

思考与练习

围绕本章的风险投资匹配模型构建、求解与分析过程,试思考和练习下列问题。

14.1 Gale-Shapley 算法匹配模型中是否涉及信息不对称情境问题?

14.2 本章的风险投资匹配模型是否涉及信息不对称的情境问题,具体是什么?

14.3 本章的风险投资匹配模型主要探讨了哪两个内生性问题?这两个问题与已有经典理论的联系与区别是什么?

14.4 论述本章的风险投资匹配模型与第 13 章的风险投资合约模型之间的逻辑关系。

14.5 本章的理论模型在哪些方面拓展和广义化了 Gale-Shapley 算法中的匹配模型?

14.6 第 13 章梯若尔不变投资模型中的信贷配给问题与本章的风险投资匹配模型之间具有哪些逻辑联系?

14.7 采用数值模拟方法来深入分析主要结果,相关基本参数设置如下:$N=2$,$\theta=\eta=1$,$R_{\varepsilon_{ij}}=1$,$F=0.2$,$e_1=\sqrt{2}$,$e_2=1/\sqrt{2}$,$v_1=\sqrt{2}$,$v_2=1/\sqrt{2}$。λ 的取值为 0.1 到 0.9 之间的 9 个数值。计算并使用图示直观地展示不同匹配情形下的社会总剩余和双方分配的社会剩余份额。

14.8 拓展思考:(1)风险投资机构与创业企业的匹配关系思想潜在的经济影响;(2)风险投资机构与创业企业匹配关系所体现的优越性及潜在挑战。

本章附录

命题 4 的证明:

(1)探讨 2×2 的竞争匹配情形。

对于只有两个风险投资机构和两个创业企业的风险投资市场,基于第 14.3 节风险投资市场竞争匹配的假设情境,可知存在这样两种可能的匹配组合:$\mu^1=\{(1,1),(2,2)\}$ 或者 $\mu^2=\{(1,2),(2,1)\}$,则 $M=\{\mu^1,\mu^2\}$,即相应的项目为:$\{P_{11},P_{22}\}$ 或者 $\{P_{12},P_{21}\}$,并且它们的努力效率系数满足:$e_1>e_2$、$v_1>v_2$。稳定匹配 μ 必然使得:

$$\mu = \max_{(i,j)\in\mu\subset M} \sum S_T((i,j) \mid (\alpha^*, 1-\alpha^*)) \tag{14-4}$$

在匹配组合$\mu^1=\{(1,1),(2,2)\}$下，两个融资项目的社会剩余总和为：

$$S_T(1,1)+S_T(2,2)=[(e_1^\lambda v_1^{1-\lambda})^2+(e_2^\lambda v_2^{1-\lambda})^2](\eta\lambda)^\lambda[\theta(1-\lambda)]^{1-\lambda}\phi(\alpha^*)$$

在匹配组合$\mu^2=\{(1,2),(2,1)\}$下，两个融资项目的社会剩余总和为：

$$S_T(1,2)+S_T(2,1)=[(e_1^\lambda v_2^{1-\lambda})^2+(e_2^\lambda v_1^{1-\lambda})^2](\eta\lambda)^\lambda[\theta(1-\lambda)]^{1-\lambda}\phi(\alpha^*)$$

可以验证：

$[S_T(1,1)+S_T(2,2)]-[S_T(1,2)+S_T(2,1)]=(e_1^{2(1-\lambda)}-e_2^{2(1-\lambda)})(v_1^{2(1-\lambda)}-v_2^{2(1-\lambda)})$
$(\eta\lambda)^\lambda[\theta(1-\lambda)]^{1-\lambda}\phi(\alpha^*)$；而$e_1>e_2$、$v_1>v_2$，则$(e_1^{2(1-\lambda)}-e_2^{2(1-\lambda)})(v_1^{2(1-\lambda)}-v_2^{2(1-\lambda)})$
>0，得到：$[S_T(1,1)+S_T(2,2)]-[S_T(1,2)+S_T(2,1)]>0$。

即匹配组合$\mu^1=\{(1,1),(2,2)\}$实现了社会剩余总和的极大化。基于命题3可知，实现社会剩余总和极大化的匹配组合$\mu=\mu^1=\{(1,1),(2,2)\}$是稳定的。

（2）探讨3×3的竞争匹配情形。

对于有三个风险投资机构和三个创业企业的风险投资市场，稳定匹配μ必然使得：

$$\mu=\max\sum_{(i,j)\in\mu\subset M}S_T((i,j)\mid(\alpha^*,1-\alpha^*)) \tag{14-5}$$

其中，存在六种潜在的市场匹配组合：$\mu^1=\{(1,1),(2,2),(3,3)\}$，$\mu^2=\{(1,2),(2,1),(3,3)\}$，$\mu^3=\{(1,3),(2,1),(3,2)\}$，$\mu^4=\{(1,1),(2,3),(3,2)\}$，$\mu^5=\{(1,2),(2,3),(3,1)\}$，$\mu^6=\{(1,3),(2,2),(3,1)\}$，即$M=\{\mu^1,\mu^2,\mu^3,\mu^4,\mu^5,\mu^6\}$。

由于创业企业和风险投资的努力效率系数分别满足：$e_1>e_2>e_3$、$v_1>v_2>v_3$。在匹配组合μ^1、μ^2、μ^3、μ^4、μ^5、μ^6下，相应融资项目的社会剩余总和分别为：

$$S_T(1,1)+S_T(2,2)+S_T(3,3)=[(e_1^\lambda v_1^{1-\lambda})^2+(e_2^\lambda v_2^{1-\lambda})^2+(e_3^\lambda v_3^{1-\lambda})^2]\Phi(\alpha^*)$$

$$S_T(1,2)+S_T(2,1)+S_T(3,3)=[(e_1^\lambda v_2^{1-\lambda})^2+(e_2^\lambda v_1^{1-\lambda})^2+(e_3^\lambda v_3^{1-\lambda})^2]\Phi(\alpha^*)$$

$$S_T(1,3)+S_T(2,1)+S_T(3,2)=[(e_1^\lambda v_3^{1-\lambda})^2+(e_2^\lambda v_1^{1-\lambda})^2+(e_3^\lambda v_3^{1-\lambda})^2]\Phi(\alpha^*)$$

$$S_T(1,1)+S_T(2,3)+S_T(3,2)=[(e_1^\lambda v_1^{1-\lambda})^2+(e_2^\lambda v_3^{1-\lambda})^2+(e_3^\lambda v_2^{1-\lambda})^2]\Phi(\alpha^*)$$

$$S_T(1,2)+S_T(2,3)+S_T(3,1)=[(e_1^\lambda v_2^{1-\lambda})^2+(e_2^\lambda v_3^{1-\lambda})^2+(e_3^\lambda v_1^{1-\lambda})^2]\Phi(\alpha^*)$$

$$S_T(1,3)+S_T(2,2)+S_T(3,1)=[(e_1^\lambda v_3^{1-\lambda})^2+(e_2^\lambda v_2^{1-\lambda})^2+(e_3^\lambda v_1^{1-\lambda})^2]\Phi(\alpha^*)$$

其中，$\Phi(\alpha^*)=(\eta\lambda)^\lambda[\theta(1-\lambda)]^{1-\lambda}\phi(\alpha^*)$。

接下来验证，匹配组合$\mu^1=\{(1,1),(2,2),(3,3)\}$实现了社会剩余总和的极大化，即$\mu=\mu^1$。

①比较匹配μ^1与μ^2：

$$S_T(1,1)+S_T(2,2)+S_T(3,3)-S_T(1,2)-S_T(2,1)-S_T(3,3)$$
$$=[S_T(1,1)+S_T(2,2)]-[S_T(1,2)+S_T(2,1)]>0$$

此时，比较形式变成2×2竞争匹配模型的情形，μ^1与μ^4、μ^6的比较形式也是如此。

②比较匹配μ^1与μ^3：

$$S_T(1,1) + S_T(2,2) + S_T(3,3) - S_T(1,3) - S_T(2,1) - S_T(3,2)$$
$$= [e_1^{2\lambda}(v_1^{2(1-\lambda)} - v_3^{2(1-\lambda)}) + e_2^{2\lambda}(v_2^{2(1-\lambda)} - v_1^{2(1-\lambda)})$$
$$+ e_3^{2\lambda}(v_3^{2(1-\lambda)} - v_2^{2(1-\lambda)})]\Phi(\alpha^*)$$
$$> [e_1^{2\lambda}(v_1^{2(1-\lambda)} - v_3^{2(1-\lambda)}) + e_1^{2\lambda}(v_2^{2(1-\lambda)} - v_1^{2(1-\lambda)})$$
$$+ e_1^{2\lambda}(v_3^{2(1-\lambda)} - v_2^{2(1-\lambda)})]\Phi(\alpha^*) = 0$$

③比较匹配μ^1与μ^5：

$$S_T(1,1) + S_T(2,2) + S_T(3,3) - S_T(1,2) - S_T(2,3) - S_T(3,1)$$
$$= [e_1^{2\lambda}(v_1^{2(1-\lambda)} - v_2^{2(1-\lambda)}) + e_2^{2\lambda}(v_2^{2(1-\lambda)} - v_3^{2(1-\lambda)})$$
$$+ e_3^{2\lambda}(v_3^{2(1-\lambda)} - v_1^{2(1-\lambda)})]\Phi(\alpha^*) > [e_3^{2\lambda}(v_1^{2(1-\lambda)} - v_3^{2(1-\lambda)})$$
$$+ e_3^{2\lambda}(v_2^{2(1-\lambda)} - v_1^{2(1-\lambda)}) + e_3^{2\lambda}(v_3^{2(1-\lambda)}$$
$$- v_2^{2(1-\lambda)})]\Phi(\alpha^*) = 0$$

因此，匹配组合$\mu^1 = \{(1,1),(2,2),(3,3)\}$是所有匹配可能组合中社会剩余总和极大化的结果，基于命题3可知，匹配组合$\mu^1 = \{(1,1),(2,2),(3,3)\}$也是稳定的。

（3）探讨$N \times N$的竞争匹配情形。

对于有N个风险投资机构和N个创业企业的风险投资市场，基于第14.3节风险投资市场竞争匹配的假设情境，可知存在这样$N! = N(N-1)\cdots3\cdot2\cdot1$种可能的匹配组合，即$M = \{\mu^1, \mu^2, \cdots, \mu^{N!}\}$。比如，其中有一种组合$\mu^1 = \{(1,1),(2,2),\cdots,(N,N)\}$，则相应的项目为：$\{P_{11}, P_{22}, \cdots, P_{NN}\}$。两大群体之间的努力效率系数分别满足：$e_1 > e_2 > \cdots > e_N$、$v_1 > v_2 > \cdots > v_N$。竞争匹配的最优结果必然使得：

$$\mu = \max_{(i,j) \in \mu \subset M} \sum S_T((i,j) \mid (\alpha^*, 1-\alpha^*)) \quad (14-6)$$

此时，可采用数学归纳法证明。对于$N \times N$的竞争匹配所有的可能匹配组合与$\mu^1 = \{(1,1),(2,2),\cdots,(N,N)\}$的对比中，有$N! - N$种组合可以变成$2 \times 2$、$3 \times 3$、$\cdots$、$(N-1) \times (N-1)$的情形，基于数学归纳法的思想只需证明$\mu^1$与剩余的$(N-1)$种可能的匹配组合：$\mu^2 = \{(1,2),(2,3),\cdots,(N-1,N),(N,1)\}$、$\mu^3 = \{(1,3),(2,4),\cdots,(N-1,1),(N,2)\}$、$\cdots$、$\mu^N = \{(1,N),(2,1),\cdots,(N-1,N-2),(N,N-1)\}$。

比较μ^1与μ^k（$k = 2, 3, \cdots, N$）的大小：

$$\sum_{(i,j) \in \mu^1} S_T(i,j) - \sum_{(i,j) \in \mu^k} S_T(i,j)$$
$$= \sum_{i=1}^{N-k+1} e_i^{2\lambda}(v_i^{2(1-\lambda)} - v_{k+i-1}^{2(1-\lambda)}) + \sum_{i=N-k+2}^{N} e_i^{2\lambda}(v_i^{2(1-\lambda)} - v_{i-(N-k+2)+1}^{2(1-\lambda)})$$
$$> e_{N-k+1}^{2\lambda}\sum_{i=1}^{N-k+1}(v_i^{2(1-\lambda)} - v_{k+i-1}^{2(1-\lambda)}) + e_{N-k+2}^{2\lambda}\sum_{i=N-k+2}^{N}(v_i^{2(1-\lambda)} - v_{i-(N-k+2)+1}^{2(1-\lambda)})$$

$$> e_{N-k+2}^{2\lambda} \sum_{i=1}^{N-k+1} \left(v_i^{2(1-\lambda)} - v_{k+i-1}^{2(1-\lambda)} \right) + e_{N-k+2}^{2\lambda} \sum_{i=N-k+2}^{N} \left(v_i^{2(1-\lambda)} - v_{i-(N-k+2)+1}^{2(1-\lambda)} \right)$$
$$= 0$$

即结论得证。此外,利用排序不等式的性质(苏农和刘玲,2011)也可以验证匹配组合$\mu^1 = \{(1,1),(2,2),\cdots,(N,N)\}$实现了社会剩余总和的极大化。因此,匹配组合$\mu^* = \mu^1 = \{(1,1),(2,2),\cdots,(N,N)\}$是所有匹配可能组合中社会剩余总和极大化的结果,基于命题3可知,匹配组合$\mu^1 = \{(1,1),(2,2),\cdots,(N,N)\}$也是稳定的。

第 15 章　股利决策

15.1　概　　要

从股利决策的角度审视企业的投资与融资策略,我们能够洞察到企业如何平衡资本的分配与利用。股利决策不仅是一项财务操作,更是一种战略选择,它与企业的投资和融资行为紧密相连,共同塑造着企业的未来。

企业在投资时面临诸多不确定性,而融资则涉及股权和债权两种主要方式。股权融资意味着与股东共享未来的盈利,而债权融资则需要承担固定的还本付息责任。这两种融资模式不仅反映了企业的资金成本,还预示了企业未来的发展方向。

股利决策是连接投资与融资的桥梁。企业的利润是选择再投资以促进增长,还是作为股利回报给股东,这一决策将直接影响企业的资本结构和投资策略。股利的分配不仅反映了企业对内部资金需求的评估,也是对股东期望的回应,最终影响着企业的整体价值。

股利决策的研究领域充满趣味且极具重要性。这些研究探讨了影响企业股利决策的多种因素,以及股利政策对企业经济后果的影响,包括对企业成长和发展的长远影响。因此,股利决策不仅是学术界关注的焦点,也是深入理解企业战略和财务管理的关键视角。通过股利决策的分析,可以更好地把握企业如何在追求长期增长与满足短期股东回报之间找到平衡点。

在本章中,将深入探讨股利决策,并将其与投资学的核心概念相联系。在评估上市公司股票的价值时,通常采用一种基础的股利折现模型(DDM),该模型通过对未来股利的预期进行贴现来估算股票的当前价值。这种方法不仅体现了市场对公司未来现金流创造能力的预期,还融入了资金时间价值的考量。

尽管 DDM 模型在理论上是原始且合乎逻辑的,它在实际证券投资学中的应用却相对有限。在研究股票价格的波动时,我们更多地关注股票的期望收益与风险之间的关系,包括投资组合理论、资本资产定价模型(CAPM)、多因子模型和套利定价理论等,这些理论都从收益和风险的角度分析股票价格的动态。

DDM 模型的实用性受限,主要是因为它对预测未来现金流的准确性要求极高,即便是企业内部人士也难以提供确切的预测。因此,我们通常依赖于当前市场状况、预期的市场变化、企业及行业的发展趋势和历史数据来进行更为现实的评估。未来的不确定性意味着股利政策对企业估值有显著影响，它决定了年度分红的规模，进而影响公司的可持续分红能力和未来的分红预期。

在本章中，我们将专注于不同股利政策对企业价值的影响。股利政策是影响企业投资回报率和企业价值的关键因素。较低的早期分红可能意味着更多的资金可以用于企业再投资，从而可能带来更高的未来净收益，增加未来可用于分红的资本。然而，这种策略需要权衡——过低的分红可能导致投资回报不达标，因此企业必须在满足股东短期收益与追求长期增长之间找到恰当的平衡点。通过深入分析股利政策，可以更好地理解企业如何在满足股东期望与实现长期发展目标之间做出战略决策。

在本章中，将深入探讨股利决策的三个核心方面：基础知识、政策影响，以及理论与实践。首先，将介绍股利的基本概念，包括其通常的派发时间——比如每年的五月份，以及分红的形式，如现金分红和股票分红。其次，将讨论股利政策的不同类型及其对企业投资和价值的影响。这部分内容将揭示股利操作的深层含义和特征，帮助我们理解企业在制定股利政策时的考量因素，以及这些政策如何影响企业的市场表现和股东价值。最后，将深入探讨股利政策背后的理论基础。这些理论不仅帮助我们理解企业为何以及如何制定股利政策，还揭示了股利政策如何反映企业的财务健康和投资策略。

总结来看，股利政策在企业的财务决策中起着至关重要的作用。它不仅关系到企业的即时和未来回报，还体现了企业的财务状况和投资方向。投资者在实际操作中需要密切关注股利政策的具体实施及其对投资收益的潜在影响，确保及时获取并更新相关信息，以保障投资决策的准确性和收益的最大化。通过这三个部分的系统学习，我们将获得对股利决策深刻而全面的理解，为投资者和企业决策者提供宝贵的洞见和指导。

15.2　股利基本知识

股利是股东从公司获得的收益，通常包括股息和红利两种形式。股息是股东根据事先约定的比例，定期从公司经营收益中获得的固定分取部分，这种收益通常与优先股股东相关。而红利则是在股息分配之后，股东从公司不定期获得的额外收益，这种收益的分配通常基于公司的实际盈利状况，并在股东大会决议后进行。

衡量股利支付的财务指标主要包括以下三点。

（1）每股股利。这是指公司在一年内支付给普通股股东的每股股票的股利金额。它反映了每一股份所能获得的股利收益。

（2）股利率。股利率是在一定期间，普通股股利占公司股价的比例。股利率的计算公式可以表示为股利支付率除以市盈率。股利率反映了投资者从每股投资中获得的股利回报。

（3）股利支付率。股利支付率是在一定期间，普通股股利占公司当期净收益的比例。

这个指标主要反映了公司的股利分配政策和股利支付能力。通过比较不同时期、不同行业的股利支付率，可以对公司的股利支付情况进行评估。

这些指标为投资者提供了评估公司股利政策和财务状况的重要工具，帮助他们做出更加明智的投资决策。

股利支付是上市公司向股东分配利润的一种方式，主要有以下形式。

（1）送股。这是一种将公司可分配利润转化为股本，并无偿赠送给全体股东的方式。股东不需要支付额外费用，但公司股本会增加。

（2）派现金。这种方式使用公司的可分配利润，以现金形式直接分发给全体股东。股东收到的是现金股利，可以直接用于个人消费或再投资。

（3）配股。这是一种允许全体股东按照公司约定的价格和比例购买额外股份的机制。与送股不同，股东需要支付一定金额来获得这些股份。

（4）转增股。这种方式涉及将公司的资本公积金转化为股本，然后无偿赠送给全体股东。这同样是一种不需要股东支付费用即可增加股份的方式。

（5）定向增发股票（简称定增）。这是一种公司向特定对象，通常是不超过35位的法人或机构投资者，增发股票的行为。这通常需要投资者支付一定的费用，而且普通投资者通常没有资格参与。

这些股利支付方式体现了公司对利润分配的不同策略，旨在满足不同股东的需求和期望，同时也反映了公司的财务状况和市场策略。

1. 现金股利

现金股利作为一种向股东分配利润的方式，具有其独特的优势和潜在的不足。其优势在于流程的简洁性，无须产生额外的财务成本，并且能够维持公司控制权的稳定。然而，现金股利的支付也伴随着一些不利因素，尤其是对公司现金流量的直接影响。公司在分发股利时，会经历现金流量的显著减少，这可能对公司的流动性和短期财务状况造成压力。此外，股东在获得股利后还需缴纳相应的所得税，这无疑减少了他们的实际可支配收入。

从更深层次的财务影响来看，现金股利的派发会减少公司的实物资产总额，进而影响股东权益的总体规模。这种变化直接作用于公司的资产结构，可能导致长期资产与流动资产之间的比例失衡，从而对公司的长期财务稳健性和运营灵活性产生重要影响。因此，公司在决定是否发放现金股利时，需要综合考虑其对公司财务状况和股东利益的长远影响。

2. 股票股利

股票股利是一种上市公司通过分配公司自身的股票，来代替现金向股东支付股利的方式，这在资本市场中是一种非常普遍和主要的股利支付形式。在中国，这种做法通常被称为"送股"。对于股东而言，股票股利有以下显著的影响：首先，它使得股东能够在一定程度上减少个人所得税的缴纳，从而在税务上获得优惠；其次，当公司经营状况良好时，通过发放股票股利，股东的现金收入往往能够得到增加。这种股利形式不仅为股东提供了税务上的优势，而且在公司运营顺利的情况下，有助于提升股东的财务收益。

股票股利作为一种分红方式，虽然相对于现金股利在吸引力上稍逊一筹，但对于有发展前景的企业来说，其吸引力并不亚于现金股利。股票股利以较低的成本增加股东持股数量，若未来股价攀升，股东的潜在回报有望超越现金股利。此外，股票股利还能帮助股东减少税务负担，因为在国内，股票交易除了印花税外，并没有其他税收。例如，投资者持有某公司股票1万股，实施股票股利使得股票数量翻倍后，每股收益减半。假设原股价为54元，现在变为27元，持股数量从1万股变为2万股，但总市值仍保持不变。这种情况下，股票股利依赖于未来股票价格上涨。股票股利实质上改变了权益结构，但未改变权益总额。股票股利对公司财务的影响主要表现在不增加现金流出，当现金紧张时，可以通过这种方式传递公司未来发展信心。此外，股票数量的增加有利于提高股票流动性。

转增股本和送股虽相似，但有本质区别。转增股本是一种公司资本结构调整的行为，具体指的是公司将资本公积或其他储备账户中的资金转入股本账户，从而增加公司的注册资本。这种操作通常不会改变公司的总股本数量，但会改变股东的持股比例。然而，它们之间存在着根本的差异。送股是指上市公司通过股票股利的形式，将利润以股票的方式分配给股东。而资本公积转增股本，本质上是一种资本账户内部的资金调整，它并不具备利润分配的属性。尽管在股东持股数量上可能产生相似的增加效果，但送股直接反映了公司利润的分配，而转增股本则是基于公司资本结构调整的需要，不涉及利润的实际分配。总之，送股是以股票股利形式进行利润分配，而转增股本则通过公积金等内部资金进行转接，不属于利润分配性质。

3. 股票回购

股票回购是公司通过使用自有资金购回市场上流通的自身股票的一种财务操作。这一行为实质上是公司以现金的形式从股东手中回购股份，进而减少公司的注册资本。随着流通股份的减少，每股股利有望增加，这可能会引起股价的上升。股东因此能够从股价上涨中获得资本利得，这种利得相当于公司以一种间接的方式向股东支付股利。股票回购的作用在于，它可以作为一种现金股利的替代方法，允许公司在不直接分配现金的情况下，通过市场机制将价值转移给股东。这在公司希望保留现金或进行资本结构调整时尤其有用，同时也为股东提供了获取资本增值的机会。

股票回购是公司财务策略中的一项重要工具，其背后的动机多样且复杂。第一，作为一种股利支付手段，股票回购为公司提供了相较于传统现金股利更大的灵活性。现金股利可能被视为对未来持续股利支付的承诺，而股票回购则是公司根据自身资金状况和市场环境做出的一次性现金返还决策。第二，股票回购可以作为一项有效的反收购措施，帮助公司抵御外来控制，保持独立性。第三，当公司评估其资本结构并认为资产负债率过低时，股票回购可以迅速调整资本存量，优化财务杠杆，从而提升公司的资本效率。第四，股票回购还能作为公司向市场传递信心的信号，通过减少流通股份数量来稳定或提升股价，向投资者展示公司对自身价值的信心。第五，股票回购可以用于建立和加强管理层及员工的持股制度，通过将回购的股票作为奖励，激励关键人员为公司的长期增长和成功贡献力量。因此，股票回购不仅是公司资本运作的一种表现，也是公司战略规划和财务健康的重要指标，它体现了公司对股东利益的重视，对市场预期的管理，以及对内部人才激励的承诺。

15.3 股利政策类型

股利政策是公司管理层制定的关于股利分配的一系列方针和决策，它在公司财务战略中占据着核心地位。从广义上讲，股利政策不仅涵盖股利发放形式的选择，比如现金股利、股票股利或其他形式，还包括股利发放比例的确定，即公司决定将利润的多大一部分分配给股东。此外，广义股利政策还涉及具体的操作层面，包括股利的宣布日、股权登记日和发放日的选择，这些关键日期界定了股东的权益和股利支付的具体时间。更重要的是，它还包括为发放现金股利所需资金的筹集策略，确保公司有足够的流动性来履行对股东的承诺。

而从狭义上讲，股利政策主要关注的是股利发放比例的确定，这是公司利润分配决策的核心。无论是广义还是狭义，股利政策都是公司与股东沟通的重要桥梁，它不仅反映了公司对股东回报的重视，也体现了公司对自身盈利能力和未来发展的自信。通过精心设计的股利政策，公司能够向市场传递出其财务稳健和盈利潜力的积极信号，增强投资者的信心，促进公司的长期稳定发展。

1. 剩余股利政策

剩余股利政策是一种精心设计的股利分配策略，其核心理念是在公司面临优质的投资机会时，首先依据公司设定的目标资本结构来测算所需的权益资本。这一策略要求公司优先使用其盈余资金满足这些投资项目，确保公司能够把握每一个增长和扩张的机会。在充分留足投资所需的资金后，公司再将盈余资金的余额作为股利分配给股东，体现了对股东利益的尊重和回报。

这种政策实质上将股利分配视为公司融资决策的延伸，强调在公司盈利时，首先满足内部融资需求，其次再考虑股东的分红。它反映了公司管理层对资本分配的审慎态度和战略规划，确保公司在追求长期发展的同时，也能合理地回馈股东。剩余股利政策不仅是公司财务稳健的体现，也是对股东利益负责任的承诺，旨在实现公司价值和股东财富的双重增长。

剩余股利政策是在公司的融资决策之后制定的，即在满足公司的融资需求后，将剩余的利润用于分红。这种政策的核心是保持公司的资本结构稳定，以确保公司的融资成本最低。以一个简单的例子来说明，假设一家公司在提取公积金后，剩余的利润为800万元。第二年，该公司需要投资1 000万元，而公司的目标资本结构是权益占60%，债务占

40%。因此，为了保持资本结构稳定，公司需要从800万元的盈余中拿出600万元作为权益投资，剩下的200万元则用于分红。如果公司的流通股份为100万股，那么每股的分红就是2元。

然而，剩余股利政策也有其缺点。首先，这种政策可能会与部分股东的期望产生矛盾，因为有些股东可能希望公司分配更多的股利。其次，由于每年的盈利和投资金额可能会有所波动，这就导致股利发放的波动性较大，可能会给人一种公司经营不稳定的感觉，从而导致股票价格被低估。因此，对于那些对短期变化较为敏感的投资者来说，他们可能会认为剩余股利政策无法提供稳定的投资回报。

2. 稳定股利政策

与剩余股利政策相对应的是稳定的股利政策。这种政策的核心是确保股利的稳定甚至逐步增长，通常是将现金股利固定在某一水平，并在较长时期内保持不变。只有在公司预期未来盈利将显著且不可逆转地增加时，才会提高股利。此外，稳定股利政策的一个重要原则是绝不降低每年的股利发放额度。

稳定股利政策是公司财务沟通的一块基石，它向市场和股东发出了公司持续健康成长的积极信号。这种政策不仅有助于公司塑造和巩固其正面形象，而且能够显著增强投资者的信心，进而在动荡的市场中为公司股票价格提供稳定性。对于寻求稳定收益的投资者而言，稳定的股利支付是一个重要的吸引因素，因为它为他们提供了可预测的现金流，从而更容易规划和管理自己的财务。

然而，稳定股利政策也带来了一些挑战。它可能导致股利支付与公司的实际盈余状况脱节，尤其是在盈利不佳的时期，固定的股利支付可能会对公司的流动性造成压力。此外，为了维持股利的稳定性，公司必须准确评估其未来的盈利能力和支付能力，避免设定过高的股利水平，从而防止未来可能出现的支付困难。

因此，稳定股利政策要求公司在追求市场信誉和满足投资者期望的同时，也要审慎地管理自身的财务健康。通过精心的财务规划和对市场动态的敏锐洞察，公司能够在保证长期发展的同时，为投资者提供稳定而可靠的回报。这种平衡艺术是公司金融决策中的一个重要组成部分。

3. 固定股利支付率政策

这种股利政策是股利支付率固定，即公司的股利支付与其盈利挂钩，盈利多时，分红多；盈利少时，分红少；若无盈利，则不分红。这种政策既合理又具有可执行性，但其缺点在于股利的波动性较大，可能对股价的稳定性产生不利影响。

固定股利支付率政策适用于那些盈利能力相对稳定的公司，它能够平衡公司对内部资金需求和股东回报之间的关系。然而，这种政策也需要公司对未来的盈利能力有准确的预测，以避免在盈利不佳时支付过高的股利导致财务压力。

4. 股利决策的考量

在制定股利政策时，公司应遵循一些重要原则，如最大限度地保证股东财富的最大化，既要考虑股东的眼前利益，又要保障公司的长远发展。同时，股利政策应有利于资本结构的调整和股价的合理定位，且应具有连续性和稳定性。

在制定股利政策时，需要考虑的因素包括企业的成长周期和投资机会、再融资的能力和成本、控制权结构、股东偏好、股利信号传递的功能、法律法规以及贷款合同的限制等。例如，银行可能会对有大额贷款的公司的股利发放设定限制。

15.4　股利理论

1. 股利政策无关论

股利政策无关论是由莫迪利亚尼和米勒在 1961 年提出的。这一理论基于完美市场假设，认为公司价值与其股利政策无关。在一个完全竞争的市场中，投资者可以自由买卖股票来调节自己的现金流，因此他们对公司是否分发现金股利并不关心。换言之，不论公司选择将利润留存再投资还是以股利形式分配给股东，理论上，这些决策都不会影响公司的市场价值。

此外，米勒和莫迪利亚尼在 1958 年提出的 MM 理论，专注于探讨企业资本结构对其价值的影响。该理论认为，在没有税收和破产成本的完美市场环境中，企业的资本结构，即债务与股权的组合，不会改变其总价值。这意味着，不论企业选择何种融资方式，其市场价值保持不变。

这两个理论都是在特定理想条件下对公司财务决策影响的探讨。它们共同指出，在这些条件下，公司的财务决策，无论是股利分配还是资本结构选择，理论上都不会对公司价值产生影响。然而，现实世界中的市场并不完全符合这些理想条件，税收、交易成本和破产风险等因素都会对理论的实际应用造成限制。

股利政策无关论与 MM 理论紧密相连，因为它们基于相似的假设条件。这些理论假设市场不存在税收和交易成本，投资者对于收益来源没有偏好，且企业的股利政策与投资决策相互独立。在这些假设下，公司可以通过外部融资来满足股利支付后的资金需求，而不影响其资本结构或市场价值。

尽管这些理论在现实世界中可能面临应用上的挑战，但它们为我们提供了重要的分析框架。它们设定了一系列理想化的假设条件，并在此基础上得出了有意义的结论。这些结论并非无的放矢，而是在特定条件下的逻辑推演，为我们理解公司财务决策提供了宝贵的视角。

深入理解这些理论的假设条件对于我们全面把握其内涵至关重要。它们提醒我们，在评估公司金融决策时，需要考虑市场环境的不完美性以及各种现实因素对决策效果的可能影响。通过这种方式，可以更准确地评估和预测公司财务策略的实际效果。

股利政策无关论，尽管在现实世界中可能显得有些遥远，却为我们提供了一个理论灯塔，指引我们理解在理想市场条件下股利政策与公司价值之间的联系。这一理论框架，虽然可能与现实情况有所偏差，但它提供了一个重要的出发点，让我们能够探索和理解在完美市场中股利政策对公司价值的中立性。

在现实世界中，经常会遇到与理论预测不符的情况。这时，可以借助信息不对称、行为金融学等其他理论视角，进一步探索和建立模型，考虑更贴近现实的情境因素。通过逐步放宽理论中的严格假设，能够更深入地理解股利政策、企业价值以及投资者行为之间的复杂关系，并在现实世界中找到应用的途径。

股利政策无关论主张，在完全有效的资本市场中，公司无论选择留存收益、发行新股还是债券融资，这些融资方式都对公司价值没有影响。公司的市场价值被认为只与其盈利能力和商业风险有关，而与股利政策无关。例如，如果一家公司增加股利支付，它可能需要通过增发股票来筹集资金，这实质上是一种财富的转移，并不改变公司的总价值。

然而，应该认识到，这些理论在现实世界中存在局限性。企业和投资者面临的所得税、发行费用等都会带来额外成本，影响理论的适用性。此外，股利政策通过影响公司的现金流，可能间接影响其投资决策。信息不对称的存在可能使得股利政策成为管理层向市场传递公司内部信息的一种信号。

因此，在研究股利政策时，不能忽视这些现实因素。需要深入分析它们如何影响企业价值和投资者行为，以获得更全面的理解。通过这种方式，可以更准确地评估股利政策在实际商业环境中的作用和意义，从而在制定财务策略时做出更明智的决策。

2. 股利政策"在手之鸟"理论

"在手之鸟"理论，由林特纳和戈登等经济学家提出，基本假设包括：市场中信息是对称的，不存在税收、交易成本等，投资者在股票投资中更偏好于稳定的现金股利而非不确定的资本利得。这一理论基于对投资者风险厌恶心理的深刻洞察，认为由于未来资本利得的不确定性和需要贴现的风险，投资者更倾向于即时的现金股利，这种偏好体现了"双鸟在林不如一鸟在手"的传统智慧。

投资者期望公司能维持较高的股利支付率，这不仅反映了他们对确定性收益的追求，也揭示了他们对风险的规避。特别是在投资那些现金流稳定、股利收益率较高的优质上市公司时，即使股价短期内波动，投资者也能通过稳定的股利获得可观的回报。若股价上涨，他们还能额外获得资本利得，实现收益的最大化。

此理论之所以得到广泛支持，是因为股票市场的波动性使得风险厌恶的投资者更看重股利的稳定性和可靠性。现金股利对股东具有极高的吸引力，因为它代表了一种确定的、即时的收益，而不必依赖于市场的不确定性。

投资者若能持续关注并把握时机，选择在股价较低时投资，便能在降低风险的同时，依靠稳定的股利收入获得收益。如果公司能够提供持续且较高的股利，这不仅能吸引投资者，还能在一定程度上降低公司的资本成本，因为投资者愿意为这种确定性支付溢价。

稳定的股利发放展示了"在手之鸟"理论的实际应用，证明了投资者对确定性收益的高度偏好。因此，公司在制定股利政策时，应考虑到股东对现金股利的偏爱，并尽可能维持一个相对稳定且较高的股利分配比例，以吸引和保持投资者的信心，同时支持公司股票价格的稳定。

"在手之鸟"理论揭示了股利支付与股票价格之间的正相关关系：股利支付的增加往往伴随着股票价格的提升。这一理论认为，较高的股利支付能够降低公司的权益资本成本，因为投资者愿意为那些提供稳定和可预测股利的公司支付更高的价格。这种关系构成了股票定价和公司财务决策分析的基础。

从政策制定的角度来看，"在手之鸟"理论建议企业应采取较高的股利政策，以实现企业价值的最大化。长期而言，企业支付给股东的现金流应基于企业的经营性现金流量和未来的盈利能力，而不仅仅是股利支付的短期调整。

"在手之鸟"理论强调了投资者对确定性收益的偏好，这使得具有规律性特征的股利支付成为投资者的优选。因此，股利支付的增加不仅提升了股票的吸引力，也反映了公司稳健的经营状况和良好的盈利前景，从而推动股票价格的上涨，并降低了权益资本成本。

综上所述，"在手之鸟"理论为理解股利政策对股票市场的影响提供了一个清晰的视角，强调了股利支付在投资者决策中的重要性，并为企业如何通过股利政策来优化资本结构和提升企业价值提供了理论指导。

3. 股利政策税收差别理论

税收差别理论提供了一个独特的视角，用以分析税收政策如何影响投资者在资本利得和股利收益之间的选择。这一理论突出了税率差异对投资者决策的重要性，尤其是在不同国家或地区的税收体系中，这种差异可能非常显著。

例如，在一些国家，资本利得可能享有较低的税率甚至免税，而股利收益却面临较高的税率。这种税收结构可能驱使投资者偏好那些能够提供更多资本利得的投资。

通过一个具体的例子来阐释这一理论：假设有两只股票，A 和 B，它们的初始价格都是 10 元，且预期总收益率为 15%。股票 A 提供 10% 的股利收益率和 5% 的资本利得率；而股票 B 则提供 5% 的股利收益率和 10% 的资本利得率。如果股利收益的税率为 40%，资本利得的税率为 28%，可以看到，尽管两只股票的总收益率相同，但由于税收的影响，它们的税后收益将有所不同。

具体计算如下：投资股票 A 的税后股利收益为 6%（10% 股利收益率减去 40% 的税），资本利得为 3.6%（5% 的资本利得率减去 28% 的税），税后总收益为 9.6%。同理，投资股票 B 的税后股利收益为 3%，资本利得为 7.2%，税后总收益为 10.2%。显然，税收差异使得股票 B 的税后收益更高。

这种税收差异对投资者的决策产生了显著影响。投资者在比较税后收益后，可能会倾向于选择税后收益较高的股票 B。这一决策反映了税收差别理论的核心观点：投资者的选择不仅取决于投资的预期收益，还受到税收政策的直接影响。

因此，企业在制定股利政策时，需要考虑税收差异对投资者行为的影响。如果股利支付的税率较高，企业可能会考虑降低股利支付比例，以减轻投资者的税收负担，从而吸引他们投资公司股票。这种策略有助于提高投资者的税后收益，从而可能增加公司股票的吸引力。税收差别理论为我们提供了一个理解投资者行为和企业财务决策之间关系的重要工具。

4. 股利政策信号理论

信号理论为我们提供了一种从信息不对称角度理解股利政策影响的框架。这一理论认为，企业通过其股利政策向市场传递关于自身盈利能力和未来前景的重要信号。

在信息不对称的环境中，企业的股利决策不仅是财务分配的问题，更是一种沟通策略。例如，当企业宣布提高股利时，市场通常解读为公司盈利能力强、前景乐观的积极信号；相反，如果企业减少股利支付，则可能被看作盈利能力下降的不利信号。

以经营稳健的某上市公司为例，如果公司保持稳定的股利支付，这可能被市场解读为公司财务状况稳健的体现；而如果股利支付突然大幅减少，市场可能会怀疑公司的财务健康状况，进而影响其股价。因此，股利政策的变化可以被视为企业向外界传递内部信息的一种方式，对股价和投资者信心产生显著影响。

然而，信号理论也存在一定的局限性。在信息不对称的情况下，股利政策的变动可能被市场以不同的方式解读。例如，股利的增加可能被一些投资者理解为公司没有更高效益的投资机会，而股利的减少可能被认为是公司为未来更好的投资机会保留资金的迹象。

当企业调整股利政策时，如通过公告解释股利支付额度的变化，可能会引发市场的多种解读。如果股利支付大幅减少，企业可能需要提供充分的解释来缓解投资者的担忧，比如阐述其未来的投资计划。

信号理论的多重解读性要求我们在分析股利政策时，必须深入考虑市场和企业的具体情况。尽管存在挑战，信号理论依然为我们提供了一种有价值的视角，帮助我们理解在信息不对称的环境中，股利政策如何影响市场预期和投资者行为。

5. 股利政策代理理论

代理理论为我们提供了一种理解公司股利政策的新视角，特别是在解释公司为何在支付股利的同时增发新股的现象时。这一理论基于信息不对称的前提，认为管理者可能会采取行动以满足自己的利益，而非最大化股东利益，从而加剧了信息不对称的问题。

代理理论指出，现金股利的支付有助于降低代理成本。当管理层通过股利支付将现金返还给股东时，他们的现金流支配权相应减少，这限制了管理层可能用于谋取私利的资源，从而有助于资金更有效地配置。

此外，高额的股利发放可能导致企业在需要资金进行投资时，必须寻求新的外部融资，如债务或权益融资。这种融资行为增加了对管理层的监管，例如来自债权人和新股东的监督，这有助于缓解代理问题和信息不对称。

在股东大会中，通过高额现金股利的发放，可以吸引更多的外部投资者参与监督管理层，尤其是当管理层由职业经理人组成时，董事会可能更倾向于采取这种做法。这种外部监督机制是代表股东利益的重要工具，尤其是在股权分散的大型公司中。

代理冲突往往存在于管理者和投资者之间，股东需要承担监督管理者的代理成本。有效的监督机制可以通过外部融资引入第三方监督者，如专业投资机构或分析师，他们可以提供独立的评估和监督。

提高股利支付不仅可以增加企业对外部资金的需求，还可以使企业接受第三方监督者的监督，这有助于解决股东和管理者之间的代理冲突以及信息不对称问题，这是代理理论所强调的核心观点。

综上所述，股利政策的基本逻辑实际上是关注企业净收益的两个去向：留在企业内部再投资或分配给股东。分配给股东的部分，即股利，与公司的内部融资决策紧密相连，是公司投融资策略的重要组成部分。通过精心设计的股利政策，公司可以在满足不同股东利益需求和优化企业资本结构之间实现综合平衡。

思考与练习

围绕本章议题，试思考和练习下列问题。

15.1 简述主要的股利理论。

15.2 企业应该如何平衡股利发放与企业长远可持续发展？

15.3 股利政策类型如何影响企业价值？

15.4 阐述处于不同发展阶段的企业股利政策类型的主要差异。

参考文献

[1] 陈逢文,徐纯琪,张宗益.基于创投双方潜在努力的最优融资合约研究[J].系统工程理论与实践,2013(3).

[2] 陈志武,何石军,林展,彭凯翔.清代妻妾价格研究——传统社会里女性如何被用作避险资产?[J].经济学(季刊),2019,18(1).

[3] 付辉.风险投资市场匹配结构理论研究[M].上海:上海三联书店,2023.

[4] 付辉,周方召.创业企业IPO靠自己还是靠"风投"?——基于双边选择效应视角的经验证据[J].财经研究,2017(5).

[5] 付辉,周方召,范允奇,王雷."好风投"能使创业企业更快成功IPO吗?来自中国的经验证据[J].南开经济研究,2018(2).

[6] [美]威廉·戈兹曼.千年金融史[M].张亚光,熊金武译.北京:中信出版社,2017.

[7] 苏农,刘玲.关于排序不等式的一个简单证明[J].高等数学研究,2011,14(1).

[8] Binmore K, Rubinstein A, Wolinsky A. The Nash Bargaining Solution in Economic Modeling [J]. The RAND Journal of Economics, 1986 (2).

[9] Casamatta C. Financing and Advising: Optimal Financial Contracts with Venture Capitalists [J]. The Journal of Finance, 2003 (5).

[10] Cheung S N S. The Theory of Share Tenancy [M]. Chicago: University of Chicago Press, 1969.

[11] Cumming D, Dai N. Why Do Entrepreneurs Switch Lead Venture Capitalists? [J]. Entrepreneurship Theory and Practice, 2013 (5).

[12] Fu H, Yang J, An Y B. Contracts for Venture Capital Financing with Double-sided Moral Hazard [J]. Small Business Economics, 2019a (1).

[13] Fu H, Yang J, An Y B. Made for Each Other: Perfect Matching in Venture Capital Markets [J]. Journal of Banking and Finance, 2019b (3).

[14] Gale D, Shapley L S. College Admissions and the Stability of Marriage [J]. The American Mathematical Monthly, 1962 (1).

[15] Holmstrom B. Moral Hazard in Teams [J]. The Bell Journal of Economics, 1982 (2).

[16] Nash J. The Bargaining Problem [J]. Econometrica, 1950 (2).

[17] Nash J. Two-person Cooperative Games [J]. Econometrica, 1953 (1).

[18] Osborne M J, Rubinstein A. A Course in Game Theory [M]. Cambridge, MA: MIT Press, 1994.

[19] Reid J D. The Theory of Share Tenancy Revisited—Again [J]. The Journal of Political Economy, 1977 (2).

[20] Roth A E. Axiomatic Models of Bargaining [M]. New York: Springer, 1979.

[21] Roth A E, Sotomayor M A O. Two-sided Matching: A Study in Game-theoretic Modeling and Analysis [M]. Cambridge University Press, 1992.

[22] Rubinstein A. Perfect Equilibrium in a Bargaining Model [J]. Econometrica, 1982 (1).

[23] Sørensen M. How Smart is Smart Money? A Two-sided Matching Model of Venture Capital [J]. The Journal of Finance, 2007 (6).

[24] Tirole J. Corporate Governance [J]. Econometrica, 2001 (1).

[25] Tirole J. The Theory of Corporate Finance [M]. New Jersey: Princeton University Press, 2006.

习题答案

1.1~1.7 解答：略。

2.1 某永续年金在贴现率为5%时的现值为1 200元，那么当贴现率为8%时，其现值为多少？

解答：根据永续年金现值的计算公式：$PV = \dfrac{C}{(1+r)} + \dfrac{C}{(1+r)^2} + \dfrac{C}{(1+r)^3} + \cdots = \dfrac{C}{r}$，可得：$C = 1\ 200 \times 5\% = 60$（元）。因此，当贴现率为8%时，$PV = 60 \div 8\% = 750$（元）。

2.2 资本回收额和年金现值的区别是什么？

解答：年金现值考虑了货币资金的时间价值，是指为在每期期末取得相等金额的款项，现在需要投入的金额。其计算公式是：$P = \dfrac{A}{i}\left(1 - \dfrac{1}{(1+i)^N}\right)$，其中 P 是年金现值，A 是每年年金，$\dfrac{1 - \dfrac{1}{(1+i)^N}}{i}$ 是年金现值系数。资本回收额通常用资本回收系数来表示，是年金现值系数的倒数，可以把现值折算为年金，即：$\dfrac{i}{1 - \dfrac{1}{(1+i)^N}}$，也称为投资回收系数。

2.3 计算等额本息和等额本金还款方式的每月还款金额：(1) 给定100万元的住房按揭贷款、20年的还款期限和5%的年利率，求等额本息和等额本金两种还款方式下的每月还款金额。(2) 市场利率变动下的还款方式比较。分析等额本息和等额本金两种还款方式在市场利率变动（上升或下降）时的优劣势及对还款人和金融机构的影响。

解答：(1) 等额本金：首月还款金额 $= \dfrac{1\ 000\ 000}{20 \times 12} + 1\ 000\ 000 \times \dfrac{5\%}{12} \approx 8\ 333.33$（元）

第2月还款金额 $= \dfrac{1\ 000\ 000}{20 \times 12} + \left(1\ 000\ 000 - \dfrac{1\ 000\ 000}{20 \times 12}\right) \times \dfrac{5\%}{12} \approx 8\ 315.97$（元）

……

第 n 月还款金额 $= \dfrac{1\ 000\ 000}{20 \times 12} + \left[1\ 000\ 000 - \dfrac{1\ 000\ 000}{20 \times 12} \times (n-1)\right] \times \dfrac{5\%}{12}$

第240月还款金额 = $\frac{1\,000\,000}{20\times12} + \frac{1\,000\,000}{20\times12}\times\frac{5\%}{12} = 4\,184.03$（元）

每月递减 $\frac{1\,000\,000}{20\times12}\times\frac{5\%}{12} = 17.36$（元）

因此，在等额本金还款时，首月还款 8 333.33 元，此后每月还款递减 17.36 元。

等额本息：$1\,000\,000 \div \frac{\left(1+\frac{5\%}{12}\right)^{240}-1}{\frac{5\%}{12}\times\left(1+\frac{5\%}{12}\right)^{240}} = 6\,599.56$（元）

因此，在等额本息还款时，每月还款 6 599.56 元。

（2）假设一个月后市场实际利率上浮（上浮到5.5%），月利率为 5.5% ÷ 12 = 0.46%

等额本金：$P = \frac{8\,333.33}{1+0.46\%} + \frac{8\,315.97}{(1+0.46\%)^2} + \cdots + \frac{4\,184.03}{(1+0.46\%)^{240}} = 962\,798.13$（元）

等额本息：$P = \frac{6\,599.56}{1+0.46\%} + \frac{6\,599.56}{(1+0.46\%)^2} + \cdots + \frac{6\,599.56}{(1+0.46\%)^{240}} = 957\,821.97$（元）< 962 798.13（元）

当市场利率上浮时，等额本息对于还款人来说较为有利，等额本金对于金融机构来说较为有利。

假设一个月后市场实际利率下浮（下浮到4.5%），月利率为 4.5% ÷ 12 = 0.375%

等额本金：$P = \frac{8\,333.33}{1+0.375\%} + \frac{8\,315.97}{(1+0.375\%)^2} + \cdots + \frac{4\,184.03}{(1+0.375\%)^{240}} = 1\,037\,978.25$（元）；

等额本息：$P = \frac{6\,599.56}{1+0.375\%} + \frac{6\,599.56}{(1+0.375\%)^2} + \cdots + \frac{6\,599.56}{(1+0.375\%)^{240}} = 1\,043\,162.33$（元）> 1 037 978.25（元）。

当市场利率下浮时，等额本金对于还款人来说较为有利，等额本息对于金融机构来说较为有利。

3.1 简述年度百分比利率（APR）和有效年利率（EAR）之间的关系，并指出 EAR 最大的可能值。

解答：年度百分比利率（APR）称为报价利率，不考虑年内复利计息。有效年利率（EAR）是指所实际赚取的利率。它们之间的关系如下：

$$EAR = \left(1+\frac{APR}{m}\right)^m - 1$$

其中，m 为每年计息的次数。

EAR 的最大可能值是当 m 趋向于无穷大的时候，即连续复利计息，则：$EAR = e^{APR} - 1$。

3.2 解答：略。

3.3 假设你 3 个月前以每股 62.18 元的价格购买了一只股票。该股票没有支付股利。当前的股票价格是每股 65.37 元。那么你这项投资的 APR 是多少？EAR 是多少？

解答：任何资产的收益率都是价格的增加额与股利或者现金流的和，除以初始价格。该股票没有股利支付，所以收益率为：R = (65.37 – 62.18) ÷ 62.18 = 5.13%，这是三个月的收益率，所以名义年收益率 APR 为：APR = 4 × 5.13% = 20.52%，实际年利率 EAR 为：EAR = $(1 + 0.0513)^4 - 1 = 22.15\%$。

3.4 如果一个分期贷款的剩余期限为 15 年，贷款余额为 150 000 元，月利率为 1%，贷款的每期偿还金额是固定的。请计算 5 年后的贷款未偿余额。

解答：每月偿付额为 $C = \dfrac{P}{\dfrac{1}{r}\left(1 - \dfrac{1}{(1+r)^N}\right)} = \dfrac{150\,000}{\dfrac{1}{0.01} \times \left(1 - \dfrac{1}{(1.01)^{180}}\right)} = 1\,800.25$（元）

借款的未偿还余额为剩余 10 年或 120 个月的支付额的现值：

$1\,800.25 \times \dfrac{1}{0.01} \times \left(1 - \dfrac{1}{1.01^{120}}\right) = 125\,478.36$（元）

故 5 年后的贷款未偿余额为 125 478.36 元。

4.1 某公司在 2021 年 1 月 1 日平价发行新债券，每张面值 100 元，票面利率为 10%，5 年期，每年 12 月 31 日付息。

（1）2021 年 1 月 1 日到期收益率是多少？

（2）假定 2025 年 1 月 1 日的市场利率下降到 8%，那么此时债券的价值是多少？

（3）假定 2025 年 1 月 1 日的市价为 90 元，此时购买该债券的到期收益率是多少？

（4）假定 2023 年 1 月 1 日的市场利率为 12%，债券市价为 95 元，你是否会购买该债券？

解答：（1）到期收益率是使得一个债务工具未来支付的现值等于当前价值的利率。由于该债券是平价发行的，所以到期收益率 = 10%。

（2）债券的价值等于未来现金流量现值，2025 年 1 月 1 日，债券距离到期日还剩 1 年。所以债券的价值 PV = 100 × (1 + 10%) ÷ (1 + 8%) = 102（元）。

（3）设该债券的到期收益率是 i，90 = 100 × (1 + 10%) ÷ (1 + i)，i = 22%。

（4）2023 年 1 月 1 日的市场利率为 12%，此时债券价格 = 10 ÷ (1 + 12%) + 10 ÷ (1 + 12%)² + 110 ÷ (1 + 12%)³ = 95.20（元）> 95（元），因此应该购买该债券。

4.2 上市公司 A 按面值发行债券，该债券息票率为 6%，期限为 2 年。每年支付利息 2 次，求该债券的久期。

解答：该债券利率为 6%，半年期利率为 3%。

假设债券的现价为：$P = 100$。

从而计算债券的久期为：

债券久期 $= \left(\dfrac{0.5 \times 3}{1.03} + \dfrac{1 \times 3}{1.03^2} + \dfrac{1.5 \times 3}{1.03^3} + \dfrac{2 \times 103}{1.03^4} \right) \div 100 = 1.91$（年）

4.3 某债券的票面金额为 1 000 元，票面利率为 8%，期限为 3 年，发行时的市场收益率为 6%，那么该债券的发行价格是多少？

解答：设每年计息一次，则：

$P = 1\,000 \times 8\% \times \left[\dfrac{1}{(1+6\%)} + \dfrac{1}{(1+6\%)^2} + \dfrac{1}{(1+6\%)^3} \right] + \dfrac{1\,000}{(1+6\%)^3}$

$= 1\,053.46$（元）

4.4 ~ 4.6 解答：略。

5.1 某公司在未来两年不支付股利，第三年支付股利 1 元，并且以每年 7% 的速度增长。某投资者要求的回报率为 17%，那么他愿意支付多少钱来买这只股票？

解答：根据股利定价模型，第二年年末股票的价格为：$P_2 = Div_3/(R - g) = 1/(17\% - 7\%) = 10$（元），则股票现在的价格为：$P_0 = P_2/(1 + R)^2 = 10/(1 + 17\%)^2 = 7.31$（元）。

5.2 某企业计划进行长期股票投资，计划从股票市场上选择两种股票：甲公司股票和乙公司股票，该企业只准备投资其中一家公司的股票。已知甲公司股票现行市价为每股 6 元，上年每股利为 0.2 元，预计以后每年以 5% 的增长率增长。乙公司股票现行市价为每股 8 元，每年发放的固定股利为每股 0.6 元。当前市场上无风险收益率为 3%，风险收益率为 5%。要求：

（1）利用股票估价模型，分别计算甲、乙公司股票价值并为该企业做出股票投资决策。

（2）如果该公司按照当前的市价购入（1）中选择的股票，请计算持有期收益率。

解答：（1）折现率 R = 无风险收益率 + 风险收益率 = 3% + 5% = 8%。

甲公司的股票价值为：$P_0 = D_1/(R - g) = 0.2 \times (1 + 5\%)/(8\% - 5\%) = 7$（元）；

乙公司的股票价值为：$P_0 = D/R = 0.6/8\% = 7.5$（元）。

甲公司的股票价值高于甲公司股票的市价，乙公司股票价值低于股票市价，说明甲公司股票还有盈利机会，该企业应该投资甲公司股票。

（2）设持有期收益率为 R，则根据固定增长股利折现模型：$6 = 0.2 \times (1 + 5\%)/(R - 5\%)$，解得：$R = 8.5\%$。

5.3　根据有效市场假说，解释为什么在一个有效的市场中套利机会是稀缺的，并讨论市场有效性对投资者决策的影响。

解答：（1）在一个有效的市场中，新的信息会迅速被市场参与者吸收并整合到资产价格中。这意味着任何价格偏差或套利机会一旦出现，就会立即被市场参与者利用，从而消除这些机会。即使存在套利机会，交易成本（如佣金、税费等）和市场风险（如价格波动）也可能削弱或消除套利的潜在利润。（2）在一个有效的市场中，投资者可能会更倾向于采用被动投资策略，如指数基金，因为主动选股或市场时机选择很难带来超额回报。同时投资者可能会更加关注风险管理，因为在一个信息已经充分反映的市场中，风险和回报是紧密相连的。市场有效性鼓励投资者采取长期投资视角，因为短期内价格波动更多地反映了市场噪声，而不是基本面变化。

5.4　讨论股权资本成本在股票估值中的重要性，并解释它如何影响投资者对股票的预期回报率。

解答：股权资本成本是估算公司价值的关键因素之一。在贴现现金流（DCF）等估值模型中，股权资本成本用于贴现未来现金流，以确定公司的现值。如果股权资本成本估算不准确，整个估值结果可能会产生较大偏差。股权资本成本为投资者提供了一个最低回报率的参考，投资者通常不会接受低于这一成本的预期回报。投资者在评估股票时，会考虑风险与回报的权衡。如果股票的预期回报率高于股权资本成本，投资者可能会认为股票具有吸引力；如果低于股权资本成本，投资者可能会寻找其他投资机会。并且投资者在构建投资组合时，会考虑不同股票的股权资本成本，以实现风险和回报的平衡。

5.5　解答：略。

6.1　解答：略。

6.2　某个投资项目在8年内可以提供现金流入为每年840元。如果最初的投资成本是3 000元，那么该项目的（静态）回收期是多少？如果最初的投资成本是5 000元或7 000元，该项目的（静态）回收期是多少？

解答：3 000/840 = 3.57（年），所以该投资项目的回收期为3.57年。

5 000/840 = 5.95（年），所以该投资项目的回收期为5.95年。

7 000/840 = 8.33（年），8.33 > 8，所以该投资项目无法在规定年限内（8年）收回投资成本。

6.3　某投资项目计算期为4年，各年的净现金流量分别为 −500万元、200万元、200万元、260万元。试计算该项目的投资（静态）回收期和净现值，并评价该项目的可行性(财务贴现率为12%)。

解答:投资回收期:可以看到两年后投资还差100万元未收回,而第3年的现金流量为260万元,因此还需 $100/260=0.38$(年)项目投资才能完全回收。最终项目的投资回收期为2.38年。项目的净现值 $NPV = -500 + 200/(1+12\%) + 200/(1+12\%)^2 + 260/(1+12\%)^3 = 23.07$(万元)。项目的净现值大于0,且投资回收期小于3年,故项目可行。

6.4 简要说明资本成本与内部报酬率的关系。

解答:(1)资本成本是企业筹集和使用资本而承负的代价。在企业筹资实务中,一般通过资本成本率来衡量资本成本。资本成本率是指企业用资费用与有效筹资额之间的比率,通常用百分比来表示。一般而言,资本成本率分为个别资本成本率、综合资本成本率和边际资本成本率。在有风险的情况下,资本成本率就是企业的必要报酬率。

(2)内部报酬率(IRR)是指使投资项目的净现值为零的贴现率。内部报酬率实际上反映了投资项目的真实报酬,目前越来越多的企业使用该项指标对投资项目进行评价。

(3)资本成本率与内部报酬率的关系:

①资本成本率反映企业项目筹资的成本代价;内部报酬率反映投资项目的真实报酬。也就是说,资本成本率从成本的角度评价投资项目,而内部报酬率则从真实收益的角度分析投资项目。

②内部报酬率法的决策规则是,在只有一个备选方案的采纳与否决策中,如果计算出的内部报酬率大于或等于企业的资本成本率或必要报酬率则采纳;反之,则拒绝。因此,在具体的投资项目决策中,需要利用资本成本率(或必要报酬率)和内部报酬率两个指标,相互比较,并作出投资决策。

6.5 当项目的现金流多次改变方向时,讨论内部收益率法可能遇到的问题,并解释在这种情况下净现值法如何提供更清晰的决策依据。

解答:当项目的现金流出现多次正负交替时,IRR方法可能会计算出多个内部收益率,这会导致决策者难以确定哪个IRR是有效的,从而无法作出明确的投资决策。IRR假设再投资的现金流以相同的内部收益率进行再投资,但当项目现金流多次改变方向时,这种假设可能不成立,因为实际的再投资可能不会以相同的收益率进行。而且IRR方法只考虑了项目的收益率,而没有考虑项目的规模和现金流的时间分布,这可能导致对项目价值的评估不全面。此外IRR方法没有直接考虑项目的风险因素,而风险通常与现金流的不确定性和时间分布有关。NPV方法提供了一个明确的决策规则:如果NPV为正,则接受项目;如果NPV为负,则拒绝项目。这使得决策过程更加直接和易于理解。NPV方法考虑了项目的规模和现金流的时间分布,这使得它能够更全面地评估项目的价值。通过改变贴现率,NPV方法可以间接地考虑项目的风险因素,因为较高的风险通常需要较高的贴现率。此外,NPV方法允许投资者比较不同项目的绝对价值,即使它们的现金流模式不同,这有助于投资者在多个投资机会之间做出选择。NPV 方法在理论上是一致的，即它总是选择最大化投资者财富的项目，而不受现金流方向变化的影响。

7.1 基金 A 每份价值 1 元，现以 1.05 元的价格对外出售，据其所披露的投资计划，下一年度基金总额的 20% 投资于收益率为 5% 的无风险资产，30% 投资于 β 为 1.1 的风险资产组合，若市场中 β 为 1 的风险资产组合的期望收益率为 100%。请问：你是否愿意购买该基金？为什么？

解答：$\beta=1$ 时，$R_P=100\%$，即 $100\%=5\%+1\times(R_M-5\%)$，解得：$R_M=100\%$。根据披露的投资计划，$\beta=1.1$ 时，$R_P=5\%+1.1\times(100\%-5\%)=109.5\%$。

购买基金后的收益率为 $20\%\times 5\%+30\%\times 109.5\%=33.85\%$，而购买基金的成本为 $(1.05-1)/1=5\%$，故收益率大于成本，应该购买。

7.2 若短期国债（被认为是无风险的）的收益率为 3%，某 β 系数为 1.2 的资产组合要求的期望收益率为 9%。请回答：

（1）市场组合的期望收益率是多少？

（2）β 系数为零的股票组合的期望收益率是多少？

（3）如果某股票的 β 系数为 0.9，当前价格为 15 元，预计该股票下一年度将派发红利 1 元，投资者预期一年后能够以 17 元卖出该股票。请问投资者当前是否应该购买该股票？为什么？

解答：（1）资产组合期望收益率 = 无风险收益率 + $\beta\times$（市场组合期望收益率 – 无风险收益率），即 $R_i=R_f+\beta(R_m-R_f)$，将题干中的数值代入，得 $9\%=3\%+1.2\times(R_m-3\%)$，解得：$R_m=8\%$，市场组合的期望收益率为 8%。

（2）β 值表示投资组合对系统风险的敏感程度，β 值为 0 的投资组合为无风险投资组合，即当指数发生变动时，投资组合不会发生相应变动，所以，β 为零的股票组合的期望收益率等于无风险收益率，即 3%。

（3）首先计算股票的期望收益率：$R_i=R_f+\beta(R_m-R_f)=3\%+0.9\times(8\%-3\%)=7.5\%$，则股票现值应为 $(17+1)/(1+7.5\%)=16.74$（元），16.74 > 15，因此股票现在被低估，当前应该购买该股票。

7.3 假定某投资组合是有效的投资组合，该投资组合的标准差是 18%，市场的预期收益率是 16%，市场的标准差是 24%，投资组合的预期收益率是 15%，根据资本市场线，求无风险收益率为多少。

解答：资本市场线的表达式为：

$$E(R_P)=R_f+\frac{E(R_M)-R_f}{\sigma_M}\sigma_P$$

由题中数据可知，$E(R_P) = 15\%$，$E(R_M) = 16\%$，$\sigma_P = 18\%$，$\sigma_M = 24\%$，因此求得 $R_f = 12\%$。

7.4 某资产组合包括两种证券。一种证券的期望收益率为25%，标准差为30%，β系数为2.2。另一种为无风险证券，其期望收益率为15%。已知该资产组合中无风险证券的投资权重为40%。请计算该投资组合的期望收益率、标准差和β系数。

解答：组合的期望收益率：$E = 0.4 \times 15\% + 0.6 \times 25\% = 21\%$；

组合的标准差：$\sigma = 0.6 \times 0.3 = 0.18$；

组合的β系数是两种证券β系数的加权平均：$\beta = 0.6 \times 2.2 + 0.4 \times 0 = 1.32$。

7.5 如何使用资本配置线（CAL）和有效边界来优化投资组合，并解释引入无风险资产对投资组合优化的影响。

解答：首先，通过组合不同的风险资产（股票、债券等），在给定的风险水平下找到能够提供最大预期回报的投资组合。这些组合形成有效边界，表示在不同风险水平下可获得的最大预期回报。在有效边界上选择一个点，这个点代表了在特定风险水平下的最佳投资组合。然后在资本市场线上加入一个无风险资产（如国债或银行存款），从无风险回报率出发，通过有效边界上选择的最优风险资产组合点绘制一条直线，这条直线就是资本配置线。投资者根据自己的风险偏好选择CAL上的一个点，从而确定自己的最优投资组合。无风险资产的引入不仅允许我们在投资组合中加入一个预期收益固定的资产，而且帮助我们改进原有的有效边界，从而找到更有效的潜在投资组合。

7.6 投资项目采用公司的β系数会产生哪两种后果？

解答：（1）β系数是一种风险指数，用来衡量个别股票或股票基金收益率变动对市场组合收益率变动的敏感性。项目的β值 = 企业总资产的β值 × 项目相对应风险系数。其中的项目相对应风险系数 = 被评估项目的风险/标准项目的风险；进一步等于项目销售收入敏感度×项目经营杠杆度/标准项目销售收入敏感度×标准项目经营杠杆度，如果项目风险和公司风险相同，则项目的β系数可以使用公司的β系数，如果项目的风险和公司的风险不同，那么就不能将公司的β系数当作项目的β系数。

（2）投资项目采用公司的β系数会出现以下两种情况：

①若投资项目风险小于公司的风险，可能会导致一个低风险且具有盈利性的项目被错误地拒绝；②若投资项目风险大于公司的风险，可能会导致一个高风险项目被错误接受，从而给公司造成损失。

8.1 风险投资机构可以为创业企业提供的专业服务职能有哪些？

解答：略（以专业的增值职能为主）。

8.2 风险投资机构与创业企业之间典型的特征关系有哪些？

解答：略（以双边道德风险情境为典型代表）。

8.3 阐述风险投资机构与创业企业之间的双边道德风险情境关系。

解答：由于双方都拥有私人信息，风险投资机构与创业企业的合作面临的双边道德风险情境，表现为在合作过程中双方都有能力通过自己的行为影响合作绩效。风险投资机构与创业企业之间的合作远不只是资本的投入，它还涉及信息共享、信任建立和双方的共同努力。

8.4～8.5 解答：略。

8.6 影响风险投资最终成功退出的因素有哪些？重点阐述与风险投资有关的因素。

解答：影响风险投资退出表现的因素众多，包括企业特质因素、制度政策、市场环境等。结合现有文献的观点，与风险投资有关的主要因素是风险投资自身的增值职能、风险投资机构投资行为与倾向（比如辛迪加、分阶段、失败容忍度等）、风险投资机构与创业企业之间的匹配关系等。

9.1 A 公司没有债务，但是可以以 5% 的利率借款。公司目前的 WACC 是 11%，税率是 30%，请问：

（1）A 公司的权益成本是多少？
（2）如果公司通过借债，使得债务资产比达到 25%，那么权益资本是多少？
（3）在第（2）题的情形下，该公司的 WACC 是多少？

解答：（1）$R_{WACC} = R_S = 11\%$

在当前没有债务的情况下，A 公司的权益资本成本等于加权平均资本成本 11%。

（2）$R_S = R_O + \dfrac{S}{B} \times (R_O - R_b) \times (1-t) = 11\% + 25\% \times (11\% - 5\%) \times (1 - 30\%) = 12.05\%$

在负债率为 25% 的情况下，A 公司的权益资本成本为 12.05%。

（3）$R_{WACC} = \dfrac{B}{S+B} \times R_b \times (1-t) + \dfrac{S}{S+B} \times R_S = 0.25 \times 0.05 \times 0.7 + 0.75 \times 0.1205 = 9.9125\%$

在负债率为 25% 的情况下，加权平均资本成本为 9.9125%。

9.2 某公司从银行取得长期借款 1 000 万元，年利率为 6%，期限为 2 年，每年付息一次，到期还本。筹资费用率为 1%，所得税税率为 25%。在不考虑资金时间价值的情况下，公司长期借款的资本成本是多少？

解答：债务资本成本简单地等同于借款的成本。若 C 表示长期借款的资本成本，r 表示年利率，i 表示筹资费用率，t 表示税率，即有 $r=6\%$，$i=1\%$，$t=25\%$，则有：长期借款的资本成本 = 借款利息 ×（1 - 所得税税率）/（借款金额 - 借款费用），

即：$C = \dfrac{Y \times r \times (1-t)}{Y(1-i)} = \dfrac{1\,000 \times 6\% \times (1-25\%)}{1\,000 \times (1-1\%)} = 4.5\%$

该公司长期借款的资本成本为 4.5%。

9.3 某公司有 2 000 万流通股，每股 20 元，同时债务面值为 2.5 亿元，债务的市价是面值的 80%，（税前）债务资本成本为 10%，若无风险利率为 5%，市场风险溢价为 10%，公司的 β 值为 1.5，公司所得税税率为 40%，请计算该公司加权平均资本成本。

解答：在计算加权平均资本成本时，负债和权益的比重是按两者的市场价值计算的。由题干可知，权益的市场价值 S = 20 × 0.2 = 4（亿元），负债的市场价值 B = 2.5 × 80% = 2（亿元），（税前）债务资本成本 $R_B = 10\%$。根据 CAPM 模型，权益资本成本为：$R_S = R_F + \beta(R_M - R_F) = 5\% + 1.5 \times 10\% = 20\%$。

根据加权平均资本的计算公式：

$$\text{平均资本成本} = \dfrac{S}{S+B} \times R_S + \dfrac{B}{S+B} \times R_B \times (1 - t_C)$$

将数据代入得：

$$R_{WACC} = \dfrac{4}{4+2} \times 20\% + \dfrac{2}{2+4} \times 10\% \times (1-40\%) = 15.33\%$$

9.4 某集团正在考虑一个初始投资为 1 500 万元的项目。未来 3 年项目每年年末产生 650 万元税后现金流，公司负债权益比为 1。权益资本成本为 15%，（税前）债务资本成本为 7.69%，公司所得税税率为 35%，项目的风险和公司整体风险相同。那么，该集团是否应接受该项目？

解答：根据题意可得，企业的加权资本成本 $WACC = \dfrac{E}{V} \times R_e + \dfrac{D}{V} \times R_d \times (1 - T_C) = 0.5 \times 0.15 + 0.5 \times 0.0769 \times (1 - 0.35) = 0.0999925$，初期现金流 $c = -1\,500$；根据净现值法公式可得：NPV = $-1\,500 + 650/(1+0.0999925) + 650/(1+0.0999925)^2 + 650/(1+0.0999925)^3 = 116 > 0$，故选择接受该项目。

9.5 某企业目标负债权益比为 0.6，（税前）债务资本成本为 15.15%，权益资本成本为 20%，公司所得税税率为 34%。该公司正在考虑一个仓库改造项目，需要投资 5 000 万元，预计仓库改造后每年将节约费用 800 万元。请问：

（1）企业加权平均资本成本是多少？

（2）仓库改造项目是否可行？

解答：（1）负债权益比为 0.6，因此 S/(S + B) = 0.625，B/(S + B) = 0.375，根据公式，可得：

$$R_{WACC} = \frac{S}{S+B} \times R_S + \frac{B}{S+B} \times R_B \times (1 - t_C)$$

$$= 0.625 \times 20\% + 0.375 \times 15.15\% \times (1 - 34\%) = 16.25\%$$

其中，R_{WACC} 为加权平均资本成本，S 为权益资本，B 为债务资本，R_S 为权益资本成本，R_B 为（税前）债务资本成本，t_C 为所得税税率。

（2）期初，仓库投资额为 5 000 万元，对于企业来说，现金流出的现值为 5 000 万元，每年年末，可以节约费用 800 万元，对于企业来说，现金流入的现值 = 800/0.1625 = 4 923.08（万元）。因为现金流出的现值＞现金流入的现值，使得现金净流出量小于 0，所以该仓库改造项目不可行。

9.6 分析杠杆效应如何影响企业的资本成本和股东的潜在回报。

解答：杠杆效应指企业通过借入资金（即债务资本）来增加财务回报。企业的资本成本主要包括股权资本成本和债务资本成本。债务资本由于通常具有税后可抵扣性，其成本通常低于股权资本成本；债务利息在税前抵扣可以降低企业的税负，从而降低企业的资本成本。这种税盾效应是财务杠杆可以降低企业资本成本的主要原因；虽然债务融资可以降低资本成本，但过高的债务水平会增加企业的财务风险，可能导致债务资本成本上升；企业通过调整资本结构，利用财务杠杆来优化资本成本。适当的财务杠杆可以降低加权平均资本成本（WACC）。

对股东潜在回报的影响：通过财务杠杆，企业可以放大每股收益，即所谓的杠杆效应。如果企业投资的回报率高于债务成本，股东将获得更高的回报。在适度的杠杆水平下，企业可以通过提高资本效率来增加股东财富。但若超过一定限度，过高的杠杆可能会导致企业价值下降。企业的杠杆水平也会影响其股息支付能力，高杠杆可能会限制企业的股息支付，影响追求稳定现金流的股东。此外，在市场利率上升或企业信用评级下降的情况下，高杠杆企业可能面临再融资风险，这会影响股东的长期回报。

10.1 U 公司是一家无负债公司，它拥有持续的息税前收益（EBIT）为每年 125 万元。该公司的权益资本成本为 12.5%。L 公司是一家与 U 公司在所有其他方面都相同的公司，但它有 500 万元的债务资本，且债务的利息率为 8%。假设 MM 命题中的各项理想化市场条件都成立，需要计算以下几项：（1）U 公司的价值（V_U）；（2）L 公司的价值（V_L）；（3）U 公司的权益价值（E_U）；（4）L 公司的权益价值（E_L）；（5）U 公司的权益资本成本（R_U）；（6）L 公司的权益资本成本（R_S）；（7）L 公司的加权平均资本成本（WACC）。

解答：U 公司股东权益的价值 E_U 为：

$$E_U = \frac{EBIT}{R_U} = \frac{125}{0.125} = 1\ 000 \text{（万元）}$$

U 公司市场价值 V_U 为：$V_U = E_U = 1\,000$（万元）

根据 MM 理论命题 1（不存在税收），L 公司的市场价值为 $V_L = V_U = 1\,000$（万元）

L 公司的权益资本价值 $E_L = V_L - B = 1\,000 - 500 = 500$（万元）

由 MM 理论命题 2（不存在税收）可知，L 公司权益资本成本 R_S 为：

$$R_S = R_U + \frac{B}{E_L}(R_U - R_B) = 12.5\% + (12.5\% - 8\%) = 17\%$$

L 公司加权平均资本成本为：

$$WACC = 0.5\,R_B + 0.5\,R_S = 0.5 \times 8\% + 0.5 \times 17\% = 12.5\%$$

故 U 公司的价值（V_U）为 1 000 万元，L 公司的价值（V_L）为 1 000 万元，U 公司的权益价值（E_U）为 1 000 万元，L 公司的权益价值（E_L）为 500 万元，U 公司的权益资本成本（R_U）为 12.5%，L 公司的权益资本成本（R_S）为 17%，L 公司的加权平均资本成本（$WACC$）为 12.5%。

10.2 某公司股票市场价值为 32 000 万元，债务价值为 9 000 万元，预期的 EBIT 是不变常数，公司的所得税税率为 25%，根据 MM 定理，计算公司在无负债时的市场价值。

解答：税盾价值为：$9\,000 \times 25\% = 2\,250$（万元）

因此，根据存在税收的 MM 理论，在没有债务时，公司就没有减税的优势，因此公司价值为：$V_U = V_L - B_t = 32\,000 + 9\,000 - 2\,250 = 38\,750$（万元）。

10.3 什么是税盾效应？

解答：有税 MM 理论中的税盾效应是指因公司举债而产生的省税效应，这种税盾效应也可称为利息税盾效应。非利息税盾效应是指公司除举债之外而产生的税收利益（节税）或税收损失的统称，因此非利息税盾效应有正负两种效应。比如，本期多计提折旧和摊销会减少当期应税利润，从而产生了税盾效应（即省税效应），这是非利息税盾正效应，也称为"非负债税收利益"。如果本期少计提折旧和摊销，就会高估当期应税收益，那么，就会产生非利息税盾负效应，也称为"非负债税收损失"。

10.4 B 公司目前全部用权益资本来满足其资金需求，权益资本成本为 12%。现在公司打算以 8% 的利率发行债券，在新的资本结构下，债券市场价值为公司价值的 45%，若公司所得税税率为 25%，请计算该公司新的权益资本成本和加权平均资本成本。

解答：根据有税的 MM 理论，$R_s = R_0 + \frac{B}{S}(1 - T_C) \times (R_0 - R_B)$，其中，$R_B$ 是利息率，也称债务成本；R_s 是权益或股票的期望收益率，也称权益成本或权益的期望收益率；R_0 是完全权益公司的资本成本；B 是债务的价值；S 是股票的价值或权益的价值。

新资本结构下的权益资本成本为：$R_s = R_0 + \frac{B}{S}(1 - T_C) \times (R_0 - R_B) = 12\% + \frac{0.45}{0.55} \times (1 - $

$25\%)\times(12\%-8\%)=14.45\%$；加权平均资本成本为：$R_{WACC}=\frac{B}{V_L}R_B(1-T_C)+\frac{S}{V_L}R_S=0.45\times8\%\times(1-25\%)+0.55\times14.45\%=10.65\%$。

10.5 简要阐释（MM 定理框架下的）馅饼模型的概念。

解答：馅饼模型是一种分析公司资本结构的模型，用来讨论公司应如何选择负债权益比的问题。该理论将公司的筹资要求权之和比作一个馅饼，并且将公司的价值定义为负债和所有者权益之和。该理论认为，债权人和股东将分别得到不同大小的馅饼块，但是整个馅饼的大小，也就是公司的实际价值，却完全不会受到馅饼分割方式的影响。也就是说，公司的融资结构只影响公司利润的分配方式，即这个利润馅饼如何被分割以及由谁承担公司的风险，不会对公司的价值造成任何影响。

11.1 逆向选择与道德风险的比较辨析。

解答：逆向选择主要发生在交易之前，当市场中的买卖双方对交易对象的质量或特性拥有不同的信息时，可能导致市场选择出质量较低的商品或服务。例如，在二手车市场中，卖家比买家更清楚车辆的真实状况，买家由于无法准确判断车辆质量，可能只愿意支付平均价格，导致质量好的车辆退出市场，而质量差的车辆留在市场，这种现象也被称为"柠檬市场"效应。道德风险则主要发生在交易之后，当一方（通常是代理人）在交易过程中拥有私人信息或在交易后的行为不易被另一方（通常是委托人）观察或控制时，可能会采取不符合对方利益的行为。例如，如果保险公司无法完全监控司机的驾驶行为，司机可能会在购买保险后采取更高风险的驾驶行为，因为他们知道损失将由保险公司承担。

11.2 逆向选择分别与信号传递、信息甄别模型的比较辨析。

解答：逆向选择主要涉及信息不对称的问题，该理论认为在二手车市场上更可能出现质量较低的车辆，因为质量较高的车辆往往会被卖家选择留下，而较低质量的车辆则更容易进入市场。信息甄别与信号传递是两个相对的概念，它们是对信息不对称问题的一种解决方案。信号传递是信息不对称的一方（例如雇员）通过某种方式主动发送信息，让另一方（例如雇主）了解自己的真实情况；而信息甄别则是信息不对称的另一方（例如雇主）设计机制，让对方在选择过程中自动暴露其真实情况。

11.3 "拥有私人信息一方是代理人""没有私人信息一方是委托人"的说法正确吗？

解答：这种说法不太合理，虽然这种划分方式在二手车市场和保险市场中得到了应用，但是这种关系的基本假设是，代理人掌握的私人信息可能会影响委托人的利益，或者委托人可能需要为代理人承担一定的风险。但是，博尔顿和德瓦特里庞的《合同理论》一书中明确指出："合同（契约）问题中最基本的概念创新是：合同的一方（委托人）控制着合同的另一方（代理人）的决策问题。"在合同问题中，委托人是控制着合同的一方，而代理人则是受其控制的另一方。这种定义并非完全依赖于谁拥有私人信息或谁有信息优势，而是关注谁设计了合同。

11.4 如何判定委托代理关系中的委托人和代理人？

解答：在合同问题中，委托人是控制着合同的一方，而代理人则是受其控制的另一方。一般情况下，更倾向于将委托代理关系视为一个最为经典的分"蛋糕"的合作博弈过程。在这个过程中，委托人是分"蛋糕"的一方，代理人则可以选择接受或拒绝。如果代理人接受，那么就按照委托人的分法进行分配（双方达成交易）；如果代理人拒绝，那么"蛋糕"就会被丢弃，双方都无法获得（双方交易失败）。

11.5 概括委托代理问题中的典型冲突焦点。

解答：见教材中第 11.5.2 节中委托代理问题产生的条件。

11.6 解答：略。

12.1 企业家尽职或者卸责对投资者的影响差异是什么？

解答：如果企业家尽职，项目成功的概率上升；如果企业家卸责，项目成功的概率下降，但是企业家能获得额外私人收益，而投资者则承担相应的严峻风险。

12.2 如何让投资者相信企业家不会卸责而会尽职工作？

解答：约定企业家努力工作的收益大于不努力工作的收益，具体来说，努力工作时的期望收益 $P_H \times R_B + (1 - P_H) \times 0$ 不低于不努力工作时的期望收益 $P_L \times R_B + (1 - P_L) \times 0$ 加上私人收益（B）之和。

12.3 企业家可以获得投资者融资的重要前提是什么？

解答：投资者只有在参与项目后的期望收益大于不参与时的收益，且同时企业家是努力工作的情况下，才会愿意投资。具体来说，参与项目时的收益 $P_H \times (R - R_B) + (1 - P_H) \times 0$ 必须大于投资成本（$I - A$）。

12.4 哪些假设条件构成了企业家的道德风险情境？

解答：由于信息不对称的存在，投资者很难有效地监督企业家的行为，或者监督的成本过高。资本市场是完全竞争的，投资者是无差异的，企业家可以从不同的投资者那里获得融资，只要融资条件合适。而且企业家具有完全的讨价还价能力，这意味着企业家在与投资者的合同谈判中占据主导地位。在这种设定下，企业家相当于委托人，负责设定合同条款，包括收益分配。投资者则相当于代理人，可以选择接受或拒绝企业家提出的合同。此外，项目失败时，企业具有有限责任特性，且企业家卸责能为其带来私人收益。

12.5 企业家的自有资金 A 的重要作用是什么？

解答：自有资金的差异体现了企业的差异，是企业是否会遭遇信贷配给的决定条件。企业的初始资产 A 大于等于某个值时，可以同时满足参与约束和激励约束条件，从而获得外部融资。

12.6 使用讨价还价博弈思想来概括梯若尔不变投资模型精髓。

解答：在梯若尔不变投资模型中，如果企业家与投资者无法达成合作，那么交易就无法进行，双方也无法从中获得任何好处。在这种情况下，之前可能存在的利益（比如"蛋糕"）就会被浪费掉。因此，企业家负责分配这个"蛋糕"，而投资者只能选择接受或拒绝。如果投资者接受，那么就按照企业家的分配方式进行分配；如果投资者拒绝，那么"蛋糕"就会被浪费掉。在这个过程中，委托人（企业家）掌握着分配权，而代理人（投资者）在满足特定条件后，其应得的社会剩余份额却为零。

13.1 讨论关于自然状态"$R_\varepsilon = \bar{R} + \varepsilon$，其中 $\bar{R}$ 为某一确定的产出水平，$\varepsilon \sim N(0, \sigma^2)$"假设情境的必要性。这一假设情境与第 12 章中梯若尔不变投资模型假设情境的差异是什么？

解答：因为自然状态发生于整个创业项目进展过程中，并体现在项目最终产出中，主要作用就是提供了产出不可观测的有效随机冲击，故假设R_ε有其必要性，是风险投资机构与创业企业之间双边道德风险情境的核心体现，且产出结果以连续函数状态的形式体现。梯若尔不变投资模型假设情境中，根据企业家在项目进行期间努力工作与否来间接决定项目产出，如果企业家尽职，项目成功的概率为P_H；如果企业家卸责，成功的概率降低为$P_L(P_L<P_H)$，是企业和投资者之间（单边）道德风险情境的核心体现，产出结果体现为两种离散状态形式。

13.2 如何理解条件社会剩余在契约协议中的可执行性？

解答：在合约中设定固定的努力水平$\hat{L}$和$\hat{K}$，分别对应企业家和风险投资机构的努力成本补偿$g_{en}(\hat{L})$和$g_{vc}(\hat{K})$。在项目最终产出中，首先扣除企业家的固定成本补偿$g_{en}(\hat{L})$、风险投资机构的初始资金投入 F 以及风险投资机构的固定成本补偿$g_{vc}(\hat{K})$。剩余的部分，即在扣除了这些固定成本之后的产出，将按照预先约定的比例进行分配。这一剩余部分被称为条件社会剩余，它为我们提供了一种在双边道德风险情境条件下，合理分配收益和成本的机制。通过这种方式，不仅考虑了双方的努力成本，还确保了社会剩余的公平分配，从而激励双方在项目中投入适当的努力，推动项目的成功。

13.3 存在最优合约集的重要前提是什么？

解答：总社会剩余 $S(\tilde{L},\tilde{K}) > 0$，转移支付 $T(\hat{L},\hat{K})$ 必须保证创业企业和风险投资机构所获得的社会剩余大于 0。且 $\hat{L}$ 和 $\hat{K}$ 以及转移支付 $T(\hat{L},\hat{K})$ 满足以下条件：$H^* = \{(\hat{L},\hat{K}) \mid \alpha F - (1-\alpha)S(\tilde{L},\tilde{K}) < T(\hat{L},\hat{K}) < \alpha F + \alpha S(\tilde{L},\tilde{K})\}$，可行合约集 $M(H^*)$ 是最优合约集。

13.4 哪些假设条件构成了创业企业与风险投资机构之间的双边道德风险情境？

解答：项目的产出 R 取决于创业企业的努力水平 L 和风险投资机构的努力水平 K，以及自然状态 ε。努力水平 L、K 都是不可观察、不可证实的。

13.5 本章的理论模型在哪些方面拓展和广义化了第 12 章中梯若尔的不变投资模型？

解答：将不变投资模型的分析框架拓展到风险投资领域，引入了双边道德风险的情境条件。通过引入讨价还价能力这一关键参数，基于讨价还价的博弈分析，对传统的委托代理分析框架进行了拓展。

13.6 双边道德风险情境对委托代理分析框架形成冲击，体现在哪些方面？

解答：在经济交易关系中，并不是仅仅只会有某一方具有（单边的）道德风险问题，也会存在着交易双方均具有道德风险问题的情形，即可能存在着双边道德风险问题。在双边道德风险情境下，交易双方均具备能够影响"蛋糕"大小的能力和条件；交易双方也均能够行使否决权，使得任何一方都不能够得到任何份额的"蛋糕"，并且在合作过程中双方也都能够通过自己的单边行为影响"蛋糕"的大小。

13.7 使用讨价还价博弈思想来概括本章风险投资合约理论模型的精髓。

解答：交易双方都具有一定的讨价还价能力而能够影响"蛋糕"大小，在本章设计的合约形式下，能够实现博弈均衡的产出结果，交易双方分得的"蛋糕"大小由一个固定的分成比例和彼此之间的转移支付两部分构成，其中，分成比例由各自的讨价还价能力参数决定，转移支付存在着一个区间集，即构成了一个合约集。

13.8 采用数值模拟方法来深入分析主要结果，相关基本参数设置如下：$\theta = \eta = 1$，$c = 1$，$R_\varepsilon = 1$，$F = 0.2$，α 的取值自 0.01 到 0.99 之间的 99 个数值。计算并使用图示直观地展示讨价还价能力（当 α 在 0.01 和 0.99 之间变化时）如何影响最优合约下的最优努力水平、项目产出、社会总剩余以及双方的收益和社会剩余份额等。

解答：付等（Fu et al., 2019a）和付辉（2023）中均讨论了这一问题。

14.1 Gale-Shapley 算法匹配模型中是否涉及信息不对称情境问题？

解答：基于（事前和事后）信息对称的假设前提，不涉及信息不对称情境问题。

14.2 本章的风险投资匹配模型是否涉及信息不对称的情境问题，具体是什么？

解答：本章的模型建立于（事后）双边道德风险情境，但是也设定了事前信息是对称的理想假设。

14.3 本章的风险投资匹配模型主要探讨了哪两个内生性问题？这两个问题与已有经典理论的联系与区别是什么？

解答：主要探讨了两大群体之间的稳定匹配关系问题，以及交易双方之间的讨价还价能力的均衡配置问题。这两个内生性问题分别是对 Gale-Shapley 算法匹配模型和纳什讨价还价博弈模型的继承与发展。

14.4 论述本章的风险投资匹配模型与第 13 章的风险投资合约模型之间的逻辑关系。

解答：本章的风险投资匹配模型探讨的是群体均衡关系问题，即两大群体之间的稳定匹配关系。第 13 章风险投资合约模型探讨的是个体间均衡关系问题，即交易双方之间的最优合约关系。

14.5 本章的理论模型在哪些方面拓展和广义化了 Gale-Shapley 算法中的匹配模型？

解答：（1）在信息是否不对称问题上，由 Gale-Shapley 算法匹配模型中完全信息情境拓展到本章匹配理论模型中的（事后）双边道德风险情境。（2）在模型框架拓展上，本章理论模型将讨价还价博弈与匹配问题同时内生化，不仅回答了匹配问题，也回答了讨价还价能力均衡配置问题。

14.6 第 13 章梯若尔不变投资模型中的信贷配给问题与本章的风险投资匹配模型之间具有哪些逻辑联系？

解答：（1）在研究问题上，第 13 章梯若尔不变投资模型中的信贷配给问题关注的是能成功获得融资的边界，即成功找到匹配对象，至于与谁匹配、匹配关系并不重要，因为投资者看起来是无差异的，也无关紧要。本章的匹配模型在更丰富的假设情境下，关注风险投资机构与创业企业之间匹配关系的重要问题，与谁匹配、匹配关系成为重要的关注议题。（2）在研究情境上，第 13 章模型设定了企业家存在（单边）道德风险情境，本章模型进一步设定了双边道德风险情境，交易双方都存在道德风险问题。

14.7 采用数值模拟方法来深入分析主要结果，相关基本参数设置如下：$N=2$，$\theta=\eta=1$，$R_{\varepsilon_{ij}}=1$，$F=0.2$，$e_1=\sqrt{2}$，$e_2=1/\sqrt{2}$，$v_1=\sqrt{2}$，$v_2=1/\sqrt{2}$。λ 的取值为 0.1 到 0.9 之间的 9 个数值。计算并使用图示直观地展示不同匹配情形下的社会总剩余和双方分配的社会剩余份额。

解答：付等（Fu et al.，2019b）和付辉（2023）均讨论了这一问题。

14.8 拓展思考：（1）风险投资机构与创业企业的匹配关系思想潜在的经济影响；

（2）风险投资机构与创业企业匹配关系所体现的优越性及潜在挑战。

解答：略。

15.1~15.4 解答：略。